凝視 約翰·伯格

我們這個時代的 ＿＿＿＿＿ 作家

A **WRITER**
OF
OUR TIME

THE LIFE AND WORK
OF
JOHN BERGER

by
**JOSHUA
SPERLING**

約書亞·史柏林——著

林鶯——譯

獻給我的父母，
他們是我最初的老師。
也獻給 Amy。

我們從未僅靠自己的努力而活著，也從未只為自己而活著；我們最私密、我們最個人的思考與全世界的思考有著千絲萬縷的聯繫。

——維克多・塞爾日

We never live only by our own efforts, we never live only for ourselves; our most intimate, our most personal thinking is connected by a thousand links with that of the world.

Victor Serge

推薦序｜與 John Berger 在書裡重遇

郭力昕／政治大學傳播學院教授

John Berger 於二〇一七年初辭世後，《攝影之聲》的李威儀邀評論家張世倫與我進行一場追念 Berger[*] 的對談。我提及一九九五年在倫敦看到 BBC 電視頻道的人物專訪節目《*Face to Face: John Berger*》，讓我至今記憶猶新。主持人 Jeremy Isaacs 在訪談最後問 Berger：「你希望後人要如何記得你？」Berger 沉思了兩三秒，微笑回答了幾個字：「By what I have brought back.（就請記得我〔從生命經驗裡〕所帶來的〔書寫〕。）」

逾一甲子以來，Berger 豐沛的書寫持續帶給不同世代的讀者歷久彌新的養分，不僅是觀看世界的方式或藝術批判思想的啟蒙，更是對藝術、政治與生命實踐的態度和高度。在《凝視約翰・伯格：我們這個時代的作家》裡，作者史柏林從大量資料與原始檔案的爬梳及訪談中，旁徵博引地撰寫了 Berger 其人其作及其生命軌跡的細節陳述與

---

[*] 容我固執地堅持，Berger 的讀法應該是伯杰而非伯格。但是為了出版與檢索的方便一致，過去以來通行台灣將錯就錯的譯名可以理解，因而我以其英文姓名書寫。

論評，是很少見的一部對 John Berger 既深入又廣泛評述的重量之作。作者指出，Berger 六十年的思想結晶，讓他成為書寫範圍最廣泛、最受喜愛的戰後作家之一，但也是最少人讀通他所有著作的作家之一。

不易讀通 Berger 的諸般著作，不是因為它們艱澀；剛好相反，Berger 的文字平易近人，不賣弄艱澀學術語言或深奧理論，儘管他的許多作品具有哲學內涵。當然，他的書寫文類非常多元，在散文、評論、小說、劇本、詩作之外，還有影像、素描和圖文並置的創作。Berger 書寫所涉及的主題範圍也極廣，從藝術到政治，從當代文化現象、歷史反思、社會議題、新聞事件，到個人的生活與感官經驗，皆可成為他的書寫與發言題材。我們有時一面讀到他具知識和思想密度的評論，忽而又在另一篇文章裡看到非常感覺性的經驗描述，甚至偶爾會覺得他對事物的評論是否有些矛盾之處。

但 Berger 的書寫雖龐雜然而並不亂，他的立場與意見也沒有根本上的矛盾。史柏林在〈導言〉描述了他二十二歲在尼泊爾加德滿都，於二手書店裡買到《影像的閱讀》（*About Looking*），第一次與 Berger 相遇的動人體驗。這位大學唸物理的作者說：「在伯格的文章裡我找到觀看世界的方式，和我在課堂上學習到的一切都不一樣。那是一種書寫、思考，以及──我推斷，生活的方式，在心智的殫精竭慮和經驗的隨手捻來，或者確切地說，腳踏實地之間，看不見任何矛盾。他的散文有股發自肺腑的力量，既形而上又有血肉，十足感官卻不沉溺……在伯格身上我發現天文學家和看星星的人同時存在。」

正是 Berger 身上這種二元並存而非對立的罕見特質，讓他隨心所欲又同時具有嚴謹論證與知識基礎的書寫，自由地穿梭於歷史與當

下、優游於文字與影像之間、浸淫在抽象思考與身體經驗之中，令人不易歸納或跟隨，卻又讓人著迷不已。史柏林以評述 Berger 的幾部代表性作品或創作文類為軸，將它們放進那些書寫的特定時空脈絡裡，讓讀者深刻地理解，何以 Berger 是我們「這個時代」的作家：他在不同歲月的書寫，都同時屬於那個特定的時代、又屬於每一個時代。也許他在某個時代的批判火力尖銳強大，在另一個時代的書寫溫厚寬容，但他對藝術的熱愛、對當代人民流離失所的核心關切，與左翼人道主義的政治立場，則未曾改變過。

　　一九五二年、二十五歲的 John Berger，就敢對當時被視為鼓勵進步／前衛藝術的展演空間，例如在倫敦的「當代藝術學會」（ICA）或泰德美術館（Tate Gallery）裡的競賽或展覽，於左翼傾向的刊物《新政治家》（New Statesman）發表文章強烈批評。二十年後，四十五歲的 Berger 仍是一名文化鬥士與資深憤青。他在小說《G.》得到英國最重要文學競賽布克獎（The Booker Prize）的頒獎典禮上，公然批評這個獎的意義，與此獎的贊助者在西印度群島土地上剝削奴工耕種所獲取的不義財富，並宣布將此獎金半數捐給倫敦的黑豹黨（the Black Panthers）。

　　作為雄辯的文化政治挑戰者，Berger 在批評布克獎的同一年，於 BBC 製作主持了總共兩小時的四集電視片《觀看的方式》（Ways of Seeing），並集結成一本小書。《觀看的方式》的製作動機，來自針對英國藝術史學家肯尼斯・克拉克爵士（Sir Kenneth Clark）於一九六九年在 BBC 主持的一系列十三集電視節目《文明》（Civilisation: A Personal View），在觀點上的挑釁與批判。

　　當克拉克穿著西裝領帶、操著一口正統英國貴族腔，講述歐洲黑暗時代以降的西方藝術和建築史的三年之後，Berger 頂著一頭搖滾樂手模樣的捲髮、穿著一九七〇年代的花襯衫和喇叭褲，在某個國家藝廊場景，手持解剖刀割下一塊歐洲古典名畫，談藝術史與藝術評論的神祕化、西方油畫乃商業資本主義占有慾望之展現、西方裸體畫實為男性偷窺癖的產物時，他顛覆的不僅是電視製作的概念，從而使《觀看的方式》成為七〇年代最具影響力的藝術節目，而且將理解藝術的方法，或者研究視覺文化的路徑，從形式主義的欣賞，轉為分析、解構藝術話語裡的各種隱藏意涵與權力關係。

　　Berger 對西方藝術傳統裡的霸權話語、資本邏輯和階級意識的冷眼批判，犀利凶猛，不留情面，但是他對區域性與全球性的民眾離散命運，又展現了長期的悲憫和同理情懷，溫柔敦厚地書寫他們的苦難，為他們發聲。無論是小說《第七人》（*A Seventh Man*）、現實主義攝影的圖文論述《另一種影像敘事》（*Another Way of Telling*），或者集結了 Berger 在攝影方面的所有論述文字集《攝影的異義》（*Understanding a Photograph*），Berger 談攝影時，經常是從帝國主義和資本主義全球化給世界帶來的災難，與人們因而被迫流離、無家可歸這個關切點出發，討論照片作為一種具有求存與抵抗之政治意義的可能性。

　　在這裡，Berger 對現實主義攝影意義的討論，相較於蘇珊・桑塔格（Susan Sontag）或者傅柯派的後結構主義影像學者約翰・塔格（John Tagg），展現了較大的包容性。桑塔格認為攝影是抽離歷史與現實脈絡的碎片，約翰・塔格也認為羅蘭・巴特（Roland Barte）

在《明室》（*La chambre claire*）裡對攝影閱讀經驗的現象學式的描繪，失掉了巴特早年對攝影意義的剖析力道。Berger 則認為，照片對個人的記憶有貢獻，那對於失去所愛之人或被迫離開家園的人，懷裡揣著的家人生活照片，是抵抗乖違命運、懷抱希望的方式。

　　當我在二〇〇七年訪談 John Berger 時，劈頭就挑戰他對薩爾加多（Sebastiao Salgado）《遷徙》（*Migrations*）巨型攝影專題製作的肯定，認為薩氏的宏大影像，只是美感化了流離者的現實處境。Berger 當時包容了我理直氣壯、自以為是的意見，溫婉地表示即便薩氏把攝影書製作得太過精美昂貴，整體來看《遷徙》還是有政治價值的。我也許仍保留對薩爾加多攝影的某些批評意見，但是《凝視約翰‧伯格》這本書清楚地提醒了我，Berger 看待攝影之可能的角度，依然是非常政治性的。他不放棄任何可能激發人們通過影像的觀看，關心自身處境和現實世界的機會。我畢竟仍沒有完全讀通 Berger。

　　John Berger 這個人本身就是一本大書。作為放火者／挑釁者與他的溫暖謙卑包容，並存在同一個身體裡，魅力破表。史柏林在〈導言〉對 Berger 魅力四射的描述之精準，讓我心領神會，因為他對所有的人與事都一致的誠懇與誠實，那背後是他對人群或生命共同體無限寬闊的愛與興趣。史柏林在書中不同的地方提及性愛在 Berger 生活中占有的角色，「他認為做愛是人生最值得的事」，作者說。「藝術學校、臥房和戰時倫敦，是伯格青春時代性格養成的三座劇場。」而「臥房」指的正是十六歲的青少年 Berger、在一九四二年的二戰歐洲裡與年輕女孩同居的生命體驗：「我人生中第一次能開始選擇如何去解決我自己提出來的問題，而不只是選擇一個方法去熬過別人要我

做的事。」

史柏林說，Berger「認定我們感官愉悅和共同體的生活具有救贖的政治價值」。在《G.》這本小說裡，性是愉悅和自由的根源，因為它可以讓人真正放鬆、消除緊張對立與矛盾狀態，從而通過身體建立起個人主體意識、體悟到生命簡單而整體性的意義，從感官經驗進入精神層次。當人們通過美好而平等的性愛，確切感受到彼此友愛和相互尊重的共同體意識時，法西斯主義的人格類型將難以滋長，一個和平的世界有機會逐漸靠近。性與政治總是被獨裁者綁在一起牢牢控制，良有以也。

John Berger 熱情、慷慨、犀利、深思，又寬容大量。他是一位至死不渝的馬克思主義作家，而他對藝術、感官、自然與身體經驗的敏感細膩，使他讓那些教條主義左派顯得顢頇無用。他不受學術條框規範的自由書寫，對學術圈和學子的廣大影響力，遠超過很多只能把自己武裝在學術詞藻裡的蛋頭學者。Berger 既是一本大書，也是陣陣撲面薰風，他是我們這個時代的作家，也是鼓舞我們勇敢反身自省，追求自由、友愛與團結的生命典範。

媒體好評

「這本引人入勝的學術思想傳記追溯了伯格一生創造力不斷進化的過程，從他龐大的產出中分析出最精粹的部分……將它們置於他所神往的馬克思主義架構之中。」

——《紐約客》（*New Yorker*）

「了不起的約翰·伯格獲得了配得上他的思慮縝密、觀點敏銳的研究。約書亞·史柏林游刃有餘剖析了這位作家異常多面的人生每一個面向：他的藝術評論、小說、熱情的政治參與、浸淫於阿爾卑斯山區村民的生活之中，等等。熱愛伯格作品的讀者會在書裡找到豐富的背景描繪，而還不認識伯格的人，我希望，會受此書啟發去閱讀伯格。」

——亞當·霍赫希爾德（Adam Hochschild），
《李奧波德國王的鬼魂》（*King Leopold's Ghost*）作者

「《G.》、《第七人》和《觀看的方式》的作者理當一輩子是挑起爭端的人物和革命家。不過終究『界定他的比較不是他反對什麼，而是他熱愛什麼』。偶爾批判，然而總是深情，約書亞·史柏林的約翰·伯格研究如同他的主角，觀察敏銳、立論嚴謹、見解深刻，而且

出乎意外地讀來愉悅。」

——大衛‧艾德加（David Edgar），
《寫在心上》（*Written on the Heart*）作者

「如果不是用來選擇正確的那一面，伯格對於一件事物『看見每一面』的天分和不可思議的游移視角，就不會那麼有價值了。」

——莎拉‧妮可‧布里姬特（Sarah Nicole Prickett），
《書論壇》（*Bookforum*）

「在約翰‧伯格九十年的人生裡，他在藝評家和小說家、紀錄片製作人和編劇、農場工人和歷史學家、詩人和論戰者的身分轉換間穿梭自如，有時候則是兼而有之……這些種種明顯的矛盾是否總結出什麼來？任何要為約翰‧伯格立傳的人得掌握的訣竅是在多元中找到統一。而約書亞‧史柏林勝任這項工作。」

——羅伯‧明托（Robert Minto），
《洛杉磯書評》（*Los Angeles Review of Books*）

「具備匹配他的主角人物的世故和熱情，史柏林按照時序和主題開展對伯格的評價……（《凝視約翰‧伯格》）為關於伯格的書寫，以及過去五十年文化左派整體面貌的學術研究，增添了鮮活和機敏的一筆。」

——《出版人週刊》（*Publishers Weekly*）

「讓人歡迎的介入，公允評價了伯格思想和作品的歷史地位，一直以來在英國遭到嚴重的錯誤低估。」

——《晨星》（*Morning Star*）

「在政治和個人之間巧妙轉換，描繪出跌宕起伏、波瀾壯闊的一生。」

——印度《星期日衛報》（*Sunday Guardian*）

「出色的作品……史柏林寫得爽利，身為伯格的粉絲卻不造神。」

——《雪梨晨鋒報》（*Sydney Morning Herald*）

「立論清晰有力，有趣而且見多識廣。」

——《藝術報》（*The Art Newspaper*）

「第一流的約翰・伯格學術思想傳記……史柏林探究了伯格的發展脈絡，參照快速演化的社會和政治氛圍。」

——《選擇》（*Choice*），〈編輯精選〉

「銳利、動人、讀來津津有味。」

——布魯斯・羅賓斯（Bruce Robbins），
《國家》（*Nation*）

「史柏林為伯格一生的藝術和政治活動提供了脈絡，於是我們現在得以全盤了解他的理念和風格如何演變的脈絡，以及他驚人多樣的持續產出……毫無疑問伯格是過去五十年藝術界和文化界最具影響力的知識分子之一。」

——**朗‧史雷特**（**Ron Slate**），

「**在海提上**」（*On the Seawall*，史雷特主持的網站）

「一位傑出而深具影響力人物的精彩傳記，剖析到位。強力並且毫無保留推薦社區和學院圖書館的「當代傳記」分類要收藏《凝視約翰‧伯格》，同時約翰‧伯格研究的補充書單也少不了這本書。」

——《**中西部書評**》（*Midwest Book Review*）

導言

辯證法與梨樹

　　假設約翰・伯格在一九六二年離開英國之後（這不是他人生最後一次捨棄某種生活，開啟另一種生活方式）就停止寫作，人們對他的記憶就只會是「為《新政治家》寫稿的年輕馬克思主義藝評家」。傲慢、熱情、直言不諱然而言簡意賅（「臉不紅氣不喘，不會有一絲的尷尬或不好意思」，有人如此評論）[1]，伯格定期為工黨左翼週刊撰寫的文章提供了英國最卓越的產出，展現一名社會主義者對文化的理解。而這段時間是冷戰引發激烈論戰因而彼此憤恨且傷痕累累的十年，這些論戰即使已經退居陰影之中，仍在那一世代人身上留下了烙印。

　　當然他沒有停止書寫。是在他遷移到歐陸之後，伯格才開始走自己的路。他首先定居日內瓦（期間短暫停留於巴黎和呂貝宏山區），然後遷移到上薩瓦鄉間（Haute-Savoie，譯註：法國一省，毗鄰義大利和瑞士）。他的題材橫跨自然、政治與藝術；他的工具是一枝筆、一本素描簿和一台摩托車。他寫小說、知性散文、民間故事，還有號稱無法歸類的非虛構創意寫作。他協力創作影片、照片—文本、戲劇和廣播。伯格說，他離開英國以脫離英國新聞業的緊身衣。在他二〇一七年去世之前，他已經在全世界贏得大師級的崇高地位。

　　對於伯格的新身分，英國新聞界從來沒有特別熱衷，也沒有認可他全方位的成就。即使在半世紀之後，在他們眼中他仍然是那位離開祖國時的桀驁不馴煽動者。在他去世之時，那是二〇一七年的第二天，距川普勝選入主白宮以及英國公投決定脫歐才幾個月，依舊鮮少人注意到他的著作和那個時代的歷史現實之間，較為深刻的連結。一篇接一篇的訃聞大多是以樣板的報導方式，緬懷他的「爭議性」。他

們描述的是一位藝評家，以種種政治化主張跟策展人和教授為敵；一名在一九七二年輕慢「布克獎」委員會的小說家，將其一半的獎金捐給黑豹黨；以及一名電視主持人，透過《觀看的方式》在節目進行中挑戰肯尼斯・克拉克爵士。媒體總是熱愛決鬥，伯格往往奉陪。他們沒說錯，伯格是無可救藥的馬克思主義者，是自我標榜的革命家，去跟農民生活在一起，但是他也書寫動人的藝術評論。現在以九十歲高齡去世，他可以讓後世頌揚了。一旦昨日的戰役束諸歷史高閣，之前的戰鬥者就會因為他們活出理想即便不切實際也讓人懷念。體制懷柔原先的反對者。過往可以描繪得無比遙遠，而事實上無人關注的能量正在沖刷那個早晨的頭條新聞。

　　這本書採取相反路徑：過去就存在當下，昔日的故事仍然擁有活生生的氣息。尤其對伯格這樣的作家來說，年復一年在歷史感和希望原則的驅策下前行，貫串他作品的思潮或許依然會繼續流動。這些思潮意義多重、互相連結、層層交疊，抵達了作品以外的地方。要追蹤它們的輪廓，看看它們來自何處，又引領到什麼地方，也就等同於去探究半世紀以來向四面八方延伸的人文地景。無論如何吸引目光，激烈的論戰或許只是漫長旅程中的之字形道路。這些論辯中流淌著複雜的意涵，既涉及歷史也蘊含個人，而報紙不太有篇幅去陳述。

　　舉個例子，伯格去世時的住家（寬敞明亮的公寓，位於法國首都七哩之外的郊區）是出生於蘇聯的作家內拉・別爾斯基（Nella Bielski）所有。他愛這位女士，也跟她合寫過劇本，翻譯了她的小說。幾十年來伯格來回於這裡和另一個家，那是往東七小時車程位於阿爾卑斯山腳的小木屋，四周環繞著田野和果園，他與另一位他愛著

的女士貝芙莉・班克勞馥（Beverly Bancroft）共有這棟老農舍。貝芙莉是他結褵數十年的妻子，他第三個小孩的母親，美國人。儘管這本書不會轉向深入他的私人領域（這部分通常是保留給傳統的傳記）──不會有他的看病紀錄或是家庭糾紛，只有偶爾會嘗試剖析人格面具和真實靈魂之間的差距──伯格這種安排隱含的雙重依戀象徵了更深層的意義。他的作品遠遠不止在挑釁，還有張力、多樣性、行動和熱情。

說到出生在德國的劇作家彼得・魏斯（Peter Weiss，共產黨員、流亡人士，從繪畫轉向寫作），伯格曾經表示，他的自傳性小說「不是關注於揭露作者私人和公眾生活之間隱密的差異，而是執迷於作者私密的自我和他的時代那些史無前例大事件之間的關係」。[2] 以下的篇章也籠罩著類似的執迷。它們的出發點是深信想像的作品可以具有政治意涵，就如同評論可以充滿想像力。此外為過去安裝上歷史的透鏡，也就是將光亮重新聚焦於未來。「同時，」伯格說過，「我們不只活出自己的生命，也活出我們這個世紀的渴望。」[3]

因此眼前這本書朝著兩個方向：一方面是為伯格的發展以及他諸多創意十足的隱喻涉及的底蘊提供比較完整的圖像；另一方面透過他的範例並且涵蓋一系列政治分水嶺事件來探討困擾整個世代的宏大問題：藝術的目的、創作自由的本質、獻身的意義，還有現代性與希望的關係。這些問題依舊困擾我們。伯格在三十四歲時離開英國以及他在《新政治家》的職位，進入新的活動場域，在這個場域裡，這些連繫──橫跨時間、橫跨親密與經驗的領域──開始自由漂浮，脫離了短期因果的鐵律。他說他遷移到歐陸變成歐洲作家。他最終成了人道

主義左翼的精神導師，是良知的守護者，也成為在他的世代全球最舉足輕重的意見領袖之一。

　　文學是什麼？為什麼要寫作？儘管這一類問題自從沙特（Jean-Paul Sartre）在《摩登時代》（*Les Temps Modernes*）這本雜誌上提出來廣為人知後（當時德國坦克剛剛撤離法國），已經間歇性流行又退流行，刺激這些問題的整體思考和情感內核即使在一九四五年促成工黨勝選的社會精神早已消散之後，始終是伯格長久不變的關懷。或許因為這項理由，他可能是最好的領路人，引導我們回答這些問題。仔細檢視他的生平和作品——尤其是他的作品——都是在拓展我們的意識，去理解在當代身為一名獻身的作家是什麼意義。在這個時代我們見識到前所未有的遷徙、龐大的政治壓力、不間斷的文化戰爭，以及關於信念的長期鬥爭。這麼多年來，這樣的問題從來不只是文學修辭的問題。

　　而且對伯格來說，這些問題也不僅僅是在理論層次上的思考，如沙特本人或他之後的阿多諾（Adorno）嘗試的作法。[4] 有一些選擇不能單靠推論。獻身從來就不只是關於一種態度——像是擺個姿態或站個立場——是我們可以隨意採用的。獻身的意義超過贊成或反對。獻身需要努力、決心、執拗和犧牲，要在時間中進行，並且通過時間的考驗。

　　決定離開英國對伯格的人生影響最大。之後會有大量篇幅探討在他完成作品之前的創作過程。「被人遺忘的五〇年代」，世人如此稱呼，就像是縈繞在心卻記憶不全的插入語——是戰爭過後而六〇年代

尚未大搖大擺來臨的時期——在英國這個十年瀰漫著「配給簿的顏色和心情」，借用畫家約翰・布拉比（John Bratby）的話來說，「戰後普遍的懺悔哀悼之情。」[5] 那個歷史時刻與我們的時代既親近又遙遠，新的禁忌與新的自由互相競爭，而且如我們將會見識到的，藝術和政治密不可分，卻往往讓人挫折，產生了糾結成一團的矛盾，這也是埋藏在伯格傑出生涯底下的根基結構。一旦伯格掙脫了家鄉的土壤，事業就一飛沖天。如果不是這些糾結的矛盾，就無法想像他在放逐中所做的每一件事。

　　如果離開英國是他一生中最關鍵的決定，在十六歲時輟學去學習藝術可以排第二。生於一九二六年的篝火之夜（Bonfire Night，譯註：十一月五日，又稱蓋伊・福克斯〔Guy Fawkes〕之夜。蓋伊・福克斯與同夥策劃了一六〇五年的「火藥陰謀」，企圖炸毀倫敦的國會大廈，暗殺國王及議員，因洩密在十一月五日被捕。這樁史實是電影《V怪客》〔V for Vendetta〕的原型），父母是倫敦中產階級。伯格是早慧的學習者。如同許多他這種家庭背景的英國男孩，再加上他早熟的學術天分，幾乎可以認定他有一天會就讀牛津或劍橋，然後從事有名望的專業，例如像他父親是管理會計師。他的父母在年輕時都是理想主義者。伯格的母親米麗安（Miriam）曾經是爭取女性投票權的運動人士，父親史丹利（Stanley）原本想要成為英國國教派（聖公會）的牧師，一九一四年戰爭爆發時入伍，以低階軍官的身分在前線服役四年，甚至在停戰之後還待在軍隊協助埋葬死者。不過到了組成家庭的時候，這對夫妻已經安居在斯托克紐因頓（Stoke Newington）這個中產郊區了。米麗安是全職主婦，史丹利

完善了他的行為舉止，成為不折不扣的英國紳士——「無比正直又有尊嚴的男士。」如他兒子後來所說，不過由於工作是「成本與工程會計師協會」（Institute of Cost and Works Accountants）理事，他也是「每一種想像得到的坑蒙拐騙的招牌人物」。[6] 根據各方說法，戰爭帶給史丹利深沉的心靈傷口。他將此深藏不露，但是隱約的存在反而在兩個兒子（約翰有位哥哥）的想像中留下深刻印象。結果伯格很容易產生的困惑感受——既同情父親的痛苦，又憤怒他的沉默——激發了將會在這本書裡反覆出現的母題，也就是他和一連串英國導師及父親形象的長者，甚或英國本身，之間不穩定的關係，交替著深情和衝突。他後來在〈自畫像一九一四～一九一八〉（'Self-portrait 1914–1918'）這首詩中寫著：「我出生時看起來像死者／包裹我的襁褓是芥子氣／在地下掩體裡面得到餵養……我是英雄適合生活的世界。」

六歲時，父母送他去寄宿學校，最初在吉爾福德（Guildford）郊外，之後進入牛津的聖愛德華中學（St Edward's）。在訪問中要談論他的童年時，伯格總是寡言少語，除了強調他在自己家裡的孤寂感（他常常把自己比擬為孤兒），以及英國寄宿學校「全然野蠻」的文化。[7] 或許是作為對應的方法，他開始素描、畫畫和寫詩。假使藝術，如他後來主張的，注定要當成武器來使用，他最初轉向藝術是當成自衛的武器。透過想像意識得以拓展；透過敘說經驗無意識方能成形。

伯格也熱切閱讀：哈代（Hardy）、狄更斯（Dickens）、莫泊桑（Maupassant）、契訶夫（Chekhov）、海明威（Hemingway），

以及無政府主義的眾多經典，包括克魯泡特金（Kropotkin）。十四歲時，他偶然看見「自由出版社」（the Freedom Press）發行的三本小冊子，甚至開始跟詩人暨文學批評家赫伯特・李德（Herbert Read）通信，請求這名年長作家（在書的開頭這號人物還會出現）評論自己最初的幾首詩。李德回信了，批評一番然而語帶鼓勵，伯格把回信帶在口袋裡好幾個月。多年以後兩人將會在報紙的讀者投書欄激烈交鋒。

我們永遠不會知道伯格在聖愛德華中學悲慘生活的完整面貌，不過他後來稱之為「法西斯的訓練……用來訓練軍官和施行酷刑的人」。[8] 一九四二年，當外面世界也普遍在跟法西斯主義交戰時，伯格離開了學校。需要讓自己有事可做度過兩年空檔（十八歲時國家就會徵召他入伍），違逆父親願望，伯格接受獎學金前往位於倫敦南安普道（Southampton Row）的中央藝術學校（Central School of Art）就讀。這是他年少時首度嘗到獨立滋味，享受創作和文學，還有危險。身處戰爭中的城市，他斷斷續續與一名同學共住在一棟供膳食的狹小住房裡。他後來吐露，這名年輕的女子是他的初戀。「有太多太多的事情重疊。」他說起自己對那一年（一九四二年）的記憶：「有轟炸，那意味著一個人生活在那個時期只看得到非常非常近的前景，而且有種巨大的急迫感。然後還有藝術學校，對我是完全嶄新的世界。再來是跟這名女孩生活在一起。我以為這是……我人生中第一次能開始選擇如何去解決我自己提出來的問題，而不只是選擇一個方法去熬過別人要我做的事。」[9]

藝術學校、臥房和戰時倫敦，是伯格青春時代性格養成的三座劇

場。一九四四年他十八歲時加入軍隊。有望接受軍官任命，然而在最初的訓練之後他拒絕申請。在他後來稱之為「愚蠢的官僚小眉小眼的報復行為」下，他受命為士官等級的準下士，派駐在一處訓練站。[10] 免除去諾曼第，他停留在北愛爾蘭的港口小鎮巴利凱利（Ballykelly），在這裡他與勞工階層的男性睡上下鋪兩年。這種經驗對他這種階層背景的人來說頗不尋常。與軍隊稱之為「其他軍階」的普通士兵接觸——伯格後來省思，這些新兵「前十八年的生命和我迥然不同，然而我寧願與他們為伴」——帶給他書寫的新理由：那些人，他常常說，他們很多人接近文盲，把故事說給他聽，他再寫成文字傳遞給他們的女朋友和父母。[11] 無論有多少真實性，往後人生他大部分讓自己扮演這個角色。神話的創造就此扎根：他既是士兵又是抄寫員，退伍之後持續為勞工階層的窮人代言。幾十年之後他有時會開玩笑，他上藝術學校因此能夠整天素描裸體女人，而軍隊的獎助金讓他進入切爾西學院（Chelsea），他在那裡繪畫的是在鑄鐘工廠和建築工地工作的男人。

大後方民眾和戰後重建的集體精神滋養了他初期的社會主義和文化信念。「但願我們不需要戰爭來造就藝術。」多年後他在廣播節目上這麼說，「但是我們的確需要某種目的感，團結感。」[12] 在那個團結開始分崩離析，戰後的民粹主義（populism）淪為冷戰的偏執妄想，而且一九五〇年代初期的各種壓力延伸到美學辯論時——抽象化或具象化、自主性或目的性、個人或集體——伯格放棄了繪畫，轉向新聞寫作。他定期為《新政治家》撰寫藝術評論，此時他已經二十好幾，在迅速崛起暴得大名後，人們談論他，稱讚他是他的世代最聰慧

的年輕批評家之一：雄辯滔滔又活力四射，不過也氣勢洶洶，有時候是構成威脅的討厭鬼。錯過了戰場上的廝殺，他在雜誌的文化頁面上嚐到了戰鬥滋味。「每當我以批評家身分觀看藝術作品，」那個時候他曾經說，「我會試著——像阿利雅德妮（Ariadne，譯註：神話人物，給忒修斯一團線，幫助他走進迷宮殺死裡面的怪物）那樣，因為絕對不是一條筆直的路徑——跟隨線索把作品連結到文藝復興初期、畢卡索、亞洲的五年計畫、我們體制吃人的偽善和感傷濫情，同時連結到這個國家最終的社會主義革命。而如果唯美主義者雀躍接受這種告白，說這證明我是政治宣傳員，我會為此感到光榮。不過我的心和我的眼依舊是畫家的心和眼。」[13]

　　這是放火者伯格——馬克思主義煽動家——的誕生。這也是大約六十年後報紙訃聞緬懷的伯格。這是他安居的身分，經常會去耕耘，經年累月。然而這只是其中一個聲音——在他的眾多言說之中——比較大聲的那個。打從一開始就總是有股張力存在於向外的不妥協與向內的追索之間，從這股張力中浮現出他最優秀的作品。**不過我的心和我的眼依舊是畫家的心和眼……**在這個「轉向」的表述中包含了他人生計畫中所有蘊含生產力的矛盾。

　　有重大意義的是，伯格最初是幫廣播寫稿。他在現代的傳播媒體中工作，成長為成熟作家，而當時戰後的社會正在急遽民主化。在往後漫長的創作生涯中，他持續盡可能為更廣大的受眾寫作，而且常常出現在電視上。他工作場所的平實風格是為了達到廣泛說服和觸及率的宣傳話術。「broadcast」（廣播）這個英文詞彙的語言學源頭就昭

然若揭了：其原始意義是「廣布來播種」。透過他的作品，伯格盡可能廣闊地撒網。他刻意使用能夠流傳的俗語來寫作，讓尚未啟蒙的人也聽得懂他的表達。

所以從一九七〇年代以來，對成千上萬的學生來說，伯格就是那位在藍螢幕之前頂著喬‧納馬斯（Joe Namath，譯註：當時非常受歡迎的美國職業橄欖球員，擔任四分衛）的髮型跟他們談文論藝的男士。電視的力量是奇特的。多年來《觀看的方式》（一九七二年）在藝術學校或是藝術史導論的課堂上放映，用來促進文化排毒。如我們所見，這樣的介入證實是大變革。非常多的內容此後成為人文課程的核心——華特‧班雅明（Walter Benjamin）關於「機械複製」的論文、女性主義對「男性凝視」的批判、運用符號學解構廣告、從非物質的天才轉移到文化的物質分析——這一切首度擊中莘莘學子的神經系統是伴隨著伯格的注視、咬舌和皺眉。他的魅力光芒四射。

終其一生他都是出了名的誘惑者，魅力和才智兼備，令人著迷。不過他也是可以推心置腹的朋友。「他是我認識最懂得聆聽的人。」約翰‧艾斯凱爾（John Eskell）表示。艾斯凱爾是鄉村醫生，曾經幫助伯格度過一次精神崩潰，他因此成為《幸運者》（*A Fortunate Man*）一書主角，是伯格所呈現的最動人、最讓人回味的人物肖像之一。「他聆聽每個人說話，」艾斯凱爾補充，描繪了自己心目中為他寫書立傳的人，「不論他們的身分地位。」

　　他對農民的興趣跟他對知識分子的興趣一樣。他總是想要非常精確地回答你對他提出的任何問題。他停頓相當長的時間，終於

冒出非常肯定的答案，誠誠實實沒有一句虛言。他從來不害怕說
我不知道或是不了解。他認為做愛是人生最值得的事。他對周遭
環境高度敏感，從這個意義上來說，他是神經緊張的人，不過他
並不是神經質的緊張。他清楚意識到周遭發生的一切。他規範自
己每天長時間寫作，在公立圖書館進行大量研究，而且他擁有著
名的一九一一年版《大英百科全書》，渴切地閱讀著。論戰的主
張總是一以貫之。反對俄國的「制度」，尤其是牽涉到作家、畫
家、雕塑家……總是那麼彬彬有禮。偶爾會大發脾氣，主要是關
係到國內情勢之時。[14]

　　拋開脾氣不談，任何人跟他相處一小時都能夠見證他時時刻刻
給予的觸電般關注，那感覺就是當你在跟他講話時，他是全心全意專
注在你身上，沒有旁人。當你說話時，他成為另一個你，但是更加審
慎沉穩和舉足輕重，他那不慌不忙、神諭般的抑揚頓挫在每一次言詞
交換中感染著你。而且任何人在 YouTube 上即使只看過他十分鐘，
都至少會有下述部分感覺：掩不住的個人丰采、自信交雜著謙遜的表
白、他的心和眼如雷射般聚焦。這些特質貫串了《觀看的方式》，所
有觀眾都可以見識到：伯格穿著有圖案的襯衫和長褲出現在國家畫
廊，或是電視攝影棚，或者孩子圍繞著他觀看卡拉瓦喬（Caravaggio）
的畫，或是女士圓桌會議中唯一的男士。
　　蘿拉‧吉普妮斯（Laura Kipnis，譯註：美國文化評論家，聚焦
於性政治和性別等議題）曾經指出，因為他是如此不尋常地英俊（隨
著年齡的成熟他擁有獅王般的美貌），伯格也必須去適應旁人的觀

看。於是沒什麼好驚訝的，他成為「凝視」的理論家。或者更進一步來說，表演藝術的專家。他很早就看透了自我展現的重要性。作者照片總是精心拍攝。例如，他第一本書的美國版本——在英國以《永恆的紅色》（*Permanent Red*）為名發行的論文集，不過為了美國的讀者加以軟化重新命名為《朝向真實》（*Toward Reality*）——呈現出一名三十幾歲男子的意氣風發和意志堅定，然而外貌看起來有從堅持信仰變成貢高我慢、自信變自大的危險：深陷的眼睛、額頭上成雙的溝；向馬龍・白蘭度或詹姆斯・狄恩致意的香菸；衣領的稜角尖銳到足以劃破帆布。毫無疑問克諾夫出版社（Knopf）的行銷部門心知肚明他們在做的事——誰知道因為書衣上的照片他們多賣了多少本書？不過伯格心裡也清楚，以這樣的外貌和儀態出現，他打開了會讓四眼田雞的馬克思主義書蟲吃上閉門羹的大門。他得以僥倖獲得更多成功。

　　不過他也了解，在許許多多層面上，他人的凝視如何有可能轉變成牢籠——電視也一樣，無論是多麼強大和無所不在的媒體，也有可能成為另一個想要逃離的方框。幾十年來，《觀看的方式》就等同於約翰・伯格，反過來也一樣。版權費當然不會造成傷害，不過這節目（後來改寫成適合大眾市場的平裝書）影響力之大多少成了包袱。即使在今日這一個系列依舊是他能見度的巔峰，不過脫離了脈絡可能會讓人錯誤詮釋為他成就的全部。如同第一集開頭，伯格從波提切利（Botticelli）的《維納斯與戰神》（*Venus and Mars*）切下的頭像——之後這一小部分透過工業化的印刷機傳布——《觀看的方式》也只是一個片段（儘管是最有名的），來自更為廣大也較有辯證性的全景。

是那片更廣大的畫布讓那些識得全貌的人發現自己受到莫大激勵。

「主張伯格的名字在現存文學聲望地圖上應該印得比較顯眼，對我們是不夠的。」傑夫・戴爾（Geoff Dyer，譯註：英國作家，主編了《伯格選集》，也出版過研究伯格的專著《說故事的方式》，另外著有《然而，很美》及《持續進行的瞬間》，寫作範圍廣泛。）早在一九八〇年代就如此爭辯，「他的典範敦促我們從根本改變地圖的形狀。」[15] 伯格龐大的興趣範圍既是他之所以為他的核心，同時妨礙了他的生涯。伯格書寫繪畫，當然囉，不過也書寫動物、抗爭、農民、革命、醫藥、移民和電影。他從來不擅長專業批評講究的高尚責任——正典的規範——因此他在這方面的地位始終是初生之犢或許是恰當的。他的聲望沒有爭議，然而其著作完整的意義經常受到誤解。問題就在於他的創作形式太多元讓人眼花撩亂，那是根植於專精主義的文化無法應對的。於是確切來說，《觀看的方式》受到的古怪壓力，也是一種轉喻或占位（placeholder，預留位置）。

在不是被譏諷為煽動者的時候，伯格就會被讚頌成不世出的博學多聞之人。不過這點也可能是誤導。學院派看待他的態度不夠認真，而其他人可能會賦予他薄紗一般無懈可擊的光環，伴隨的效果是修圖太過頭失去了歷史真實性。他留在身後的六十年心血結晶讓他成為書寫範圍最廣泛和最受喜愛的戰後作家之一。不過也是最少人**讀通**他所有著作的作家之一（如戴爾在幾年之後指出的）。[16] 在接下來的章節，我會論證讓伯格如此難以捉摸的原因恰恰好是他在歷史上影響如此深遠的關鍵。要領略這一點我們必須讓他回歸歷史，回到同輩的行列裡。然後我們才能看清楚他創作上的豐富多元比較不是實驗主義下

個人倫理的表達，而是經年累月的努力，試圖彌合他那個時代哲學上的各種對立：自由與獻身、意識形態和經驗、文字與圖像。最終效應是瓦解了人們經常視為理所當然的明確分類和學科系統。他的著作提醒我們，有一塊領地而不只是一張地圖。如同國家之間的邊界，學科之間的界線也不是任何天然的地貌。

而且幸運的是，並不是每位讀者跟伯格的第一次接觸都是透過《觀看的方式》。引領讀者走向他作品的往往不是鋪好的道路，進入的點就像他的生涯那樣多元。根據班・拉特利夫（Ben Ratliff，譯註：美國新聞記者、藝評和作家）的說法，接近伯格的好方法是：「藉由錯誤或因緣巧合，在困頓的時候發現他……個人、無安排、無中介的發現，局外人的發現，這樣大概最適合他。不是發生在課堂上的那種。他不喜歡學校！」[17]

我第一次發現約翰・伯格的著作是在我二十二歲時。我在大學唸的是物理，不過等我畢業時我就知道自己不會成為科學家了。我花了一年時間存錢，然後去旅行，在印度和尼泊爾待了好幾個月的漫長旅程中，我在加德滿都「怪胎街」（Freak Street）附近的二手書店裡買了《影像的閱讀》。

在伯格的文章裡我找到觀看世界的方式，和我在課堂上學習到的一切都不一樣。那是一種書寫、思考，以及——我推斷，生活的方式，在心智的殫精竭慮和經驗的隨手捻來，或者確切地說，腳踏實地之間，看不見任何矛盾。他的散文有股發自肺腑的力量，既形而上又有血有肉，十足感官卻不沉溺。在一首著名的詩中（發表在梵谷

描繪類似情景的二十五年前），美國吟遊詩人華特‧惠特曼（Walt Whitman）敘述他逃離一堂天文學講座去漫遊的經驗，進入「神祕的潮濕的夜氣裡」，他「時不時……在純然的靜謐中仰望星辰」。畢業後我覺得自己也做了類似的事。我想這並不是獨特經驗。在你二十出頭時，二分法似乎是無可辯駁的。然而在伯格身上我發現天文學家和看星星的人同時存在。

接下來幾年他的著作成為我的參考點。那些文章不只提供了一系列批判性導讀（引介了其他的作家、詩人，以及最重要的，畫家），同時示範了分析和想像的脈衝──人們稱之為「左」腦和「右」腦──能夠並存互惠。他讓偉大的藝術可以親近，書寫林布蘭（Rembrandt）和一名波蘭建築工人、卡提爾─布列松（Cartier-Bresson）和一名水管工人、卡拉瓦喬和來自同個鄉鎮貝加莫（Bergamo）的伐木工人。我旅行這些地方的時候讀著他的書，在歐洲生活了好幾年，我攜帶的書籍漸漸褪色，有了折角，伯格的著作成了某種隨身指南，帶我認識自然世界，認識歷史和過去的藝術。如同我那位媒體理論學者的朋友所說，他是個介面。

在一場廣為流傳發表於母校（也是我的）演講中，瓊‧蒂蒂安（Joan Didion）公開承認對理念世界的過敏，自此成為創作型作家的陳腔濫調。在她典型的面無表情下，她解釋自己為什麼寫作。「我試著去思考。」她說起自己的學生時代，「我失敗了。我的關注勢所難免轉回明確的、具體的事物……我會試著去思索黑格爾的辯證法（the Hegelian dialectic），結果卻發現自己專注在窗外開花的梨樹上，以及花瓣落在房間地板上的獨特方式。」[18] 伯格從未接受這項選

擇——辯證法或梨樹——是最終或絕對的選擇。他是我知道的唯一一位戰後作家如此強力和固執地拒絕切割，同時忠誠於普遍性與獨特性；既關注世界上發生的跟政治與道德相關的事務，也留心自家窗戶外的自然現象。你必須回到兩次大戰間的世代——回到班雅明、維克多·塞爾日或 D·H·勞倫斯（D.H. Lawrence），以及之前的托爾斯泰（Tolstoy），才能追溯他的傳承。

「根本不是我把政治拖入藝術裡，」伯格在他只有二十六歲時表示，「是藝術把我拖入政治裡。」[19] 這兩者交會在一起，是他漫長生涯的雙支柱，無法分離，即使有時候很難分辨。而且兩者之間的關係，其意義永遠在轉換，永遠是浮動的，不停在變化。蘇珊·桑塔格談到他「無人能及地」將「對感官世界的關注和對良心律令的回應」融為一體。[20] 傑夫·戴爾指出「兩種關懷主宰了他的人生和作品：偉大藝術的持久奧祕和受壓迫者的生活經驗」。[21] 而根據安德魯·福吉（Andrew Forge，譯註：英國畫家和藝評家）在幾十年前就寫下的看法，並不是伯格的堅定讓他成為如此迷人的人物值得追隨，而是他努力奮鬥保持堅定：「只有鳳毛麟角的人在書寫藝術時準備好肩挑他這種重負。」[22] 伯格向我們展示了，即使在極度的壓力下，你可以保持自己多層次的忠誠完好無缺。在做個批判型和創作型的作家之間，還有第三條路。有時候你可以自己選擇。

「或許『天才』不是正確的字眼。」T·S·艾略特（T.S. Eliot，伯格年輕時與他相識）在一九五一年時寫下他對西蒙娜·韋伊（Simone Weil，譯註：猶太裔法國人，哲學家、神祕主義者和政治行動家，深刻影響戰後歐洲思潮）的看法。我認為美國詩人對這位

法國哲學家的評語也完全適用於伯格：我們對於她的著作的最初體驗「應該不是以贊成或不同意的角度可以表達的。我無法想像有任何人會同意她所有見解，或者不會強烈不同意她某些觀點。但是同意或反對是次要的，真正要緊的是與偉大的靈魂交流。」[23]

　　有人說伯格的著作擁護「盡其所能有容乃大」的美學。他和他的同事做人也是如此——尤其是尚・摩爾（Jean Mohr）和艾倫・譚納（Alain Tanner）。他們開放自己的屋子接待一位年輕的美國研究生。這位研究生開著租來的標緻汽車四處打轉，奔馳於法國和瑞士風颯颯的道路上（因此，我後來發現，拜高速公路上的照相機之賜，拿到了兩張瑞士的超速罰單，我至今尚未繳交罰款——這是潛意識的致敬，我當時就決定了，向我書寫對象的精神，以及他終身對速度的熱愛致敬）。我跟伯格以及他的朋友（同時是合作者）消磨的那些下午，有助於，無論是多麼間接，讓他們在創作那麼多作品背後無數小時的討論，鮮活了起來。在對話中伯格會快速向前，然後切換成空檔，踩著離合器滑行片刻，在沉默的專注中點頭，直到他的思考再度找到清楚的思路，於是他開始追趕距離。這就像是書寫本身的兩種時間性：經驗的快速和流動，然後沉澱的微粒降落在意識流底部，收集在書本和專欄之中，保存在檔案裡。

　　「人生會進入紙張裡，假使人生會進入任何事物之中。」詹姆斯・索爾特（James Salter，譯註：美國小說家。）曾經這麼說。[24] 不知道伯格會不會同意。我認為會。無論如何，這是我為這本書進行的研究中第三個關鍵詞：有人、有地方，然後所有語詞放到紙張上。伯格常常受到的控訴是熱衷於印刷術，不過他的手寫字是流暢的草書，

線條清晰的筆跡。我花了好幾個月閱讀檔案室中的手寫稿——筆記、草稿和沒有裝訂的手稿——我說起這點只有部分是為我研究方法的嚴謹辯護，同時坦承我看見時間的沉澱物中浮現出某種光輝。去研究也是去讓那些事物復甦。任何人花了可觀時間在檔案室裡都可以證實，大約一星期之後就會開始發生古怪、超自然、不可思議的事。你開始跟過去為伍。

許多作家讓他們的文學經紀人拍賣他們的文件給出價最高的買家，伯格捐贈他的（或者應該說是他的妻子貝芙莉為他收藏的）檔案給大英圖書館，條件只是將這些文件從他的鄉間小屋拖運走，像是一生一次的紙張大豐收。如湯姆‧歐佛頓（Tom Overton，他安排了所有事）指出的，這項禮物可以說是返鄉。伯格或許埋葬在日內瓦北方的土地裡，不過他一生的註腳如今保存在國家圖書館，就在聖潘克拉斯車站（St Pancras Station）街道的對面，離他最初敞開自己探索未來可能性的藝術學校走路不遠。

即使在離開倫敦之後，伯格實質上也都待在歐洲，而且以害怕搭飛機聞名。倫敦、巴黎、日內瓦、沃克呂茲（Vaucluse，譯註：隸屬於普羅旺斯，首府亞維儂），以及上薩瓦，是他人生最主要的五個據點。然而——這就是文學的神奇——我到處都能碰上他的書：緬因州的木結構小屋；巴塞隆那年輕畫家的畫室；聖地牙哥我祖母的客廳；林立於倫敦、紐約和德里的書店。在他接近人生終點之際，寫作時似乎越來越自覺他的文字有一天會成為不斷刮除又重寫的羊皮書卷，是有殘響效果的廳堂，一行字可以激盪出一千句提醒和回聲。彷彿他憑直覺知道，他的作品將會朝四面八方散開，找到同路人。

「身為博學多聞的人，」蘇珊・桑塔格曾經說，「就是對每一件事感興趣——別無其他。」[25] 伯格也表達過類似意思。「如果我寫過一大堆各式各樣的事，」他說得更簡單明白，「那是因為我對一大堆各式各樣的事感興趣。大部分人都是如此。」[26] 不過那個興趣的品質，那個基調和分寸，如我們將會看到的，從一九七○年代中期大都會知識分子的論述主幹中分枝出來了。（於是在一九八○年代初期桑塔格與伯格為了電視會談見面時，原本可能是哲學上的互相吹捧轉變成有些像是努力求取共同點：伯格的孔子銘言似乎和桑塔格的紐約風度顯得有些格格不入。）「寫故事的其中一項功能是，」他曾說，「將人們帶離其他人圍著他們建造的貧民窟。」[27] 回頭看，他晚期文章始終不變的關懷可能跟從德希達（Derrida）到德勒茲（Deleuze）的後現代主義者一致，只是他的**風格**大異其趣。不玩弄違反語法的雙關語或歡快地賣弄不斷螺旋的後設悖論，他的散文可能是緩步前進，彷彿他在推著獨輪車行走。他評論朋友羅蔓・洛爾凱（Romaine Lorquet）座落於沃克呂茲省不同山丘的定點裝置藝術，那個說法也適用於他自己的文章：它們屬於外面，無論字面和比喻的意義上。人們談論局外人的藝術，伯格就是一位局外人理論家。從新左翼出身的所有哲學家之中，他大概是唯一一位戶外實踐者。

因此，這本書自身設定的要求之一即為：同時活在圖書館（或檔案室）以及開闊的野地裡，詳細描繪經驗的質地、政治的分量、藝術的力量以及歷史是如何彎曲又走回頭路然後斷斷續續向前之間的種種連結。我展示出來的是三聯畫：約翰・伯格的三種人生。第一部分挖掘他的早年生涯：在一九五○年代的英國為報紙撰稿，成為文化批

評的鬥士。這個時期的冷戰挫折導致了自相矛盾的糾結，他從來沒有停止努力想要解開這個結；第二部分重新考量伯格的蛻變中年：活力充沛、感官愉悅，而且極為多產的十五年。儘管名義上根據地在日內瓦，伯格透過摩托車和雪鐵龍的 2CV 遊歷歐洲，騎在一九六〇年代的浪頭上，直到革命的力量墜毀成接下來十年的碎浪；第三以及最後的部分跟隨他到上薩瓦的山丘。到了此時，屬於我們的新自由主義全球化時代正在興起，伯格重塑自己為抵抗者（不再是革命者），同時是撰寫農夫經驗的編年史家。

這本書整體來說探討了不同的媒介：繪畫、電視、文學、攝影和影片。每一章會檢視一個伯格念茲在茲數年、甚至數十年的核心哲學問題。每一章也會環繞一個獨特的*形式*（藝術批評、現代主義小說、紀實性照片─文本、敘事電影），並且針對矛盾的問題提出明確的解答，無論是透過論戰、告白、媒介之間的互文性、蒙太奇、合作的過程或是身體的工作經驗。伯格的一生投射出一條罕見而特殊的軌跡：他從憤怒青年的原型漸漸變成四處旅行的現代主義者，最終成為說故事的人，固執和悲憫融為一體。

對我們大多數人來說，希望和絕望的兩極是私人的界定和經驗。對伯格來說，至少透過他的作品（本身就是公共與私人的稜鏡）折射出來的，希望與絕望往往與想像中大我的命運綁在一起。波蘭詩人切斯瓦夫・米沃什（Czesław Miłosz）曾經提及，有時候會發生「個人與歷史的奇特融合」，使得「詩人感知事件帶給整個共同體的重負是透過最私人的方式觸動他」。[28] 儘管伯格主要是寫散文（他說自己只有做不了別的事時才會去寫詩），那重負和那觸動是相同的，即使他

的共同體多年來轉移了，既安定下來，同時成長得越來越全球化和龐
雜。因此他著作中保存的情感可以當成衡量左派希望的儀表來閱讀，
幾乎就是考古紀錄。希望與絕望之間的移動是雙重鏡像，因為對他來
說，他最仰慕同時為之書寫的藝術正是以相同的方式運作：希望與絕
望、過去與未來、後退與前進之間的中介者。

　　伯格當然是意圖結合藝術和政治，不過他也朝著改變與持續的
辯證移動。在每一個轉折他似乎重新改造了自己，然而又忠於相同的
一套基本原則和同情心。（應該要指出的是，這些同情並不是運作順
暢的體制具備的零件。塞柏德〔W. G. Sebald，譯註：德國作家，代
表作有《The Rings of Saturn》、《Austerlitz》等〕在彼德‧魏斯身上
發現的同樣適用於伯格：他的政治觀點不只是期望下一次的勝利，而
是「表達始終站在受害者一方的意志」。）[29] 伯格在六十年的工作生
涯中，沒有宣告放棄或是重生的皈依。而是對身邊不斷變化的歷史局
勢幾乎不變的回應。對伯格來說，經驗是知識最真實的資助──反過
來，知識如果要有任何價值，永遠會引領你回到經驗。知識必須要運
用。知識是用來幫助我們（無論是莽撞或謹慎）進入歷史的進程。

1. 為寫實主義而戰

——身為年輕的藝評家你肯定會掀起腥風血雨。

——嗯，在那個禮貌的世界裡要掀起腥風血雨並不困難。

——伯格訪談，一九八九年

　　在一九五二年初，也是二十五歲的約翰‧伯格加入《新政治家》行列的同一年，位於倫敦的「當代藝術學會」（ICA）宣布一項競賽，鼓勵全世界的藝術家提案，為無名的政治犯建造一座公共紀念碑，緬懷他們的犧牲。獎金總額一萬一千五百英鎊，地點已經選定在西柏林。遴選委員會邀請了幾位著名的藝術家和批評家，包括亨利‧摩爾（Henry Moore）和赫伯特‧李德，以為號召。[1]

　　這場廣為宣傳的競賽，主題是「致敬那些在許多國家以及不同政治局勢裡敢於為了人類的自由奉獻他們的自由和生命的個人」。[2] 此時冷戰已經如火如荼。史達林仍然統治莫斯科；韓戰進入第二年；英國差幾個月就會在澳洲西岸外海試爆第一顆原子彈。在這樣的氛圍下，當代藝術學會標榜的中立是強迫推銷。委員會侃侃而談主題的普世意義，但卻沒有收到蘇聯或東歐的參賽作品，有兩位得獎的建築師是赫赫有名且影響力大的美國人。後來發現兩人都跟美國中情局（CIA）暗中有連結。[3]

　　一年後，當雷格‧巴特勒（Reg Butler）的模型獲選在泰德美術館（Tate Gallery）展示時，擔保獎項的政治運作闖入美學領域。巴特勒的縮小模型以三個極小的人物為特色，一類似天線的巨塔使得賈克梅蒂式的人形顯得渺小。對許多左翼人士來說，昆蟲般的塑像（更別提伴隨自命清高的吹捧）讓人覺得做作和偽善。更有些人認為其展現了不折不扣的不敬。在三月的一個星期日下午，一名年輕的匈牙利難民拉澤洛‧希爾瓦西（Laszlo Szilvassy）穿行過美術館的幾道門，抓起模型，抱在懷中扭轉，然後丟擲到地上。「那些無名的政治犯曾經是活生生的人，現在也還是人。」希爾瓦西遭到逮捕時交給美術館

警衛預先準備好的聲明中表示，「把亡者的記憶和生者的受難化約成廢金屬，就跟把他們化約成塵埃或廢棄物是一樣的罪。完完全全缺乏人道精神。」[4]

年輕的伯格抓住這個時機。伯格一整年大部分時間都在痛責戰後的前衛藝術（「沒有意義」、「莫名其妙」、「靠瞎掰創作出來的」），[5] 不過現在他獲得了一個象徵。他為《新政治家》寫的文章成為這場爭議的試金石，臧否當代藝術學會的競賽是「全然的失敗」，證明了「『官方的』西方現代藝術現在已然破產。」[6]「想像，」他說，「一方面，我們這個時代最令人信服、真正當代且密切相關的人類象徵——「無名的政治犯」（Unknown Political Prisoner）；另一方面，泰德美術館的一個底座上面安排了三根螺絲（譯註：也是犯人對獄卒的稱呼）、一些巴士票、幾根火柴和一只皺巴巴的紙袋。在這樣的對比下，可以看清楚我們這個時代獲得讚賞、所謂進步藝術的巨大失敗。」[7]

許多後續的訪客認真看待取代巴特勒縮小模型的廢棄物，以為那真的是獲勝的雕塑，在伯格看來，徒然證實了整場競賽就是齣鬧劇。儘管現成的廢棄物可能適合泰德美術館，在嚴肅的政治脈絡中「絕對」是不適當的。

與伯格對競賽操作方式的控訴同樣重要的是，他拒斥競賽的前提。假裝紀念碑和紀念碑的選擇在意識形態上是中立的，不只在實踐上虛偽，而且在原則上也不可能。美學永遠無法讓自己完全擺脫政治，做相反的假設本身就是意識形態的花招。「所有的藝術作品，」伯格寫著，「在它們即時的脈絡中，勢必會直接或間接成為武器，只

有相當長時間過後，當脈絡已經改變，人們才能客觀地視它們為**藝術品**（*object d'art*）……事實上，合格的藝術因為是源自對生命熱情且相當單純的信念，在某個意義上，必定是不寬容的。」[8]

伯格的雄辯——以及他把「西班牙囚禁的工會主義者」和「西伯利亞的反革命分子」相提並論——激怒了自由派的公眾。首先一項藝術作品遭到詆毀，現在又大肆破壞他們的價值。當代藝術學會上場攻擊。赫伯特・李德公開保證委員會的中立，把伯格描述為蘇維埃的忠貞黨員。抽象派畫家派翠克・賀倫（Patrick Heron），也是伯格在《新政治家》的死對頭，諷刺他是心胸狹窄的政令宣導員。爭議擴散到報紙的讀者投書欄。人生頭一遭，伯格發現自己處於一場文化論戰的前線。「我想社會主義者的現實對伯格先生來說要比普世現實有意義多了。」一名讀者寫道。另一位指控他扭曲了他的評論以「符合預設的藝術理論。這套理論建立在藝術就是宣傳的政治公式上」。脫黨的共產主義者菲利普・湯恩比（Philip Toynbee）更進一步，彷彿是拉響警報：「這是新語（Newspeak，譯註：《一九八四》裡的官方語言）的雛形。」湯恩比寫著，「我們老早就熟悉了。」[9]

不過老早是多早？就在幾年前這一切似乎都還不熟悉。《一九八四》的確在一九四九年就出版了，不過一直要到一九五〇年代多次向大眾推廣的改編之後，歐威爾的比喻和創新語彙才開始廣泛流傳。[10]在冷戰的偏執妄想產生影響之前，全球的文化論述日益發展，而杜魯門主義（the Truman Doctrine）運用在藝術上面，「社會寫實主義」之類的標籤尚未令人憂心忡忡或是觸發強烈情緒。人們記掛著其他事

情：八千萬人死亡；地圖和邊界重劃；整個街坊化為廢墟；老將領被
綁赴刑場處決。

　　真要說的話，實質上的社會主義讓英國通過戰爭的考驗。而現在
打贏戰爭了，鼓舞他們取得勝利的東西幾乎是直接轉譯成新的民粹主
義精神。一九四五年的夏天，歐戰勝利紀念日（VE Day，譯註：納
粹德國正式簽訂降書的日子）才過了幾星期，工黨就壓倒性大勝邱吉
爾（Churchill）領導的保守黨。那是一九〇六年之後保守派第一次
輸掉大選。許多左翼人士把艾德禮（Attlee）的勝利視為部分實現了
社會主義的理想：國民保健署的成立；經濟重要部門國有化；社會安
全、教育和可負擔住房的擴展。（當然，工黨日益嚴重的派系鬥爭，
以及最終於一九五一年挫敗，同樣一批左翼分子在這之前令人痛苦的
政治停滯過程中，看到了工黨完完全全背叛這些理想。）

　　對伯格來說也是一樣，戰後那幾年代表了擴張的可能性。如果他
之後在動不動就大動肝火的文化冷戰中以**批評家**的身分嶄露頭角，他
最初是在戰後團結一致的時期成長為**藝術家**。區隔他生涯這兩個階段
的年歲辜負期待般地如此短暫。倫敦千瘡百孔，不過療癒的藥草新芽
在瓦礫中成長。一九四〇年代後期是不可思議的平靜歲月，這段時間
伯格後來的回憶是暴風雨之間的寧靜，他相對來說**沒有**涉入政治。才
剛剛邁入二十，他畫自己想要畫的，在電影院消磨一個又一個下午。

　　一九四六年，伯格進入新近重開的切爾西藝術學院（當時是切
爾西工藝學院），他在那裡待了三年。他的許多同學見識過戰鬥，
有些曾經是戰俘，有些人跟他一樣，在後方服役。他屬於為國獻身
而活下來的世代，他們剛從軍事紀律中解放出來，擁抱新形態的獨

立。停戰之後他們現在可以彌補失去的時間。不過在切爾西他們也遭
遇了新型態的嚴謹。人體素描和人體繪畫——稱之為構圖——是強
制學習的。學生面對一個題材，然後畫在紙上，而老師四處走動評
估他們的進展。伯格是才華洋溢的繪圖者。儘管不像城鎮另一邊的
對手皇家藝術學院（RCA）或斯萊德藝術學院（Slade）那樣嚴苛，
切爾西的教授依舊堅守古老的具象原則，遠勝過前衛的實驗。繪畫
的老師包括凱里‧理查茲（Ceri Richards），精力充沛的威爾斯人；
哈洛‧威廉森（Harold Williamson），戰爭藝術家和海報設計師；
以及羅伯特‧梅德里（Robert Medley），對伯格而言是位慈愛親切
的指導者，他在學校附近的房子成為學生和藝術家的聚會場所。即
使是那些曾經斷斷續續跟風過前衛藝術的導師，也強調技巧上必須有
堅實的基礎。例如，梅德里曾跟超寫實主義者共同展覽過，不過以灌
輸他的學生熱愛古典主義畫派而聞名，他的英雄是普桑（Poussin）
和華鐸（Watteau）。伯格有位朋友兼同學哈利‧溫伯格（Harry
Weinberger）後來回憶，梅德里給學生看馬諦斯（Matisse）速寫孫子
的影片，做為**不要**這樣畫畫的例子。[11]

　　切爾西校園離泰德美術館，英國藝術的護衛者和象徵，走路
不遠，以前是，現在依舊是。而儘管伯格實際上著迷且印象深刻的
是他看到的許多來自法國的複製品，特別是畢卡索（Picasso）的作
品，學校絕大部分仍然是圍繞著本土藝術家打轉。戰後愛國情操當
道時，這種趨勢益發強烈。重建意味著恢復在地的潮流：洛瑞（L.S.
Lowry）、希克特（Walter Sickert）、史賓塞（Stanley Spencer）。
對許多年輕畫家，包括年輕的伯格，特別有影響力的是尤斯頓路畫派

（Euston Road School）。這個戰前的繪畫學會存在時間很短，偏愛傳統、自然主義和「日常的詩歌」。

伯格自己的畫就從這個普遍的傳統中長出來，不過沒那麼懷舊或私密，他更喜歡大眾的、比較剛健的題材。一九五〇年，當倫敦的「南岸」（South Bank）準備迎接「不列顛博覽會」（Festival of Britain）時——這是表彰國家文化與復原力的慶典——二十三歲的伯格日復一日去畫建築工人。（他有一幅油畫《鷹架》〔*Scaffolding*〕描繪建造皇家節慶大廳的初期，後來由「藝術委員會」購得。）[12] 經過這些和類似的習作——布列塔尼的漁夫、克羅伊登（Croydon）的鑄鐘工人——伯格努力去完成畫作。他也在沙德勒之井劇院（Sadler's Wells）畫芭蕾舞者，在去義大利的一場養成教育的旅程中（顯然受到夏卡爾〔Chagall〕和蘇丁〔Soutine〕的影響），繪畫在街頭表演和雜耍的藝人。如同絕大多數的年輕藝術家，伯格嘗試了不少風格。但是橫跨形形色色的心境和題材，他一次又一次回歸共同的前提：在相互交流的活動中一群人共享的連結。

儘管伯格後來把自己放棄繪畫歸因於激情的地緣政治氛圍——跟藝術比起來，轉向新聞寫作理所當然可以做更多的事，而且可以更快達到目的——這是簡化的說法，是年長後的後見之名強加在比較年輕、比較多方嘗試的自我身上。他後來採用的說故事技巧也應用在記憶上，在時間長河中前前後後自由移動。二十五歲時，他其實仍然在摸索自己的道路上。

完成學業之後，伯格找了個兼差，教授人體素描。一九四八年他與插畫家派特・馬里奧特（Pat Marriott）結婚，兩人是同學。這對

夫妻同住在漢普斯特德（Hampstead）一間兩房的出租公寓裡，但是婚姻維持不久就以離婚告終。雖然他繼續繪畫和展覽，關於他作品的回應卻非常少。「每一幅畫都是艱苦奮鬥。」他後來回憶，「我沒有天分，而當時我認為完全缺乏天分意味著我真的不是畫家。」[13] 不過透過演說和寫作，伯格迅速地吸引了關注。除了私人教畫，他接了第二個工作，在「勞工教育協會」擔任講師。為了準備課程，人生頭一遭，他開始認真探究藝術史。在這段時間，他也經歷「再政治化」，擺脫他早期的無政府主義，成為明顯可見的黨派分子和共產主義者。如他後來所描述，他的立場變成「較為列寧主義者，比較正統的布爾什維克，如果你要這麼說的話，比較不是無政府主義者」。[14]

伯格最早的書評和展覽評論出現在《論壇報》（*Tribune*），一份偏向民主社會主義的報紙（歐威爾曾經是他們的文學編輯）。一九五〇年，身為製作人的朋友邀請他為英國廣播公司（BBC）的國際頻道在國家美術館裡談論繪畫。他把廣播腳本送進《新政治家》的辦公室，以這些文稿為基礎，伯格引起金斯利‧馬丁（Kingsley Martin）的注意。馬丁是這本雜誌人脈廣然而脾氣暴烈的著名編輯。一九五一年，伯格開始為這本刊物發表短評，到了一九五二年他已經公認為《新政治家》的主要藝評家之一。起初在他早期的文章中還顯露出少年的稚氣──尋找目的的熱情。不過一旦他找到了，他就擺脫了。

他的大義名號是**寫實主義**，對立面是現代主義。在這一邊，藝術是可及的、大眾的、激勵人心的；在那一邊，藝術是困難的、小眾的、往往厭惡人類的。[15] 在二十世紀的開端，現代主義一直扶搖而上。「在一九一〇年十二月或左右，人的性格改變了。」這是維吉妮

亞・吳爾芙（Virginia Woolf）著名的評論。但是在第一次世界大戰的殺戮之後，似乎又再度改變。很多現代藝術顯然偏離了軌道：達達主義（Dada）、荷蘭風格派（De Stijl）、超寫實主義（Surrealism）。在許多戰後批評家的心裡，兩次大戰之間的前衛藝術風潮製造了一些混亂。古老的二分法重新上場。繪畫應該描繪物質世界，還是創作過程中的物質痕跡？藝術應該在體制內行動還是對抗體制？對藝術家來說，什麼東西構成適當的題材：夢境、形狀、自然或社會？

二次大戰之後，這一類問題在它們身後留下混雜的情緒漩渦。現代的整個困境——現代是什麼？如何重新塑造和重新想像？——似乎人人都可以爭奪詮釋權。人們四處尋找答案。儘管巴黎依舊被認為是品味的領頭羊（要到後來才公認紐約已經篡奪其地位），法國首都出現的藝術，讓許多英國人，不只是伯格，覺得乏味沒有新意。

想想安東尼・布蘭特（Anthony Blunt）一九五一年對「巴黎畫派」的評論：「我們總是聽到有人問，那些年輕的法國畫家在做什麼？」布蘭特沉思著如何評量那些橫越海峽來到柏靈頓宅邸（Burlington House，譯註：皇家藝術學院所在地）的作品。眼前所見讓他失望：「主宰的趨勢似乎如下：一種折衷主義，目標是結合畢卡索和馬蒂斯的特質；一項強力的運動，朝向純粹的抽象畫；以及表現主義的傾向，主要是在色彩方面，而在比較輕微的程度上選擇陰鬱和令人不快的題材。」[16] 雖然對於這些康莊大道沒有抱持先驗的反對，布蘭特依舊不滿意。「他們創作出……熟悉主題的變體，往往很敏銳，這點無可否認。」他說，「但是這樣就夠了嗎？」[17]

伯格認為不夠。在他最早為《新政治家》寫的文章裡（一九五

一～五二年），他持續這樣的思路，不過又更進一步深入，比較不那麼遲疑觀望了。他宣稱，在現代主義的後浪之中藝術家和批評家都迷失了。「事實是現代運動——包括所有分支——現在都已經解體。派別的紀律消失，而且大多數理論最終在實踐上喪失了精準。」取代的是在當代繪畫中瀰漫著「不可思議的混亂」，「方法上、目標上和標準上的混亂」，在畫廊極度折衷主義的品味上明顯可見。[18] 伯格說，由於當代畫家依然焦慮著要看起來跟上時代，就只能表面地模仿「他所仰慕的畫家個人的矯飾風格」。結果就是無意義和混亂的摸索。[19]

從一開始，伯格就自我標榜為曠野中的聲音。不過早在一九五二年，參觀「皇家藝術家協會畫廊」（RBA galleries）舉辦的當代青年畫家展覽時，他就找到同伴，以及替代的選擇。他在展覽中看到嶄新的寫實主義作品，讓他滿心雀躍。儘管這六百幅畫作沒有揭露出任何「意料之外的天才」，還是透露出這些年輕畫家的「共同態度」。這是一個世代的學子，伯格說，他們「乖戾」而「急切」的畫作冒出頭來，「沒有一絲一毫浮誇的痕跡，來自他們覺得自己可以信任的唯一來源——他們每一天近乎平庸的經驗。」[20] 從學院派與前衛派（或者是自然主義相對於抽象主義）的老套二分法中，出現了完全不一樣的東西：一種復興的**社會寫實主義**傳統。描繪比較經常遭到忽視而不被注意到的環境——「後院、鐵路、碼頭、街道、捕鯡魚、長堤上的折疊式躺椅」——這些畫家以明晰和細心來處理平凡的場景。[21] 伯格評論的標題散發著希望：〈致未來〉（'For the Future'）。

新的寫實主義者，伯格說，回歸庫爾貝（Courbet，譯註：法國畫家，寫實主義畫派開創者）而不是塞尚（Cézanne），在某種意義

上，他的評論也是。他強調當代的、有實體的、平常的、單調的事物的重要性。他呼籲藝術家投身到畫室之外，到街道上，進入社會共有領域，同時不帶成見也不要靠著粉飾去檢視他們的發現。他一而再再而三地說，身為畫家意味著去觀察、接受、允許進入，開放自己去發現。「藝術是溝通的工具。」他寫著，「不過本質上也是具有想像力的工具，而藝術中的想像力由發現和揭露存在事物的能力所構成。」[22]（同樣的觀點以負面形式呈現在他直言不諱地厭惡法蘭西斯·培根〔Francis Bacon〕的作品。培根是他真正挑出來攻擊的第一位藝術家，持續幾十年一直是特別惹他嫌的標靶。培根是「出色的舞台經理」，根據伯格的看法，然而不是「具有原創性的藝術家」，正因為「在他的畫作中沒有證據顯示任何視覺上的發現，只有靠想像和技巧的布局」。）[23]

　　今日寫實主義的理念或許帶有學院派的色彩，當時它攪動的是深層的情感。在義大利和法國，寫實主義已經成為一個「戰鬥詞」，在這兩個國家美學是由共產黨在捍衛。不過在戰後十年，英國共產黨（CPGB）既沒有影響力，也沒有制定好的文化綱領，讓伯格（他是獨立人士，不過同情共產黨）至少有一段時間避開政治的關注。[24]他表達的情感引起的共鳴遠超出左派的圈子。戰後的大眾渴求看到自己，也讓別人看見，幾個月之內，伯格的評論就被廣為閱讀及討論。他迅速收穫多得驚人（而且忠誠得驚人）的讀者群，以至於突然之間，門都打開了，到了一九五二年的夏天，因為偶然的時機加上機遇，伯格獲得罕見的機會（對這麼年輕的人來說幾乎是聞所未聞）策劃自己的展覽。[25]大多數批評家，無論多麼熱心，通常必須

仰賴已經展出的才能表達他們個人想要看到的。獲得白教堂美術館
（Whitechapel Gallery）的全權委任，伯格得以第一次，全憑自己的
選擇，呈現他的美學在視覺上的關聯和輪廓。「我心知肚明『寫實主
義』這個字眼可以多麼有力然而模糊。」雷蒙・威廉斯（Raymond
Williams，譯註：英國著名的馬克思主義文化批評家，新左派的重要
人物）後來說到這個時期，「宣稱贊成寫實主義很容易，但是很難精
確說明它的內涵。」[26] 現在伯格可以說清楚了。

　　結果就是《向前看》（*Looking Forward*），一場「宣言式的
展覽」，證明了是那個世代最有影響力的展覽之一，從一九五二年
九月到十一月在白教堂美術館舉行，隔年在「藝術委員會」（Arts
Council）的贊助下巡迴英國。[27] 將近整個秋天，東區畫廊成為作品
匯聚的地方，不只是伯格朋友的作品——許多參展的人最近剛從切爾
西、斯萊德跟皇家藝術學院畢業，還有一些人是之前的老師——而且
似乎也匯聚了他努力想要接觸的新群眾。「沒有什麼事比看見街頭
小販若有所思在白教堂美術館巡行更讓人振奮的了。」《觀察家》
（*Observer*）的評論以此開頭。[28] 對麥芳維・派帕（Myfanwy Piper，
譯註：英國藝評家）而言，《向前看》應許了「幸福的解放」，擺
脫了「號稱為現代藝術的那種高傲的複雜」，就如同《抒情歌謠集》
（*Lyrical Ballads*，譯註：華茲華斯〔William Wordsworth〕與柯立
芝〔Samuel Taylor Coleridge〕合著的詩集）曾經應許「不會雜亂無
章的想像力作品」。[29]（「一名藝術家有意識地回歸到普通人的語
言」，她說，「必定永遠是在情緒激昂的狀態下表達」。）「目前運
動幾乎沒什麼開展，」伯格在《新政治家》的同事班乃迪克・尼可森

（Benedict Nicolson）承認，「自然就產生不了偉大的藝術家——沒有一項運動在最初階段可以做到。不過我相信，這是藝術現在就要進入的轉彎。」[30]

　　許多策劃人和畫廊主人也同樣被打動了。有那麼幾年，濃墨重彩的繪畫成為時尚，畫布上都是厚塗法，調色盤上滿滿的棕灰色：北方工業、工作中的男人、足球、街景和居家場景成為圖畫主題。在這個風格下的一場展覽稱為《廚房裡的繪畫》（*Paintings for the Kitchen*），一九五三年在沃克畫廊（Walker Gallery）舉行。次年，大衛・席維斯特（David Sylvester，伯格的頭號對手，法蘭西斯・培根的熱情支持者）在《相遇》（*Encounter*）寫了一篇文章，〈廚房的水槽〉（'The Kitchen Sink'），委婉地戲仿了這股潮流：「除了廚房水槽的一切事物？廚房水槽也有。重點是那是非常普通的廚房，非常普通的一家人居住在裡面……沒有一點暗示跟房子有關的人是藝術家或什麼人，只是非常普通的傢伙。」[31] 這個意象固定了，變成一個別號——更加嘲諷——用來指涉主要是在伯格的介入下衍生出來的英國新寫實主義。[32] 而且儘管伯格將來會看到所謂的「廚房水槽」畫家在發展過程中出現去政治化的轉折而表達失望（正如這些藝術家也會拒絕他關於政治的呼籲），他還是協助召喚出對於戰後英國藝術界影響比較深遠的運動之一。對二十六歲的年輕人來說，是一項不錯的成績。

　　伯格身為新聞工作者的極大優勢是，他有能力在每週評論的有限篇幅裡清楚表達複雜的立場，而且讓這些立場充滿激情。他有一種

幾乎是超自然的能力，讓藝術評論散發著道德熱情。「關於約翰有趣的是，」影片剪輯師戴伊・沃恩（Dai Vaughan）說，「你不必總是同意他的判斷……不過依舊讓人佩服的是他的凝視那種純然的強烈。他絕不動搖，他絕不撤守，而且他的簡潔表述絕對不會，或者極少漂離它們的定錨點。這些表述不會變成賭場上使用的籌碼，像我以為的有些學院派會這麼做。」[33] 你絕對不會看到任何的掉書袋或者炫學。伯格的文章讀起來好像是他直接對你講述，即使他是同時對著形形色色的大眾說話：那些熱切想要感覺自己在文化上有越來越多持份的藝術家、批評家、行政官員、政治人物、教授，以及（最多數的）年輕讀者。上述一切都是他的天賦，等到他在《新政治家》的第一年結束時，他已經是人們口中他那個世代最耀眼的青年批評家之一。

　　一年時間伯格做到了絕大多數批評家期待用十年完成的事。不過一九五二是不尋常的一年。文化和政治激烈變動。現代藝術等同於民主政治，而社會寫實主義等同於極權統治，這兩者尚未確立為美國論述策略的中心思想。一九四〇年代後期，保守的民粹主義在美國國內仍然根深蒂固，美國比較關心的是說服歐洲它擁有藝術鑑賞力，而不是誇耀它新近發芽的前衛藝術。[34] 即使遲至一九五二年十二月，紐約現代藝術博物館（MoMA）館長阿佛列德・巴爾二世（Alfred Barr Jr）為《紐約時報》撰寫文章，他使用的標題反映了普遍流傳的假設：「現代藝術屬於共產主義嗎？」[35]（他的目的是要證明剛好相反：寫實主義藝術才是問題。）在這個多少尚未政治化的脈絡下，伯格最初的文章並沒有標榜能輕易辨識出的忠誠。民粹主義和道德化的潛台詞貫穿他對當代繪畫脫序無規範的攻擊，不過也僅止於此：民粹

主義和道德化。在某些方面，甚至類似依舊廣泛流傳於西方的保守成見，而保有這些成見最引人注目的就是杜魯門、艾森豪和邱吉爾。

一九五三年一切都改變了。所有中間地帶都枯竭。伯格的戰役最初是因為想要在西歐建立一個獨立的社會主義陣營希望越來越渺茫而展開。《新政治家》是這項信念的發源地──他們具有影響力的小冊子《靠左走》（*Keep Left*）呼籲在莫斯科和華盛頓之間建立「第三勢力」──而伯格呼籲根據相似的前提寫實主義向前進。他曾經表示，應該沒有必要「西歐藝術家砍斷右手好像他是莫斯科的老院士那樣來繪畫，或是砍斷左手讓自己在紐約現代藝術博物館感到自在」。[36] 寫實主義不應該是激進的，應該是中庸之道。但是很快地，有兩個（而且只有兩個）選擇留下來。隨著伯格對西方自由派的品味攻擊越來越激烈，其中許多人原本歡迎他有的放矢的評論，漸漸視他為危險人物。遭到指責以政治教條玷汙了藝術，伯格被迫在比較普遍的基礎上辯護自己的美學和政治立場。「我一輩子都非常熱情地關心繪畫。」在評論「無名的政治犯」引發眾人之怒後，伯格寫著，「除了當畫家之外，我也努力思考藝術，同時**為藝術而思考**。不過我努力超越畫筆之尖來思考，結果，主要是我對藝術的關懷催生了我整體的政治信仰和社會信念。根本不是我把政治拖入藝術裡，而是藝術把我拖入政治裡。」[37]

在英國，是一九五三這一年冷戰變成了全面發展的文化戰爭。戰線劃出來了，當代藝術學會的爭議標記了戰鬥真正的開端。並沒有什麼普世主義，競賽讓大家看到的是，一旦意識形態開始滲入，美學判斷的問題是如何迅速變得政治。而且很快地就無法迴避意識形態。藝

術上的歧見讓位給忠誠問題，迅速回歸基本原則。美學經驗是不受時間影響或是受到歷史限制？藝術作品應該激勵人心還是給予安慰？政府應該「保護」還是「提升」文化？藝術和政治宣傳之間應該如何以及在哪裡劃出界線？

伯格的介入揭露了在英國文化生活核心有著尖銳的分裂。一邊是自由派批評家。他們相信藝術不應該臣服於政治控制，美學經驗是獨立存在的，要藝術為政治服務不僅貶低藝術，而且置社會於朝向極權「反烏托邦」的道路上（引用卡夫卡和歐威爾是那個時期固定的論調）。這個陣營的知識分子包括赫伯特・李德、派翠克・賀倫、大衛・席維斯特、史蒂芬・史賓德（Stephen Spender），以及其他許多盟友。他們用來大聲疾呼最激烈的喉舌《相遇》雜誌，在一九五三年十月首度問世（就在「無名政治犯」引起爭議幾個月之後），這份刊物的孕育是專門針對《新政治家》，試圖消解他們對英國文化左派的影響。雜誌例行把共產主義和法西斯主義嫁接在一起——第一期將希特勒、墨索里尼和史達林等同而論[38]——這是普及全球的論述策略，同時耕耘政治和美學的基地。舉例來說，巴爾（Barr）具有影響力的文章在《相遇》創刊前不到一年發表，把蘇聯和納粹的視覺藝術範例並置，在它們之間建立起令人信服的連結。[39]社會寫實主義因如此的關聯而敗壞。對比之下，前衛藝術被借代成自由民主所保護的自由：號稱與政治無關的文化蘊含的政治。到了一九五三年年底，即使是「藝術家國際協會」（最初孕育於一九三〇年代，是激進左翼團體）都從章程中移除了政治條款。美學辯論的空氣全部抽光了。不久，任何關於藝術或者應該是與社會發展連結的暗示都迅速被標記成具有潛

在危險，歸屬於「救世主的傲慢精神，無憂無慮犯下這麼多醜惡的傷害肉體罪行。」[40]

那個時期的核心反諷之一是，雖然口口聲聲標舉個體自由，自由派批評家代表著組織良好而且強大的聯盟。就伯格來說，儘管他呼籲社會連帶，他在英國獨樹一幟。他獨立於英國共產黨之外；他許多知識上的導師是中歐人；造就他最大的當代影響來自義大利。雖然他的確跟另外兩位年輕批評家是心照不宣的同盟——影評人潘妮洛普·吉莉雅特（Penelope Gilliatt）和劇評人肯尼斯·泰南（Kenneth Tynan），兩位都幫《觀察家》寫文章，而且如同伯格，在各自的領域為粗野的新活力喝采——到目前為止，伯格是三人之中政治意味最強的。[41] 之後的十年中——在一九五五年——他建立了日內瓦俱樂部（the Geneva Club），那是非正式的沙龍風格集會，在牛津圓環（Oxford Circus）附近一家酒館樓上不定期相聚。俱樂部聚集了形形色色的左翼傾向藝術家和知識分子，包括林賽·安德森（Linsay Anderson）、艾薩克·多伊徹（Isaac Deutscher）、艾瑞克·霍布斯邦（Eric Hobsbawm）、約翰·威利特（John Willett）、保羅·霍加斯（Paul Hogarth）、多麗絲·萊辛（Doris Lessing），以及眾多伯格擁護的寫實主義畫家和雕塑家。[42] 不過，同樣的，這是非正式集會，而且，至少根據一個消息來源，伯格希望看到政治性行動，抵觸了這個團體比較難以管束的躁動。[43] 我們必須記得，在「新左派」興起之前（部分是受到日內瓦俱樂部的啟發），馬克思主義在英國是不受青睞的。[44]「真的是不可能。」伯格說起五〇年代，「除非是在黨內以相當簡化的角度談論馬克思主義。沒有這方面的書，除了黨的出

版社自己發行的書。有三種可能的態度。要不那是邪惡的，而且你是蘇俄間諜。或者……那已經過時了，跟現代世界完全無關。亦或是最仁慈的：『好吧我想那是你的宗教形式。』隨著新左派的誕生，這一切都改變了。」[45]

在關於寫實主義和藝術宗旨的論戰最熾烈的時候，儘管倫敦可以誇耀一流的藝評人多如過江之鯽，伯格是唯一直言不諱的馬克思主義者。根本就沒有其他人同時擁有他的傑出和他的政治觀點。

他宣講的哲學正面抵觸「為藝術而藝術」（*l'art pour l'art*）。在某一刻他甚至有計畫寫一本宣言式的著作，書名是《為了我們自己的藝術》（*Art for Our Sake*）。[46]「藝術必須服務，」他寫著，「為了它本身的健康。」[47] 這是他的核心前提。將藝術連結到社會成長和政治希望，連結到大過自身的目標，事實上是強化藝術，賦與藝術信念和宗旨。偉大作品（如果真的出現的話）是從信念和宗旨創作出來的。自由派乞靈於自主權，那是他們理論上的樞紐：政治宣傳是手段，藝術本身就是目的。不過伯格始終拒絕這樣的思路。「從來沒有任何傳統或是一件傑作的誕生是缺乏服務意識的。」他寫著，「這是至關重要的，舉例來說，畢卡索從來沒有超越《格爾尼卡》（*Guernica*），亨利・摩爾也沒有再創作出，比得上他戰時在地鐵避難所繪製的那樣深刻的圖畫。」[48]「文化成就是副產品。」他說，「是人們整體的目標、興趣和價值的副產品。」[49]

在這套信仰之下，伯格一次又一次回歸傳統理念。如果**自由**、**個體**和**表達**是自由派護身符般的用語，伯格的用語就是**宗旨**、**寫實主義**和**傳統**。同時，就像寫實主義——或者，就這件事來說，就像自由派

的自由──傳統是個不斷擴展、不穩定、有可能矛盾的概念,而且正
中位於他思想的核心。那麼他所講的「傳統」意味著什麼?

　　重要的是分辨伯格對這個語詞的理解,跟比較明顯保守或反動
的詮釋之間的區別。有時他的確會說年輕世代「被剝奪」了傳統,說
傳統「被廢除和破壞了」。他決定強調傳統這個語詞,無論是否經過
算計,很可能反映了他想要占據中心的渴望:讓自己看起來中庸,而
且對於英國社會的廣大群眾仍然具有說服力。不過在他的筆下,「傳
統」很快就帶有顯眼的社會主義調性。傳統幾乎總是意味著指引方向
的力量,這股力量是共同打造和維繫的;傳統不是需要禮貌尊重的
傳承。[50] 戰爭揭露了社會有能力進行集體動員。福利國家的創建似乎
證實了這種能力在承平時期的作用。伯格呼籲的宏大寫實主義傳統必
須放在這個脈絡下理解。在他的心目中,藝術家永遠是將包含在他藝
術之中的經驗**傳遞**(英文的「tradition」源自「tradere」,意思是傳
送)給他的群眾,而且因為那些經驗(至少在他稱之為「健康」的傳
統中)是從社會共享空間汲取來的,他的藝術會回過頭來加強人們所
共享的。對伯格來說,原創性的展現從來不是因為自身的緣故,也不
會在私人的小圈子或極端個人性的藝術中找到。反而是如何發現和拓
展共同基礎的問題。

　　因此,傳統──這裡我們注意到從美學朝向道德和政治邁開第一
步──是反對個人主義的堡壘。缺少了可以「在裡面著力或反叛的」
核心傳統,已經導致崇拜天才,以及伯格所說的「濫用才華」[51] 導致
藝術家從「氾濫的個性和複雜」的角度來思考,定居在唯我論的世界
裡,每個人都發展出一套私人語言。(對於優越的敵意解釋了伯格對

於被人連結到天才這個範疇感到的不自在——這種緊張貫串了他漫長的生涯。）為了建立宏大的寫實主義傳統，他一再貶低「才華洋溢的反常」，讚許集體的努力和比較合理的成就。合理的意思是理性又謙遜。他在一九五二年寫下：「唯有共享的目的感，或是傑出的天才，才能在當今保護畫家免於表現癖的汙染。」[52] 一九五三年又說：「我們唯一脫離困境的方法是——而且我很清楚附庸風雅和技藝純熟的危險——再度認定藝術家的職責是盡其所能好好完成特定的工作，而不是如今日的情況，給我們通往宇宙的鑰匙。天才和傑作可以照顧好自己。」[53] 之後他又說得更坦率：「直到合理的才華（相對於天才）能夠創作出令人滿意的藝術作品，才會有勝利可言——而這意味著具有生命力的、可以教導的傳統；有信心的社會，以及具有文化素養的廣大群眾。」[54]

　　勝利的意義是，有個鮮活的脈絡可以有目的地創作和體驗藝術。教堂裡的祭壇畫和拍賣會上的油畫，意義就截然不同。在這方面伯格的想法本質上是傾向人類學——不過是指向當代生活的人類學，同時覆蓋著價值判斷。從那個時期開始，文化的自然棲地和人為棲地之間的嚴格區隔貫串他的思想。他嘲諷自己這一行的許多顯貴大佬是「博物館批評家」，「力有未逮，不能夠了解在現場脈絡下的藝術創作和玻璃櫥櫃中的藝術品有什麼不同。」[55] 博物館是孤島般的、沒有時間性的、追求稀罕，以及去脈絡化的空間；是動物園、聖殿和保險箱雜交而成的產物。藝術要繁茂昌盛，需要比較粗礪、比較野生和比較大眾的土壤。「象牙塔通常是文明和優雅的場所。」伯格寫道，「不過它們不是……人性的堡壘。」[56]

　　進入一九五〇年代，伯格呼籲英國要展開類似文化上的「新政」（New Deal）。他大聲訴求公共雕塑和壁畫，提倡「為學校而畫」（Pictures for Schools）之類的計畫，主辦單位是「藝術教育學會」（Society for Education through Art）。[57] 他號召政府機關雇用而不是神化國家藝術家。他說，許多年輕畫家「情願拿一般工資在醫院、音樂廳和學校畫大型壁畫，勝過賣十張小畫給菁英人士」。[58] 他們更願意與之連結的是「比較穩固、比較能給予靈感的觀眾──沒有那麼多深厚文化成見的工會和勞工階級觀眾，而不是官方的藝術市場」。[59] 他也抨擊自己看到的藝術委員會那些膽小冷漠的行徑。「委員會心胸開放然而被動。」他在一九五五年一篇引起爭議的文章中寫著，「委員會應該具有黨派立場而且主動。委員會不應該是好心提供藝術見解的姑媽，應該是倡導全新公共藝術概念的旗手。」[60]（赫伯特・李德反擊：「為什麼這個國家整個文化場景應該轉變成高功率的宣傳工廠，由一些口沫橫飛的戈培爾們〔Goebbels〕來主導？」）[61] 越是崇拜天才、名氣和私人財產──藝術就會越來越淪為「勢利者買賣的商品」──藝術就越不可能履踐它正確的社會角色。而且再一次，國家資助的美術館不是勝任的矯正機構。伯格寫道，偉大的作品「從來不是刻意為未來的美術館創作出來的。」[62] 他說過許多引人注目的隱喻，其中之一比喻偉大的作品比較像是造橋的石頭，可以協助一個民族往特定方向移動。

　　學生時代，伯格有數不盡的下午都耗在電影院裡，諸如《不設防城市》（Rome Open City）、《老鄉》（Paisan）、和《單車失竊記》

（*Bicycle Thieves*）等義大利電影留給他恆久的印象。與南方的連結有部分是祖傳——他父親的祖父是經由「第里雅斯特」（Trieste）來到英國——然而是透過戰後的義大利藝術和文化，尤其是新寫實主義，鞏固了連結。一九四八年，他首度造訪南歐，在火車上的偶遇之後，他放棄了原本計畫的古典和文藝復興藝術之旅，花了一星期停留在杜林（Turin，或譯都靈）的勞工階級市郊，去汽車修理廠幫忙。他後來回憶，那個環境是可以直接入鏡新寫實主義電影裡的。

伯格從義大利帶回倫敦的是義大利共產黨的黨派精神和守護聖徒的神話形象：安東尼奧‧葛蘭西（Antonio Gramsci）。儘管葛蘭西被醜化為蘇聯同路人或是法西斯分子，伯格事實上吸收了他首先在一九二〇年代闡述然而戰後只在義大利廣泛流傳的理念：藝術應該為社會發展服務；藝術可以幫忙建造通往社會主義的道路；同時藝術家可以參與創造普及的大眾文化。這些理念不只是反自由主義，對馬克思主義來說也是新穎的想法。葛蘭西是最早那批馬克思主義者之一，他們不把文化看成是被動反映意識形態的鏡子，而是遠遠更為複雜和活生生的東西。他同樣敏銳察覺文化認同的細微差異。他認為知識分子的角色是協助沒有受過教育的人**自己發聲**，而不只是代表他們去爭論。雖然正統馬克思主義的說法是普羅大眾（無產階級）應該超越國家結成聯盟，葛蘭西意識到在地習俗的重要性。這引導他清晰闡述了「國族—大眾」的概念。[63]

即使當時沒有現成譯文，而且（除了一值得注意的例外）最早探討葛蘭西的文章直到一九五〇年代中期才刊登於英國媒體，這位薩丁尼亞島出身的理論家對於義大利一整個世代藝術家和知識分子（其

中許多人伯格知之甚詳）的影響，非常巨大。[64] 出自《獄中札記》（*Prison Notebooks*）的文摘早在一九四四年就開始在義大利流傳。當札記在一九四八年到一九五一年完整出版時，引發了義大利左翼的積極揣想，推測邁向馬克思主義社會可能的「文化道路」。葛蘭西的著作在英美知識界依舊罕有人知曉時，伯格就稱呼他是「這個世紀最偉大的知識分子之一」。[65]

　　為什麼葛蘭西會有這麼大的吸引力，原因很清楚。這位薩丁尼亞島政治思想家幾乎是則傳奇：既深情又堅毅；童年時就有身體障礙，然而成年後他的力量顯現在他接受審判時檢察官著名的宣言：「我們必須阻止這顆腦袋運作二十年。」他的榜樣為伯格自己的戰役注入了信念。他說，在英國藝術界，公共參與的問題無關乎「死氣沉沉的學究稱呼的『壞品味』，問題是大多數人根本就從來沒有帶著絲毫個人興趣觀賞任何繪畫或雕塑，因為他們已經受到引導下了結論——整體來說相當好理解——現在市面上的這類作品沒什麼話對他們說。」[66]

　　葛蘭西追溯這個問題的根源，發現了一項社會事實：知識分子和所謂的一般人居住在完全分隔的生活圈。解決的方案是打破藩籬，將知識分子自其「過時的世界，狹隘、抽象、過度個人主義或封閉的階層之中」移除出來。[67] 在一九四〇年代晚期，義大利共產黨（PCI）處於高峰時，甚至實行了「走入人群」（*andata al popolo*）之類的大膽創新倡議——一種「校車接送」藝術家的計畫，鼓勵畫家在平凡工人身邊工作一段時間。[68] 伯格本身的訓練包含了類似經驗：在北愛爾蘭的兩年置身於勞工階級的軍校學生當中；花了好幾個月繪畫焊接工人、漁民和建築工人。（他最終定居法國農村，也可以從這個角度來

審視。）潛藏在葛蘭西的訴求、義大利共產黨的政策和伯格本身的養成之下的，是相似的渴望：藝術家與工人的相遇。

終極目標是彌合國家文化和勞工階級美學經驗的鴻溝；無論勞工階級是作為主題還是觀眾。從一九五〇年代以降，伯格絕大多數文化行動的背後都懷抱著這樣的願景。早期為 BBC《婦女時間》（*Woman's Hour*）撰寫的一篇廣播稿即為代表：他請下午時間的聽眾檢視自己的家——髒碗盤、瓦斯表和一切種種——彷彿約翰・康斯特伯（John Constable，譯註：英國風景畫畫家，畫風屬於浪漫主義的傳統）剛剛走進家門，帶著畫家的眼睛。一九五二年秋天，在他策劃的《向前看》畫展於白教堂美術館舉行的前夕，伯格甚至寫了尷尬的社論，邀請欠缺文化修養的讀者為其自身來觀賞作品：「我規劃這項展覽不是為了批評家和龐德街上的藝術金主。」他對他們說，「而是為了你們，以及你們所有受不了現代藝術的朋友。事實上，我根本不相信你們是不懂藝術文化的人。我認為是現代藝術，而不是你們，應該受到譴責。」[69]（這封信的阿諛語氣無論意圖多麼良善，彰顯了更為廣泛的不對稱對話的難題：如何避免紆尊降貴地教訓人，而且不訴諸「給他們他們想要的」這種商業主義。）幾年後，為加拿大電視擔任主持人時，伯格會持續朝這方面努力。在《繪畫人生》（*Drawn from Life*）之類的節目中，他邀請普通的英國人來到掛滿畫的電視攝影棚，請他們評論哪些畫給他們的感受最親近。[70] 儘管為時不久，這項實驗幾乎是原樣照搬了他深層的抱負：讓視覺藝術接觸到勞工大眾，並且讓這樣的接觸產生重要意義。每一集節目的靈感皆來自一句吸引人的口號：「每一幅畫，每一件藝術品，都是關於人類的經驗。」

　　當然品味高雅的人竊笑在心。《泰晤士報》挖苦伯格把「文化俱樂部轉變成市民公園」，而多麗絲‧萊辛稱呼他是「國家美術館的威爾弗雷德‧皮寇斯（Wilfred Pickles，譯註：英國著名演員和廣播節目主持人）」。[71] 不過整體來說，事實證明一九五〇年代的歷史情境很容易接納意見。在戰後民粹主義的籠罩下，好幾個議程可以兼容並蓄。國家和媒體體制越來越能準備好去順應改變中的民間社會結構——貴族階級和貴族的信仰模式漸漸弱化；財富和政治權力重新分配；識字率和教育程度提升；比較民主的新媒體形式興起——為伯格這樣的左翼批評家提供了破口，去接觸廣大受眾，為反菁英的文化理解建立充分論據，同時插上一腳，參與形塑葛蘭西所稱呼的「創造性的大眾心靈」（creative popular mind）。伯格並不是孤軍奮戰：「憤怒青年」（the Angry Young Men）、「自由電影運動」（the Free Cinema Movement），以及 E‧P‧湯普森（E.P. Thompson，譯註：英國左翼思想家，《英國工人階級的形成》作者）、理查‧霍加特（Richard Hoggart，譯註：英國學者，涉足領域涵蓋社會學、英國文學和文化研究，特別著重英國流行文化）、雷蒙‧威廉斯等人比較學術的著作都發揮了影響力。[72] 一九五〇年代後期在許多方面都有文藝復興的味道。湯普森撰寫的威廉‧莫里斯（William Morris，譯註：十九世紀深具影響力的設計家和畫家，與羅斯金同為英國藝術與工藝美術運動的領導人，同時是小說家和詩人，也是英國社會主義最早的倡導者之一）傳記在一九五五年問世；霍加特的《識字的用途》（*The Uses of Literacy*）出版於一九五七年；威廉斯的《文化與社會》（*Culture and Society*）是一九五八年問世。在賈維斯‧卡克（Jarvis

Cocker，譯註：果漿樂團〔Pulp〕主唱）能夠唱頌不同階級和普通人之前，或是諾爾・蓋勒格（Noel Gallagher，譯註：綠洲合唱團主奏吉他手及詞曲創作人）唱出「不要憤怒回顧」之前，湯姆・馬舍勒（Tom Maschler，譯註：著名出版人）首先必須集眾家之聲編輯出《宣言》（*Declaration*，一九五七年出版的英國作家選集，與憤怒青年運動息息相關）。

一九五七年伯格出版了他第一本書——關於義大利藝術家雷納托・古圖索（Renato Guttuso）的專著，在東德發行，現在幾乎佚失。[73] 在第一頁，他稱許古圖索是歐洲依舊活躍的藝術家中最重要的一位。在伯格看來，古圖索闡明了專家和一般大眾對藝術的欣賞，不必要也不必然有分歧。珍視出自少數人之手的畫作不意味著把它轉變成手工藝。古圖索吸收了他使用的媒材所有最新的發現——他的作品顯然受到畢卡索影響；他視畢卡索為朋友——但是他的畫作也複製在農民的獨輪手推車和棚舍上（如伯格經常講述的）。[74] 在古圖索的協助下重新活化了追溯到文藝復興的歐洲傳統——從米開朗基羅傳到卡拉瓦喬、普桑、大衛、傑利柯、庫爾貝、梵谷和畢卡索——藉此古圖索也協助人們看見進步的漫長征程：脫離封建主義迎來資本主義，而現在輪到社會主義。

儘管上述的宣稱是吹過頭，批評家對於藝術家的說法往往也是自身的投射。古圖索神話的某個面向揭露了永遠位於伯格神話核心的東西：地方的重要意義和特殊性。古圖索出生的島嶼讓他所有作品栩栩如生。西西里鍾愛的西西里人，處於「世界公民」（*weltbürger*）

那種控溫的不言自明氛圍中，如伯格所說，古圖索是不自在的。（畫家本人談起他的靈感是回溯到「我的童年、我的民族、我的農民、我身為土地測量員的父親、檸檬園和橘子園，以及我的眼睛、我的感情覺得熟悉的同緯度果園，那是我出生的地方」。）[75] 他的藝術以及整個新寫實主義，闡示了「不只是每一個國家，而且是每一個省分都有自己的歌」。[76] 這是非義大利人關於這項運動經常錯失的一點，不過在義大利內部是關鍵。伊塔羅・卡爾維諾（Italo Calvino）著名的評論：不能把新寫實主義看成是統一的「流派」。正是因為這項運動裡面包含了這麼多不同的義大利，這麼多方言和地區，彼此之前互不認識。[77]

　　拋開天氣不談，家鄉的相似處是很明顯的。如同葛蘭西在〈南方問題〉（'The Southern Question'）中寫到了分裂的義大利，伯格之後談到了英國境內嚴重的區隔。他讚賞的洛瑞這一類畫家，為什麼如此重要？因為他們為視覺藝術帶入了一個地方（北方工業區）的共通經驗，而歷史上這個區域在國家文化中從來沒有充分呈現出來。伯格後來表示，除去東倫敦某些地區，從特倫河（Trent）以北差不多就開始進入勞工階級的世界。幾乎所有畫廊都在倫敦；少數在牛津和劍橋；兩家在布里斯托（Bristol）──就是這樣了。（「我感覺離開倫敦中心任何一個方向十英哩處就是荒野。」傑克・史密斯〔Jack Smith〕坦承，他是那個時期的寫實主義畫家。）[78] 在他策展的《向前看》展覽中，伯格有意畫出比較寬廣的地圖。展覽巡迴英國時，行經了一些小鎮，企圖激發出關於視覺文化的嶄新意識，既扎根地方，同時又是異質和全國性的。

　　文化是在地特有，與這種理念對立的是：文化是自由漂浮的商品，由同樣自由漂浮的菁英守衛和擁有。伯格最常拿來和上述想法連結的風格是抽象主義，不只是因為抽象主義是這個愛好時尚的世界最新的時尚，也是因為這種美學反映了將藝術抽離於在地的任何脈絡。他說，極端的形式主義是世界主義邏輯上必然的結果。親美的批評家把前衛比作自由民主，而伯格把前衛跟同質的全球性綁在一起。寫實主義是傳家的種籽；抽象主義則是單一作物入侵在地物種。[79]「我不是訴求任何『民間風味』的東西。」在對學生的一場演講中，他說，「但是『民間性』和當下的情境是有差異的；當下的情境是，生活在奧斯陸、布宜諾斯艾利斯、東京和多倫多的藝術家全都畫起畫來彷彿他們是住在巴黎。」[80]

　　抽象主義同時是一個惡性循環的原因和症狀。抽象主義不僅讓藝術這個媒介轉向自己，而且促使工作中的藝術家更深地進入疏離和社會冗餘的狀態。結果又餵養了伯格譴責的「虛無主義、自我中心、精神錯亂和形式主義」的氛圍。[81] 隨著藝術的空間越來越國際化，越來越高度集中於藝術節和畫廊的菁英階層，一般大眾對藝術價值的不信任與日俱增。這樣的犬儒主義自我餵養，把藝術轉變成若不是尷尬的東西就是迷人的幻想，而且往往兩者皆是。越來越多人選擇成為藝術家是因為伯格認為錯誤的理由，而其他人因為正確的理由選擇不成為藝術家。「我們最嚴肅無人賞識的藝術家之中，」他說，「有許多人是如此厭惡『藝術世界』的矜貴、勢利、無知、虛張聲勢和毫不遮掩的商業主義，因此他們寧願停留在外面，也不願意闖入。」[82]

　　那個貨幣體系新發現的貨幣——藝術世界——代表了他痛恨的

每一件事。首先，它暗示藝術有危險變成自我封鎖的宇宙，一個隔離的世界。再來，更多的藝術家驅動力將會來自進入那個排外環境的渴望，超過溝通的任何根本需求。「在一張畫又一張畫前面，」在其中一篇他撰寫的〈畫廊巡禮〉（'Round the Galleries'）藝評中，他說，「人們詢問為什麼這個人是專業藝術家，為什麼他畫這幅畫？⋯⋯不一定是因為這些作品畫得不好或是沒有品味——往往它們技巧非常高超而且『敏感』——而是因為它們欠缺即使是最低限度的迫切感或是強烈衝動，因為創作出它們的藝術家明顯欠缺不可或缺的創造性想像力，沒有任何話要說。」[83]

隨著一九五〇年代慢慢過去，英國藝術無法達到伯格對它們的期待。激烈的長篇抨擊大量出現。「從《藝術倒地淌血》（*Art Lies Bleeding*）出版後又過了許多年，」他在一九五五年寫著，「現在藝術倒地死亡。」[84] 在一篇文章中他舉一場市政廳業餘藝術展為例，策展人是七十五歲領養老金的退休人士格里菲斯先生（Mr Griffiths），他認為這是藝術表現人類處境初衷的典範[85]。另一篇他引用梵谷：「喔，每一個鄉鎮、每一座村莊都有一家小小的公共美術館，讓居民可以欣賞他們自己美好、強壯和生動的圖像⋯⋯你認為如何，清醒還是瘋狂？」[86]

清醒還是瘋狂？健康或是生病？這是伯格要面對的選擇，而且是非常私人的選擇。一九五五年，他的名聲和可見的影響力達到高峰。但是他的內心正在崩潰。那年秋天，他進入跌破眾人眼鏡的第二次婚姻，對象是大他二十歲的貴族羅絲瑪麗・蓋斯特（Rosemary

Guest），第一代溫伯恩子爵（1st Viscount Wimbourne）的女兒，也是第六代基爾馬諾克勳爵（6th Lord Kilmarnock）的前妻。在英國上層階級左翼有特別強健的傳統，不過這場婚約的種種矛盾必定還是特別尖銳和令人困惑。這開啟了伯格人生艱困的一章。他接近三十歲，即將要進入政治動盪的一九五六年——戰後左派的「事件視界」（event horizon，譯註：黑洞的邊界稱為「事件視界」）——他的書寫發展成繁複費解和狂暴急切。不時爆發怒氣。他的編輯金斯利‧馬丁（他們已經有著變化不定的關係）重聽越來越嚴重，於是形成了易燃的組合。情況就像是伯格在跟耳聾的大眾或是自己爭執。他會猛烈抨擊一星期，然後下一星期宣稱勝利在望，從絕望的一端擺盪到另一端。「因為每一種傳統都崩塌了。」他寫到英國藝術教育的現況，「呈現在學生面前的是半打文明的作品，然後告訴他們繼續下去……大多數就是不知所措，而他們的艱苦掙扎稱之為『實驗』。」[87]

　　他僅僅是個愛潑冷水的人嗎？他只不過是英國那些嘮嘮叨叨愛罵人的文人，追溯到馬修‧阿諾德（Matthew Arnold），或者甚至是華茲華斯（Wordsworth）這份長長名單中最新的一位？他當然自以為是。他的確值得讚揚，不像那麼多好戰的道德主義者，他們憂心媒體餵養群眾的套餐（以及哪一種文化產物對他們是「好的」），伯格把大部分時間花在正視文化階梯，而不是忽視。他例行描繪博物館階層的成員是詐騙犯——他們的前衛創作只是媚俗的照相底片。（這是他帶入往後人生的直覺：在一九七二年的著名論文中，他把法蘭西斯‧培根比擬為華特‧迪士尼。）如果伯格對同代人的評價常常是偏離目標——往往不著邊際到，在過度緊張的真誠中看見天才，並且因為他

們現在受到喜愛的相同理由譴責藝術家——他對藝術「體系」的攻擊證實是非凡的先見之明。[88] 海明威說過一句有名的話，好作家需要內建一個防震的屁話偵測器。伯格就有。藝術世界這個社會階層，從巴塞爾到邁阿密，只會發展得越來越痴迷於財富和崇拜明星——一座全息投影的鏡廳，幾乎是太容易嘲諷了。

　　無論如何，比較棘手而且伯格的確在根本上與他那個時代的文化道德主義者（絕大部分是左翼－李維斯派）共通的是：在一個不久就會被剝奪掉絕對真理的時代裡感到一定程度的眩暈。在他血液裡的西方繪畫傳統主要是為了宗教形成的，而現代的社會主義宗教開始搖搖欲墜。似乎他的文化視野所仰賴的「本質結構」正在磨損。當自由派沒有細究他的政治威脅時，他們描繪他是懷舊的人——過時和愛好古物。而伯格有他自己的疑惑，還有他詢問自己的問題：「素人藝術的需求只存在於鄉村社會嗎？機器摧毀的究竟是什麼，又創造了哪些工藝的機會？最終會出現自發性的城市大眾藝術嗎？如萊熱（Fernand Léger，譯註：法國立體派畫家、雕塑家和電影導演）提示的。」[89]

　　當哲學正在編纂現代悲觀主義的時刻，毫不意外費爾南·萊熱是他援引的藝術家。萊熱是他最熱烈讚揚的當代大師，他的作品在危機中成為羅盤。在需要超越懷舊的幽靈時，這位法國人指出了道路。「如果你想要一張未來的圖像，」歐威爾著名的一段話，「想像一只長靴狠狠踩在一張人臉上，永遠。」[90] 不過萊熱的圖像是明亮的，充滿同志情誼，無比溫柔，「象徵了永恆的事物，而且……如同風中飄揚的三角旗充滿動感。」[91]，在伯格看來，當其他前衛藝術家把機器當神崇拜、想像機器是全能的上帝或是科學怪人時，只有萊熱把機器

當機器看：一項「工具，實際上和歷史上都操控在人類手裡」。[92] 上述一切讓他成為「歐洲傳統中最現代的畫家……帶領我們進入未來最有經驗的嚮導。」[93]

批評家如此認同藝術家是帶有賭注的，在這個例子中是雙重賭注，因為伯格看到萊熱藝術中的預言性質。伯格認同萊熱，萊熱認同工人的未來。但是在法國之外，他的作品沒有受到伯格認為應該獲得的賞識，當然在蘇聯也沒有。在萊熱一九五五年過世時，伯格以親密的第二人稱寫了追悼文：同志情誼的動人姿態，然而瀰漫著失去的孤絕感。[94] 虛無主義的藝術可以利用自己的晦澀而壯大；表達相親相愛希望的作用截然不同。

類似的動力結果也在伯格和他曾經擁護的英國畫家之間上演。一九五二年他談到新的合作精神，但是接下來幾年爆發了對立和長期鬥爭。許多「廚房水槽」畫家開始怨恨伯格的父權主義。即使贊同都可能是刺耳的。「人們必須不怕麻煩分別去欣賞每個人。」他們的畫廊主人海倫‧萊索爾（Helen Lessore）婉言告誡，「分類的捷徑是膚淺的。」[95] 廚房水槽派畫家的成功，以及他們的團結，證實是稍縱即逝。大多數認為一九五六年既是他們名氣的巔峰，也是他們人氣下降的轉折點。[96] 那一年，英國文化協會（British Council）選擇「美術四重奏」（Beaux Arts Quartet）——約翰‧布拉特比（John Bratby）、傑克‧史密斯（Jack Smith）、愛德華‧米德迪奇（Edward Middleditch）和德里克‧格里夫斯（Derrick Greaves）——代表英國參加威尼斯雙年展，官方為他們不過幾年之間就達到的地位背書。然而之後，幾乎是一夜之間，而且肯定在一九五七年結束之前，「單

調」或「生硬」的寫實主義成為要拋棄的風尚。格里夫斯後來談到身為「青少年時期的社會寫實主義者」，口氣好像今天有人說他曾經熱衷滑板運動。[97] 雖然伯格拒絕「撤回」關於他先前提攜後進時所說的任何話，他大力抨擊他們單飛的軌道。「我的結論是，」他兩年後說，「他們的作品是無用的，因為我看不出他們如何幫助或將會如何幫助人們認識和取回他們的社會權利。」[98] 不久就不再有人想要成為庫爾貝的表親了。「然後突然之間，」布拉特比回憶，「面紗放下來蓋住了戰後餘波時期的畫作，因為人們和畫作都想要再度微笑。」[99]

事後回顧，我們可以看出英國的寫實主義是簡樸和普普風之間逐漸消失的中介，它短暫的生命見證了一個歷史時刻。幾年來戰後歐洲的兩個流派——寫實主義和存在主義——競爭主導權（而且有時候難以區分），直到後者的時尚版本勝出。在伯格首度發聲召喚傳統時，戰爭的陰影仍然鮮明。但是因為美國市場，自由表達自我的夢想取代了戰時的理想，伯格的所有呼籲都走上配給證的命運。取代奮鬥的是精神官能症；取代團結的是孤獨的反叛。在每一次轉折，伯格悲嘆的寫出他在文化領域看到的「拒絕連結」。一場影響深遠的美國繪畫展的前言清楚說明了：「跟約翰・鄧恩（John Donne）說的相反，每個人都是一座孤島。」[100]

抽象表現主義是真正的轉捩點。「美國現代藝術」展覽於一九五六年一月登場時，就像是「透過機械神下降」：在家庭爭吵中「紐約市」從舞台左側俯衝而下，搶盡了鋒頭。（鄧恩再次被召喚出來：「喔，我的美利堅！我新發現的土地。」）從一九五二到五六年，英國的美學辯論在具象繪畫這一塊一直是最激烈的：培根或布拉特比、

席維斯特或伯格、尖叫的教皇（譯註：培根著名畫作）或廚房水槽。
只有在泰德美術館的展覽之後整個具象的問題才變得過時。如席維
斯特後來的回憶，英國新聞界（伯格之外）此時「完全軟化」，去除
了任何殘存的反美主義。就像他之後說的，全部需要的只是「波拉克
（Pollock）一九四八年的《畫作一號》（*Number One*）從左邊來記
直拳，羅斯科（Rothko）一九五〇年的《畫作十號》（*Number 10*）
從右邊打個重拳，再加上庫寧（Kooning）一九五〇～五二年的《女
人一號》（*Woman 1*）從下面打一拳。」[101]

席維斯特被擊倒五體投地。大多數的參觀者也是如此。然而對
伯格來說是令人作嘔的：「劃破、抓刮、顏料滴上去、暴力侵犯」當
他提及這些畫作。[102] 當別人經驗到性愛般的倒地一擊時，伯格只看
到「失去生命的主觀性」和「自殺傾向的絕望」。[103] 一場又一場的
展覽，他很快就必須思考他將要看到的不只是社會寫實主義的消亡，
還有繪畫本身的終結。「這不是迷失或者遭背叛的一代。」他談及
「當代青年」（Young Contemporaries）展覽——多年前讓他上路的
同一個年度展，「這是在整批貨被搶劫之後，將就剩下來給他們的東
西。」[104]

到了一九五六年的九月，在蘇伊士運河危機的高峰，同時離蘇
聯坦克開進匈牙利不過一個月，伯格抵達了這條路徑的終點。在那個
月以〈退場和信條〉（'Exit and Credo'）為名發表的文章中，他宣
告他將要休長假，離開《新政治家》。如果與作品呼應的脈絡無法獲
得改善，評論藝術品就會變得毫無意義。不再是「語氣要正確或形式

要優美」的問題，而是糾正藝術家在社會上被迫扮演的「可恥公眾角色」。[105] 無論批評家說了或發表了什麼，永遠會有「大眾如何參與藝術的本質問題——這是公僕的表達方式，用來指涉人們可以幫助彼此成長的那個興奮、神祕的過程」。而這一點，他下結論，「唯有透過五年計畫才能更改，儘管不一定總是做得到。」[106]

在二十多歲時伯格透過他的智識和人格的純粹力量暴擊英國既成勢力。他恰逢其時發揮了他的天賦。很難想到有另一位戰後批評家如他這般無所畏懼，這般頑強奮鬥，或是帶著這樣的道德熱情影響了視覺藝術。他想辦法做到了強勢進入體制的廳堂和報章雜誌的頁面，而且從來不完全放棄自己局外人的身分。一切發生得如此迅速。然而如他所寫，他周遭的世界也變化得一樣快，或者更快，他踏入的各種小衝突結果成為地緣政治規模的代理人戰爭。在一九五二年秋天他策展《向前看》時，美國正在測試第一顆氫彈。當他一九五六年宣告休假時，蘇聯才完成他們的測試不久。如果伯格是很快讓自己身陷麻煩的年輕人，他也是最早和唯一一位英國批評家，意識到戰後世界令人戰慄的新規模之後，仍依舊不畏縮的。大英帝國日薄西山。現在崛起的是美國強權這個美麗新世界，手段軟硬兼施。諷刺之處當然是伯格被譏諷為政治宣傳員，然而是他的敵人拿錢辦事。CIA 在 ICA 競賽的背後，在《相遇》的背後，在泰德美術館的美國展覽背後。

五年計畫也可以是個人的。在請假的那一年，伯格零星發表文章，包括為新近發行的期刊《大學與左派評論》（*Universities and Left Review*）撰寫的一篇隨筆。在這篇文章中，他鼓勵學生世代書寫藝術，但是也警告批評本身永遠不應該成為終身職業。「所有的批評

都帶有⋯⋯幽閉恐懼症的元素。」他說，「而且可能最後證明是致命的。」[107] 他推薦來取代的是一次「五年左右的發作⋯⋯而且發作的意象不是漫不經心的選擇。」[108]

伯格自己的發作很快就要結束了。他打了美好的一仗，不過他輸了。離開《新政治家》一年後，他又回到雜誌社再工作了三年，不過在金斯利‧馬丁於一九六〇年年終不再擔任編輯時，伯格也離開他的職位——同時離開英國——永遠。

2. 獻身的危機

光滑的額頭
是麻木不仁的表徵

——布萊希特（Bertolt Brecht）

　　雷納托‧古圖索的《英雄之死》（*Death of a Hero*，一九五三年）描繪一名男子躺臥在簡陋的窄床上。他的頭包紮著繃帶，身體覆蓋著白床單，皺摺以濃重的明暗對比來表現。這張畫的主題和構圖，以及前縮的透視技法，都參照了曼帖那（Mantegna）的《哀悼基督》（*Lamentation of Christ*）。男子──死去的英雄──身旁的金屬床框上，掛了一條紅布。

　　一九五六年年末，古圖索這幅畫作被選入在倫敦一場晚近義大利藝術的回顧展中。由於伯格已經向《新政治家》告假，當時還是柯陶德藝術學院（Courtauld Institute）研究生的約翰‧高丁（John Golding）取代他報導了這場展覽。高丁讚美古圖索的技巧，但是遺憾地提及由於最近發生的事件使得這張畫獲得始料未及的重要意義。「這幅畫是兩年前萊斯特美術館（Leicester Galleries）舉辦的古圖索展覽中最好的畫作之一。」高丁說，「儘管和現場的畫擺在一起看起來相當格格不入，而對於主題的處理，套用共產主義象徵在最好的情況下也是過度情緒化的，當下看來則是令人加倍反感。」1

　　一個月之前，示威者在布達佩斯遭到掃射。全世界注視著工人和學生走上街頭。一整個星期匈牙利似乎是在革命的邊緣，直到蘇聯坦克包圍，重新拿下首都。蘇聯政治局的反應如此殘酷，震波傳送到西方世界。這一切都在高丁的心頭：「人們不禁期望擁有古圖索這種力道的畫家會因為過去幾星期的事件導致他們從僵硬的共產主義正統中脫身出來；然而他的才華深陷其中。」2

　　伯格忍不住要插話。他書寫古圖索的專著在德勒斯登即將面世。伯格投書下一期雜誌意圖改變他的繼任者任何錯誤的推定。「如同幾

乎每一位英國評論者，」伯格說，「高丁讚美古圖索的才華，而惋惜他使用才華的方式。」

他說《英雄之死》這幅畫在「套用共產主義的象徵」上「過度情緒化」。我挑戰他：哪些象徵？他說的是那片紅布嗎？如果是的話，每一位共產主義畫家都要發誓戒除紅色才能逃脫這樣的指控嗎？其他還有哪些象徵？沒有。至於說這件素樸的作品過度情緒化，如果高丁記得古圖索是西西里人，而且一般公認絕大多數「官方」共產主義繪畫的缺失就是無趣、機械化和情感表達不夠，他或許能夠更有說服力地驗證自己的個人意見。[3]

古圖索的作品「無視蘇聯所有的典範」，伯格補充，而且不受黨的控制獨立發展。因此大概是畫作熾熱的目的感，而不是政治，讓它在展覽中其他貧血作品的環伺下顯得「格格不入」——這是言者無心的讚美。「古圖索深陷其中的是，」他評論，「自己國家活生生的歷史和悲劇。」

在政治氛圍多變的時刻，伯格脖子伸了出去不做縮頭烏龜。投書激怒一位熟人和對手回應——菲利普・湯恩比。好幾年前湯恩比就在伯格的書寫中看見了「新語的雛形」，如今在左翼圈子自我質疑的時刻，他看到機會施壓這位批評家：

約翰・伯格先生認為高丁先生期望古圖索能離開共產黨是「愚昧地無禮」。那麼我們會認為這表示伯格先生本人不受匈牙利最

近發生的事件困擾。但是在我愚昧而無禮的邀請下，他願意更精確地公開捍衛黨目前對這些事件的分析嗎？他願意回答下述相當簡單的問題嗎？

1. 他是否認為描述俄國在匈牙利的部隊為解放軍是相當準確的？

2. 他會同意卡達爾政權代表匈牙利工人和農民的真實意志嗎？

3. 描述匈牙利所謂的「工人委員會」是法西斯、反革命和西方帝國主義代理人是正確的嗎？

在這樣的時刻，關於匈牙利和埃及發生的事件，所有的意見應該以最清晰的方式表達似乎是重要的，如此意見才不會因為嚴密地製造出來的迷霧擋在我們面前而變得隱晦。伯格先生願意給我們直接的答案嗎？就他所知道的直接。如果他能夠避免使用「客觀」這樣的字眼那就是真正有禮了。[4]

湯恩比的信在一九五六年十二月二十二日刊出。此時針對匈牙利事件左翼陣營從最初的不確定正在轉變成沮喪的接受或厭棄。沙特與法國共產黨決裂；義大利共產黨分裂成兩派；在英國，數千人脫離英國共產黨。長久以來被視為史達林同路人的《新政治家》必須重做打算。[5] 在讀者投書欄，除了關於古圖索的交鋒，還有一股穩定的潮流，一輩子的共產主義者對於布達佩斯的軍事行動公開表示羞恥和驚駭。

伯格不在其中。在下一期他的朋友約翰・威雷特（John Willett）

——學者和布萊希特的譯者——代他回答。「或許像湯恩比先生提出的這類粗魯而簡單的問題，可以拿來詢問每一位在讀者投書欄引導討論的投稿人。」威雷特提議，「湯恩比先生是否相信，所有相關人士不公開暴露他們『關於匈牙利和埃及發生的事件』的看法，批判性的討論就是不可能的？或者這是新型態的聖誕節問答遊戲？」[6]

不過影射湯恩比是麥卡錫主義者在霸凌並不能讓伯格的緘默比較不引人注意。許多在蘇聯境外的史達林主義者（法國的加洛蒂〔Garaudy，譯註：法國哲學家〕、義大利的陶里亞蒂〔Togliatti，譯註：義大利共產黨總書記〕）依舊拒絕承認蘇聯回應行動的嚴重性。一九五六年的秋天和冬天是「無法忍受的緊張」的季節，伯格的朋友，歷史學家艾瑞克·霍布斯邦大約五十年之後回憶，「命定和激烈的爭執」，同志因此翻臉，處於無止盡的焦慮狀態。[7]

湯恩比最初的投書三星期之後——令人困惑的三個星期，這期間匈牙利和蘇聯的水球隊血濺墨爾本奧運會的水池；貓王艾維斯在「蘇利文劇場」（Ed Sullivan Show）表演，將〈山谷的和平〉（'Peace in the Valley'）獻給匈牙利；沙特宣布刺刀尖永遠不可能帶來社會主義——伯格終於打破他的沉默。「我不想要冷酷無情，同時我尊敬那些能夠運用自己的想像力而受到感動的人。」他說。

但是那無知且不相干的自我暴露癖，近來在這個所謂知識界內部的辯論之後扭曲了辯論，的確令人沮喪……我原先寫的是針對一幅特定的畫作和這位藝術家的政治觀點。現在真理、基督教、蘇伊士運河、布達佩斯和我的靈魂全部都被拖進去，絲毫不顧及

正確性，如同高丁最早引發我去書寫的段落……至於湯恩比，很容易看出來為什麼他發現「客觀」這個字眼無禮。反對蘇聯政策的某些面向是可以爭辯的（長久以來從哥穆爾卡〔Gomułka〕到多伊徹等人就一直辯論不休），但是湯恩比，如同所有專業的反共人士，是某個執念的受害者。他只是利用我的投書做為藉口來問三道問題，他的陷阱（慢慢來，慢慢來，逮到你是紅的）是那麼幼稚根本不值得考慮。因此，我直接的回答是（1）不認為；（2）不同意；（3）不正確。如果關於我的觀點湯恩比現在想要比較充分的資訊，我建議他訂閱共產黨刊物，對於共產黨我仍然保持個人的政治忠誠，而如果我有任何更進一步的事要說，我會在刊物上面說。[8]

　　文中交織著多重的反諷和一股深沉的苦澀。伯格在否認支持蘇聯干預的同時表達了他忠誠於包容此行為的那些黨派。由於出自一名獨立的批評家，忠誠的宣示更加引人注目。他向來珍視自己的獨立，事實上他**抗拒**正式入黨。令人加倍驚愕就是因為此時這麼多**曾經**加入共產黨的人正在脫離，就好像伯格一往直前衝進燃燒的建築而其他每個人都是反方向奔跑。

　　不過除了明顯的不一致，更令人不安的是反轉。人們向來預期伯格整個評論計畫是**開放**討論，採用阿利雅德妮的方法循線走出迷宮，如同他幾個月前才說過的話，將藝術連結到美學之外的問題。現在他自己的方法被使用來反對他。曾經遭指控把政治拖進藝術裡，現在他指控對手進行這樣的牽拖。有些根本的東西轉變了。儘管很可能在他

的對手看來是沒什麼兩樣，他回覆中那種勉強、無禮的語氣，就像他不情願和延遲書寫一樣，說明了一切。在這個世代之初的激烈論戰為他的社會運動注入生命，而關於古圖索的交鋒標示了他退出戰場。之後好幾個月他都沒有在報章雜誌發聲。正如他結束投書的聲明：他沒什麼話可說了。

認同危機往往是因為雙重束縛產生。一個人依戀已經成為折磨的某件事物，例如某段關係或某種信仰。明顯的選擇哪一邊都是錯誤。它們的訊息互相否定。結果當然就是極度的壓力，然而在這些情境中有時候也可能會出現某個新的、無法預見的中介解決方案：在以為只有兩個可能選擇之處迎來第三個選項。

那些匯流點之一在一九五六年打開了，「一個各種事件同時發生的關鍵時刻，而不只是一年。」根據斯圖亞特・霍爾（Stuart Hall，譯註：生於牙買加的英國馬克思主義社會學家、文化理論家和政治行動人士，創立了《新左派評論》〔_The New Left Review_〕）的說法。[9]一邊的束縛是蘇聯入侵匈牙利，另一邊是法英同盟入侵西奈半島，一九五六年標記了「政治冰河期的破冰」，社會主義者喪失了天真也是新左派的誕生。[10] 模稜兩可和自由討論終於獲准進入傳統上較為由鐵律架構的領域。

「你沒有告訴我那裡有任何疑慮。」在阿諾・維斯克（Arnold Wesker）一九五八年的劇作《大麥雞湯》（_Chicken Soup with Barley_）中，母親是狂熱社會主義者的兒子說。「我一輩子，」她回答，「我為代表著光榮、自由和同志情誼的黨工作。你希望我現在

放棄？」[11] 許多人的確放棄了，有些人，例如多麗絲・萊辛，昭告大眾。（她後來說入黨「大概是我人生中最神經質的行為」。）對伯格來說，他從來沒有正式加入，左翼的集體精神崩潰——聚集了許多個人的崩潰——讓人不安然而是淨化。

他必須改變。與湯恩比的來回是羞辱的。他被縮小成一個音節的布穀鳥：**不、不、不**。當然他有更多的話要說，但是他最需要一吐為快的永遠無法在他練習得那麼嫻熟的公開演講中說出來。「如果你必須哭泣，」伯格最親密的其中一位老師和導師在他只是個青少年時告訴他，「而且有時候當你忍不住，要在事後哭，絕對不要在當下哭！記住這點。除非你跟愛你的人在一起，只有那些愛你的人……如果你跟他們在一起你可以當下哭。否則你要事後哭。」[12]

這個場景重建在他回憶錄般的選集裡，伯格在他將近八十歲時撰寫的——他晚期的重要著作之一，而且是極少數冒險接近自傳的作品。在採訪中他從來不會樂於提供童年資訊。他會提到他小時候被送進去的「癲狂的住宿學校」，在這所學校他遇到一位代課老師肯（Ken），紐西蘭人，肯讓他見識到好多東西。不過這所學校和它的野蠻行徑（他的用語）他只會順帶略微提及，這段時間最好是放它過去，趕快忘掉。

事實上全部是男生的住宿學校文化可以幫助我們理解左翼的倫敦，也解釋了伯格與左翼圈一腳進一腳出的關係。維多利亞時代的學院是個同性友愛（有時候是同性情愛）的地方，無論是同學或者是師生之間。不過也是令人痛苦的權力鬥爭、虐待、霸凌和羞辱的場所，全部都是以培養不動聲色的英國紳士之名進行。實際上一九五

〇年代文化戰爭的全體參與者都曾進入過這些充滿特權然而殘酷的體制：湯恩比曾就讀沃維克郡（Warwickshire）的拉格比中學（Rugby School）；伯格待過牛津的聖愛德華中學；約翰·威利特上過溫徹斯特（Winchester）；派翠克·賀倫讀聖喬治；林賽·安德森進入切爾騰納姆（Cheltenham）等等。男性「自我」儀式性的對撞、攻擊性昇華為禮儀、唇槍舌劍的藝術——這一切形成了中產階級男孩無可置疑的社會現實。

這種經驗對伯格是創傷。「我不是受害者。」他後來說，「但那裡是瘋狂的地方，瘋狂且邪惡。」[13] 他十六歲時逃離了。一九五六年他三十歲了，再度逃離，從倫敦消失，定居鄉下的格洛斯特（Gloucester），他的第二任妻子在那裡有房產。直到此刻他所寫的評論，受制於英國不言自明的論戰規則，並未顯現他的完整面目。仍然有更為複雜的東西隱藏在文化版面的炮火四射之下，唯有自我壓制的沉默可以突顯的東西。

倫敦是伯格賴以成名的舞台。在一九五〇年代，首都還是個讓人興奮的地方，有著公共辯論，畫廊也一家一家開幕，然而也是社會關係緊密、階級森嚴、勢利和自成小圈子的地方。例如，湯恩比屬於「滴水嘴怪獸俱樂部」（Gargoyle Club）。這個位於蘇荷區只允許男性加入的菁英社團，會員包括了法蘭西斯·培根和盧西安·佛洛伊德（Lucian Freud，譯註：藝術家，心理學家佛洛伊德之孫）。湯恩比後來又跟藝術史家班乃迪克·尼可森（伊頓公學畢業生，伯格在《新政治家》的同事）共同創立了「星期三俱樂部」，一個喝酒團體。至於伯格的部分，跟日內瓦俱樂部共同召集了自己沙龍風格的聚

會，吸引藝術家和學者來到牛津圓環街道上的二樓酒館。與其後的「搖擺世代」（或者英倫海峽對岸的咖啡館和存在主義之都）並列，無論可能看起來多麼灰暗，戰後的倫敦還是可以自豪人才濟濟得驚人——全部在一個地方，全部擺脫了炮彈恐懼共同崛起。不過城市的閉鎖狀態也可能快速變成幽閉恐懼症。意識形態的小衝突在互相重疊的貴族小圈圈組成的社交世界（閒言閒語、長期鬥爭和吵個不停的環境）上演，往往只會加重他們的冷酷無情。

伯格需要時間和空間來擺脫爆發的酸溜溜諷刺、粗率的不讓步，以及整個人困惑、憤怒和被迫害妄想的情緒。許多作家已經談論過那幾年馬克思主義者集體經驗到的信仰危機。他一九五六年的文章全部都在書寫所謂的「失去信仰的傷痛和死抱信仰的傷痛」，無論是多麼冷靜自持或壓抑。[14] 而且事後看來變得明顯的傷痛，是事件的核心。如何公開處理？如何面對這麼多對手展現自己的脆弱？這是另一道雙重束縛，而且很可能播下了種籽，導致伯格最終移居國外。如他多年後的反思，傷痛的表達在當時英國人的定義中是「沒有尊嚴的」，[15]語調中依然有著徘徊不去的怨恨。然而他在歐洲遇見的難民有著不同的假設：傷痛的經驗事實上是「人類想像力的來源」。[16]

要在事後哭，絕對不要在當下哭。他學到了。伯格離開倫敦去代謝他的傷痛。從那個過程中產生的是一部小說。

在一九五六年匈牙利起義之後，一名長久以來流亡在倫敦的匈牙利中年畫家消失了。亞諾斯‧拉文（Janos Lavin）拋棄了他的英國妻子和畫室，留下一本日記。這份文件，拉文一九五二到一九五

六年寫下的日記，就是《我們這個時代的畫家》（*A Painter of Our Time*），伯格第一部虛構作品。在他自己休假的當口寫的，仍然是「章程文件」——部分是哲學沉思，部分是影射小說——規範了他身為放逐中的評論家和創意作家的整個後續軌道。這部小說白紙黑字寫下了幾乎是所有他將要花一輩子企圖去化圓為方的不可能任務。

　　小說最大部分的內容是虛構的拉文日記，透過年輕藝評家約翰的閱讀和批注讓讀者看到。約翰跟伯格在本質上全部相似。每一則日記的長短和主題各不相同，偶爾會敘述戲劇性場面。更常見的是其他宗旨：日復一日記述著拉文藝術上的進步、關於倫敦生活的零星觀察、反思他的婚姻、一名活力充沛的年輕人在柏林的回憶。約翰會不時插入，提供深入的評論。

　　這些批注以斜體字印刷，勾勒出拉文生平的輪廓。堅定的社會主義者，在布達佩斯讀書想要成為律師，不過逃離白色恐怖之後轉向繪畫。二、三十歲時他住在柏林，進入前衛和革命的圈子裡。一九三八年，他從歐洲大陸抵達倫敦，那時的歐洲「已經打過一次世界大戰，第一場社會主義革命已經完成，法西斯主義也釋放出來了」。他娶了黛安娜，一名年紀比他小在牛津受教育的社工，她在拉文身上看見政治經驗的浪漫。[17] 從初期我們就感覺到這段婚姻的失望，兩人都在忍受情感和經濟上的拮据，而黛安娜這邊則是怨恨。

　　拉文不是成功的畫家。在他教學的藝術學校有個仰慕他的小圈子。他跟約翰以及喬治・特倫特（George Trent，「剛冒出頭的年輕寫實主義畫家」）是密友，他的畫作獲得勞工階級鄰居漢考克一家人的欣賞，但是除此之外，他一個人工作，默默無聞。許多約翰的批注

重建出他自己嘗試為拉文找畫商的努力。這些場面的基調——以及畫廊主人施恩勢利的態度——是極盡諷刺。在一長篇趣事中，約翰敘述了一個下午他和拉文去觀賞傑拉德・班克斯爵士（Sir Gerald Banks，用來諷刺肯尼斯・克拉克爵士〔Sir Kenneth Clark〕的丑化人物）的私人收藏。「這是狩獵響亮名氣的收藏。」拉文評價掛在圖書館的畫作。「你這棟房子裡的所有作品曾經充滿生氣。現在它們看起來死氣沉沉。」[18]

　　「當然，我更改了所有的名字。」約翰在序言中寫著。這樣的姿態是反諷的：意思就是要讀者看穿虛構的偽裝。算舊帳遠遠擴及克拉克之外。就像那個時期產出的其他小說（特別是萊辛的《金色筆記》〔Golden Notebook〕，她本人飽受折磨向政治告別的日記體小說），《我們這個時代的畫家》罩上薄薄的面紗爆料內幕。圓圓滾滾、逢迎拍馬的馬可・奧里略（Marcus Aurelius）是用來諷刺大衛・席維斯特的誇張模仿；喬治・特倫特頂替了伯格曾經擁護的年輕「北方」寫實主義畫家；黛安娜的本質就是那下嫁而長久受苦的妻子（「憤怒青年」的一個哏）；約翰當然就是作者的另一個自我；而拉文，伯格後來承認，靈感來自匈牙利藝術家和雕刻家彼得・佩里（Peter Peri），他的銅版畫是這部小說第一刷的扉頁圖。[19] 宛如一面哈哈鏡，這部小說是站到倫敦（校園的爭吵、墨守成規的論戰）外面以便向內窺視的途徑，只是不是透過虛構的潛望鏡。外在的聲音變成內在的聲音，曾經是如此生機勃勃的共同體在書寫的行為中經過防腐處理而不朽。小說中最高潮的橋段因此具有象徵意義：在一家時尚畫廊的開幕夜（不是拉文的描述，而是由約翰來敘述），全部的角色為了最後一張團體照

聚集起來，而拉文帶著困惑的超然態度，信步離開了自己的派對。

　　為甚麼轉移到虛構？這是幾十年之後伯格要對自己提出的問題。「如果我現在回顧過去，」他回答，「似乎我總是跟故事非常密切地連結在一起。即使在我談論繪畫時。在我從事藝術評論時，我的取徑永遠是說故事的人。」[20] 說得公允。不過反過來也是成立的：即使在他說故事時，他往往還是在談論繪畫。

　　這當然就是《我們這個時代的畫家》的狀況，厚厚的書頁包含了如何把顏色塗到畫布上的深刻見解，既是實用性的也是哲學性的洞察。在他與發行小說的出版社「塞克與沃伯格」（Secker and Warburg）之間經常暴躁易怒的通信中，伯格寫說他計畫讓拉文擔任他自己理念的「喉舌」。他談到他的目標是雙重的：第一，「試圖釐清在當代世界身為藝術家的意義」；第二，「攻擊相當於藝術詐騙的虛偽」。[21] 拉文日記的部分確實讀起來像是伯格之前的論戰文章。他的油畫借用自古圖索和萊熱：畫的是游泳的人、波浪、工作的男人，以及在拉文最具野心的作品《競賽》（*The Games*）中，奧運選手。如同伯格，拉文鄙視「為藝術而藝術」，他相信藝術應該啟發同時協助無階級社會的發展。

　　與現實的相似處是不可能看不出來的。更為細微的差異——同時揭露真相的——是小說給予的自由。不像論戰，小說會在層層的質疑和游移中繁花盛開。透過自己的沒有定論，拉文從他的作者那裡獲得某種程度的自主性。在《我們這個時代的畫家》裡，我們找到了概括的重述，也看到了自我批判。（甚至出現分成三個角色的自我諧擬

時刻，透過拉文討論約翰「在四處逛過畫廊之後，總是義憤填膺地進
門，為了他看到的東西怒不可遏」。）[22] 如果伯格最近的評論是嚴厲
的譴責，那麼拉文的日記是拷問和不確定。他時時刻刻在焦慮，時
時刻刻受苦於已經成為日常生活一部分的「良心折磨」。他的句子輪
轉於自我撕裂、自我憐憫、自我膨脹和自我覺知。面對他們經驗的傷
痛，會削弱論點的「置疑」（aporias，走入死胡同的難題）現在引出
想像的同情。在一則後期的日記中，他清算自己的功績和虧欠：[23]

我的功績	虧欠
兩百幅畫作	逃兵
一些蝕刻版畫	不忠誠
仍然活著	依賴

　　小說的空間允許這樣的水平並置，不只是垂直推理。抽象的修
辭與電話帳單、裁員的藝術學校、脆弱的婚姻並肩共存。如果隱喻過
於做作，每一天的觀察可以讓知性的電壓接地。[24] 拉文有時候有種乾
脆的幽默感。他會前一個晚上在紙上記下一行無病呻吟的文字，卻在
第二天早上寫著他前晚喝太多了。「你玩文字遊戲。」他寫給自己，
承認當他在工作室（工作室就像是大腦的隱喻）外面時，他的理論是
「多麼冷漠無情」打擊他。「任何談話，」他懊惱地坦承，「很快就
讓獨白變得無意義。」[25]

　　如同伯格，拉文陷在爭議不休的二分法網絡裡：畫廊和城市、
藝術和馬克思主義、英國和歐洲、理論和實踐。特別是抽象思想的地

位，對伯格來說既是頭痛的東西，也是強烈的衝動。儘管他自己有好高騖遠的分析傾向，「抽象」這個詞總是帶著讓人起疑的氣息，彷彿過度理論化是個陷阱。至於拉文，在伯格的自我認識中占據核心的是，他**一開始**是位畫家，隨著時間推移才擁抱觀念世界。而繪畫，如伯格經常強調的，根植於視覺經驗，根植於在地與特殊，根植於就在你眼前的事物。你無法畫出一個觀念。

　　然而伯格有非常多的政治見解是仰賴擬人化：未來、人民、工人、男人。[26]「當然，」約翰筆下的拉文，「他有他的抽象語詞，而且就像我們所有人，他賦予那些語詞自己的語調……他說起正義彷彿它存在——就像你可能談及的一名女孩，她剛剛離開這個房間或城鎮。」[27] 不過用來比喻的擬人化和做為文學寫作手法的擬人化不是同一件事。伯格當時才剛剛探索運用後者的擬人化，在他自己從哲學思想到寓言式虛構的轉換中，發揮了很大效果。這部小說採用混血的結構，其中一項效果是創造出怪異且有時反諷的鏡像，反映出這兩個層次。[28]《我們這個時代的畫家》中幾乎所有人物都以他們的社會地位來界定：柔弱的鑑賞家、哲學家、收藏家、糊塗的商店主人。關於藝術的目的他們抱持的態度皆源自於社會地位。類似的傾向與階級連結的屬於時代劇，今日則屬於與種族、族群和文化同化連結的我們當代的身分認同小說。在上述所有作品中，英雄往往在兩個世界之間拉扯，無法完全融入其中之一。跟伯格一樣，拉文不是純粹的馬克思主義者，也不是純粹的唯美主義者。因此有雙重束縛；因此有認同危機；因此有這部小說。

　　不過，在拉文自己的意識之中，要跨越私人與概念之間的門檻，

那股動力的運作方式極為不同。這股動力存在於日記的私密語體，論述成為與自我的對話，而最尖銳的是跟陰魂不散的記憶對話。「過去可以用兩種各自獨立的方式來描述。」，詹明信（Fredric Jameson）關於沙特《無路可出》（*Huis Clos*）的評述，「過去就是無法再改變的，已經搆不著了，雖然依舊感覺是我們但是永遠固定了。然而與此同時過去也不斷任由我們竄改和更新：過去的意義如同我們的自由是流動的，我們做的每一件新的事都會威脅到過去的意義，要求我們重頭到尾重新評價過去。」[29] 拉文追求的重新評價最強力相關的是他自己的人生選擇——去西方而不是去東方的決定；以繪畫而不是法律為志業——他比較了自己跟朋友的選擇。在他的日記裡，這些朋友成為內化的理想形象，他以此來衡量自己的成功和失敗。

那些在生活中缺席的人當中，最重要的是拉斯洛（Laszlo）。他是位詩人，曾經是拉文最好的朋友，然而在他選擇政治凌駕藝術時，他們分道揚鑣了。「拉斯洛的發展——或者說改變——遠遠比我戲劇性。」拉文寫著，「他變得非常嚴肅。思辨不再自由。」[30] 失去友誼的傷感籠罩著整部小說，如同愧疚的陰影盤桓不去。拉文記憶中的拉斯洛是令人生畏的，「因為他明顯對自己非常嚴苛」。拉文因此內攝了那樣的自我批判，以他朋友的嚴厲眼光來看待自己的人生和作品。但是在他閱讀老友的演講稿時，充斥其中的共產主義術語，那些「中央集權、組織安排的字眼」讓他讀不下去。他無法揣摩拉斯洛目前的生活，當一九五二年中，他獲悉匈牙利共產黨以叛國罪處決了他的朋友時，不理解的程度又加深了。這則消息讓他震驚。促動了一系列延伸的反省，關於命運的變幻無常，以及他們這一代——「故事尚未終

結」的一代，他寫著──面臨的傷痛選擇。

拉文與良心中比較死硬的理想形象不斷的辯論延續整本書。雖然他本人與唯美主義者的對峙是越辯越明，他想像中與拉斯洛的齟齬挑動了更為深刻、更為衝突的心弦。小說的核心在一面面理論上的鏡子組成的迷宮中打轉，在迷宮中詭辯成為真理然後又恢復成詭辯。「現在我聽到我過去的老師在爭辯。階級鬥爭呢？我們馬克思主義者如何理解藝術的上層結構和經濟基礎之間的連結？拉文同志，他們問，你是否接受了布爾喬亞的舒適幻覺？你讓這些布爾喬亞圍繞在你身邊。」[31] 由於拉斯洛擔起沉重的責任，為了鬥爭放棄藝術，拉文因為自己順遂的存在覺得有所虧欠。「虧欠」的德文是「Schuld」，也用來指涉罪咎。但是如何在畫室安撫一個人的良心？

這些長篇大論的反省闡示的是，在文化冷戰的風暴下，伯格真實的矛盾有多大程度是內在引起的而不是外在帶來的。比較重大和痛心的拉鋸不是在社會主義和形式主義的批評理論之間，而是在藝術和政治本身兩者分歧的邏輯之間。沙特說過寫作是入世的行為，是會產生結果的奉獻。但是如何從這樣簡潔的陳述中反向推導到任何實際的美學標準，如何鼓勵崇尚道德的藝術而不強加人為的抑制，就沒那麼明確了。

當然，整個左翼美學的問題有著漫長而且相互競爭的歷史。很多人都知道恩格斯喜歡巴爾札克（Balzac）勝過左拉（Zola），他在書信中也捍衛了藝術家的完整人格；另一方面，列寧主張藝術家臣屬於黨，呼籲藝術成為大機器中的「小齒輪和小螺絲釘」。這兩極意見在無數的辯論中廝殺得天昏地暗，而且在當代關於言論自由和政治正確

的討論中繼續纏鬥。[32]

　　對伯格而言，這樣的兩難困境不會帶領他走向行刑隊，不過還是有可能感覺像是生死存亡的大事。政治上的獻身是他身分認同的根基，並且在龐大和非常真實的壓力下，滋養他現實人生的抉擇。正如拉斯洛死後留給拉文滿腹疑問，伯格也留下一堆問題給我們。為什麼他從來沒有加入共產黨？他總是拒絕他們的招攬（有時候是相當緊迫盯人的），不過他在他們的活動上發言，也在他們的刊物發表文章。這幾乎是一種**這一輪我不跟**。

　　伯格寫《我們這個時代的畫家》時剛滿三十歲，但是感覺不像是一名青年寫的小說。「冷戰」使他衰老：不過五年從熱切追求名聲到粉碎人的失望。伯格曾說，如果他去拜訪藝術史家弗瑞德里克・安塔爾（Frederick Antal，馬克思主義導師，另一名匈牙利人），他會覺得「好像是傳令兵向將軍報告」。[33] 然而在不那麼好鬥的脈絡中，他談到「藝術和政治之間極為複雜的關係」人們依舊不怎麼了解。[34] 如果他是以好戰的姿態鼓吹政治化的藝術，對於任何特定藝術家的作品中呈現出來的政治可能樣貌，他的理解細膩多了，承認「馬克思主義對於藝術的分析往往過度簡化到荒謬程度」。[35] 他讚揚馬諦斯和波納爾（Bonnard，譯註，法國畫家和版畫家，自命為最後一位印象派，用色大膽，喜歡描繪家庭生活）這類藝術家表現出愉悅的肉體。當然，在比較吵鬧喧嘩的房間裡，他會以傳道人確信的語調開講。

　　你越保護自己的理想，別人就越不可能從你身上偷走，但是如果你過度保護，你就會成為偽善的人。這就是在伯格的知識體系裡極力壓制的最大悖論——就悖論的本義來說。對外他拒絕承認，對內則像

是讓他繼續前進的鍋爐。「他渴望有一套關於價值的系統陳述，一道律法，而他內心又有著無政府主義的衝動，兩者之間一直存在二元對立的情況。」安德魯‧福吉寫著，他是當代關於伯格最好的評論家之一，「他希望對所有藝術作品進行的整體詮釋，以及這些作品個別給他的感覺，他從來沒有能真正擺平兩者之間的緊張。毫無疑問他的馬克思主義同伴會說他仍舊受到布爾喬亞主觀性的危害，然而事實是，如果這種內在緊張沒有反映在他的書寫上，那就不值得一讀了。」[36]

不是伯格的堅定讓他如此受人仰慕、如此有趣，值得追著讀，福吉指出，而是他努力保持堅定的「掙扎」。同樣地，信仰往往只是渴望擁有信仰。如果是容易的，就不值得那份努力。因此——如同大多數的宗教文本——《我們這個時代的畫家》同時是關於懷疑和信仰的自白書。在這部小說的核心，長篇幅的日記游移在藝術和行動這兩個雙生的詞彙之間，一次又一次努力試圖消除其中的矛盾，進入更高層面的真理。[37]「你時時刻刻思考和談論的都是關於藝術家。」拉文寫給自己，「那人民呢？勞工階級呢？他應該為誰服務？我相信他們的才華和理解的最大潛能。但是我不能像服務生那樣伺候人。」[38] 在最大膽的段落之一，他提供了某種教義問答：

藝術家有三種方式可以為他所相信的戰鬥：

（1）用槍或石頭……

（2）用他的技藝為立場接近的政治宣傳家服務……

（3）完全按照自己的意志創造作品……他在同樣強大的力量之下工作，那股力量就是他自己的內在張力。[39]

　　拉文不只獻身第三種選項，同時獻身於能堅守第三種選項背後前提的世界，在這個世界裡他自己的內在張力會展現出更具有想像力的延伸，藉此辨識出更真實的目的。彷彿伯格所著力的藝術哲學現在允許矛盾了，然而看到的是想像和政治的獻身如平行的鐵軌在天邊交會。

　　自由派評論者無疑會稱此為海市蜃樓。伯格和拉文都無法證明事實相反。但是另一種選擇是什麼？成為鑑賞家？為藝術放棄政治？訴諸政治暴力？比較有可能的是默認反諷。拉文的老朋友麥克思（Max）具現了最後這種態度。過往的激進分子，現在是花花公子和萬人迷，將自己的流亡轉變成矯揉造作的姿態，他是拉斯洛的負面形象，如拉文所寫：「我的銅板的另一面。」「沒有什麼有可能像過去的柏林那樣。沒有人有可能像當時他獲得的欣賞那樣欣賞他。因此現在發生的一切是荒謬的，而且他一隻手插在口袋裡表演。」[40] 麥克思是表演而不是表達；他誘惑而不是相信；他已經放棄了。

　　對拉文而言，不放棄即為**去工作**。這是小說一次又一次、一頁又一頁表達的不變觀點。工作是唯一真正的解答（不管是多麼短暫或無足輕重）能消除矛盾的傷痛；唯一能替代語言、思想和自我意識的選擇。拉文的日記開頭正是「更計較地守護時間」，以便更加努力工作，而我們讀到的，超過其他意義，就是一份努力的紀錄：「亞諾斯有一次跟我說：『這份工作，永遠都是一樣的。早上九點你滿懷計畫、能力和真理。下午四點你是個失敗者。』」[41] 下面是小說裡最佳的引言——值得釘在你的書桌之上，或是工作室裡：「擺脫這種催逼

自己像奴隸般工作的強迫心態。這是我努力要去完成的原因嗎——抱著虛幻的希望這就要結束了；而且畫完這幅畫後我會躺在陽光下，一星期眼睛都看不見？」[42] 從來沒有一部小說如此直率捕捉到持續創意勞動的現象學：例行工作脆弱然而強迫的本質；一小時又一小時的筋疲力竭和興高采烈；我們的每一項關懷可以突然凝聚在一道筆觸或一節段落的細節上。這些書頁最接近的表親並不是偉大人物天馬行空的傳記，而是描繪真實生活的畫家（無論偉大與否）的寫生簿。

　　「將火的觀念和燃料的事實區分開來，」伯格在一九五七年（此時他在寫小說）寫著，「於是你會獲得一樁奇蹟。」[43] 這一次是文生・明尼利（Vincente Minnelli）的傳記電影《梵谷傳》（*Lust for Life*）。對藝術有興趣的每一個人都應該看看這部電影，他說，才能好好理解那種神話般的迷信，因為創作的奧祕壓抑了努力的成分而孕育出這種迷信。梵谷位於這套神話的中心：他是藝術這個宗教的守護聖徒，但是在伯格看來，也是十九世紀最受誤解的藝術家。在《梵谷傳》中他痛恨的是頌揚了瘋狂：疾病成為靈感，內心紛亂是天才。有無數瘋癲的人他們的藝術是差勁的。人人都知道梵谷割掉自己的耳朵，比較不為人知的是他幾乎像耶穌般的獻身，日復一日辛勤作畫，或者如朱利安・巴恩斯（Julian Barnes）值得記憶的一段話：「呻吟、咆哮和荒唐的計畫」有可能只是「背景雜音，襯托藝術上英雄主義的歷程，以及心灰意冷時重拾決心的歷程——確實是決心，在面對自己的個性時。藝術是每一天、每一小時的苦差事。同時那份苦差事是複雜、有層次的，混合了艱苦的實踐和強烈的夢幻感。」[44] 那種混合是拉文的，也是伯格的。

　　除了信仰和懷疑、工作和思想的互相對立，這部小說提出了一道終極問題，幾乎是隱藏起來的，得不到完整答案。我們有可能真正認識另一個人嗎？我們最親密的朋友會把自己完全揭露給我們看嗎？或者他們永遠會保持隱密？

　　拉文面對拉斯洛的不確定，類似約翰面對拉文的不確定。我們讀到的日記是自我意識的紀錄，見證了作者小圈子內的任何一位朋友對他私密的想法或內心惡魔是多麼無知。政治（理解成集體鬥爭）與藝術（理解成個人鬥爭）的歧異，轉成社會與心理之間的歧異。如一些批評家已經論辯的，歐洲小說的整個進展，從十九世紀的寫實主義到心理小說然後再到意識流小說，可以看成是類似的轉移，遠離社會現實朝向個人心理與感知的自主性。還有一類似趨勢也成立，藝術媒介從參照世界轉向自我參照。拉文投身社會寫實主義，不過他的日記，同時擴及到呈現日記的小說，都是現代主義的作品，甚至可能是表現主義。這是一份記錄城市人疏離的自我意識的文獻。

　　自我的疏離——疏離於世界、他人和歷史——這個現象是《我們這個時代的畫家》認定的流亡。「我讓自己成為雙重流亡分子。」拉文寫著，「我沒有回到我們的國家。我選擇把我的人生投入我的藝術，而不是即時的目標。因此我是名旁觀者注視著我原本可能參與的事情。因此我無止盡地質問。」[45] 拉文困在個人的世界，他無法去經驗，也就是說，去參與政治活動。「我需要再度看見自己。」第一則日記這麼寫著，「過去我在我參與的關鍵事件中辨識出自己。但是這十年來，在這個與世隔絕和幸運的鄉村，我的生活是平靜無事

的。」[46] 要在自我之外辨識出自我——這是《我們這個時代的畫家》建議的做人範本。這也是伯格為藝術的健康和目的提出的範本。當藝術最有機地根植於超越的歷史進程時，藝術取得它的權力，而且透過這樣的作為促進了自己的發展。以此類推，一個人的潛能也是同樣道理。

　　另一方面，我們每個人都因為自己個別的生命經驗而區隔開來——而且不是所有的經驗都是等值的。[47] 跟拉文不一樣，黛安娜「從來沒有饑餓過。她從來沒有接受過審問。她從來沒有被偷偷運過邊境。」[48] 同樣的差異適用於約翰。當他醉醺醺地舉杯敬酒——「敬布達佩斯！」——拉文「僅僅可覺察地」搖了搖頭。那個姿勢的意義，我們可以假定，源自於區隔這兩人的每一件事。在他關於彼得·佩里的論文中（寫於這位藝術家過世之後），伯格更為強力地表達相同觀點：「他認為我們的經驗是不充足的。在蘇維埃革命時我們沒有身處布達佩斯。我們沒有看見貝拉·庫恩（Bela Kun，譯註：匈牙利共產黨創始人）是如何（或許是沒有必要的）被打倒。一九二〇年我們沒有在柏林。我們不了解在德國一場可能的革命是如何遭到背叛。我們沒有目睹納粹主義匍匐前進以及之後駭人的勝利。我們甚至不知道一位藝術家必須放棄他人生前三十年的工作是怎麼回事。或許我們有些人可能可以想像這一切，但是在這個領域佩里不相信想像力。」[49]

　　另一方面，小說暗示，當藝術確實發揮作用時，即使做不到跨越也可以拉近那個隔閡，而且恰恰是透過識相地承認隔閡存在。一九五三年的秋天，拉文畫了一幅約翰的肖像。連續好幾個下午，兩位男

士靜默地坐著，年長者為年輕者畫圖：深刻而私密的行為，洋溢著男性的溫柔。完成時，拉文把畫作送給他的朋友，那是慷慨和坦露的行為──一份**禮物**。「這代表了現代人的思維。」他在日記裡寫著。對約翰來說，畫像變成深陷懷疑時的「一大鼓勵來源」，是他撰寫我們正在閱讀的這本書時，保存在書桌之上的紀念品。[50]

　　「關於我的過往人生我所感興趣的一切是那些平常的時刻。」伯格在他進入六十歲時說。[51] 然而他第一本小說《我們這個時代的畫家》從那些時刻可能缺失和持續的盼望導致的種種矛盾中浮現出來。因此最後高潮那一幕意義曖昧：在匈牙利人起義之後，拉文突然決定離開英國。

　　既沒有解釋又過度武斷，這樣的消失既是社會性自殺，也是我們有理由相信的（拉文最後被人看見是在維也納，往東行），回歸出生地和參與歷史的省分。「這是我們這個世代的悖論。」雷蒙・威廉斯在當時寫著，「我們號召群體，卻又讚美離群；號召同心同德，然而唯有在共通的逃離慾望中找到一致的情感。」[52] 他指出，通常的維多利亞時期小說會終結在一連串穩定的安頓，然而現代小說的結尾剛好相反：一名男子獨自離開，「讓自己從宰制的情境中脫身，並且因為這樣的行動找到了自己。」[53]

　　這樣的描述既精準又奇特的符合了《我們這個時代的畫家》。拉文的離開是真正的決裂，然而也是假想的重新整合，這樣的模稜兩可是精心雕琢出來的，以替代非常真實的政治困惑。就在「裴多菲集團」（the Pétofi circle，譯註：匈牙利改革派菁英匯聚的團體，為匈牙利起義奠定知識基礎）於一九五六年的春天首度聚會不久，伯格開

始撰寫他的小說；在一九五八年納吉（Nagy，譯註：匈牙利改革派領袖，十月起義期間出任部長會議主席，推動自由化與退出華沙公約組織，後於蘇聯出兵被捕）被處決之前幾個月完成。拉文參與匈牙利政治活動的推測依然不確定。日記是環繞著他的消失之框架，反過來同樣成立，不過兩者無法互相解釋。小說中每個人物對於拉文的命運都有自己的理論，反映了他們自己的哲學需求。黛安娜猜測他遭到射殺；喬治・特倫特深信不移他成為自由鬥士；麥克思相信他是因為無法面對在西方的商業成功而逃走；約翰想要相信拉文現在跟卡達爾（Kadar，譯註：十月革命之後掌權，開啟卡達爾時代，直到一九八九年辭去所有職務）在一起。對不同的人拉文代表不同的意義。至於日記則是解釋了他對自己的意義。

《我們這個時代的畫家》以一九五六年的分界線為基礎。拉文的日記屬於之前那些年，而約翰的斜體字插補從那個分野之後回顧。日記記錄了史達林、萊熱、尼古拉・德・斯塔埃爾（De Staël，譯註：俄裔法籍畫家，一九五五年跳樓身亡）和拉斯洛的死亡。拉斯洛是一整代社會主義理想的化身，形塑那個世代的養成經驗是戰爭、革命、反革命、法西斯主義、第二場戰爭和抵抗。英國五〇年代的政治形勢比較模糊。「沒有任何美好的、勇敢的為之奮鬥的目標留下來。」吉米・波特（Jimmy Porter，譯註：《憤怒的回顧》〔Look Back in Anger〕劇中主角）在一齣戲中著名的宣告，那齣戲跟蘇伊士運河或匈牙利一樣，都屬於當下那個時刻。

不過對西方的馬克思主義者來說，戰後信仰的危機既傷痛又淨

化。這場危機導致有些人幻滅，不過也引領許多人眼光更清晰地重新確認自己的信仰。以後見之明來看，一九六八年的種籽根源於緊接著一九五六年的那幾個月和那幾年。而如果伯格（無論是天真或不誠實）第一回合站在歷史錯誤的一邊，他會在一九六八年彌補他的過錯，他在那個神話般一年的春天旅行到布拉格，書寫捷克學生的反抗。如果他曾經覺得自己必須忍住不說，此時他已經自由地寫出他先前該說而沒說的話：「俄國人已經能夠憑藉武力創造出一個現實來鞏固他們的謊言。」[54]

　　無論如何，在《我們這個時代的畫家》出版的時候，人們依舊是從它所回應的最初那場危機的嚴苛角度來閱讀這本小說。成千上萬的匈牙利人遭到逮補；最終有幾十萬人逃亡。納吉剛剛被處決。在〈政治與繪畫的交織〉（'Mixing Politics with Paint'）這篇書評中，史蒂芬‧史賓德（前共產黨員，《失敗的上帝》〔The God that Failed〕作者之一）挑出「約翰」隱約夾帶對卡達爾表示支持的句子──一行字就超過他能忍受的程度。他寫著，拉文是名「殺人犯……擁護利用司法的謀殺」，而伯格讓人聯想起年輕時的約瑟夫‧戈培爾（Joseph Goebbels），《麥可》（Michael）的作者。[55] 史賓德表示，兩本書都讓人想起「射殺和囚犯營的氣味」。（「確實是有集中營的氣息。」阿諾德‧凱托（Arnold Kettle）幾個月後在《勞工月刊》〔Labour Monthly〕上寫著，「在哪一本我們這個時代的歐洲嚴肅小說中，這種氣味會缺席？」）[56]

　　在《相遇》發表的書評中，匈牙利難民保羅‧伊格諾塔斯（Paul Ignotus）沒有那麼深的敵意。伊格諾塔斯認可拉文的真實性。「如

此呈現的典型是真實的。我對他知之甚詳，而且是在許多地方：根據
政府的改變提供的機會也會改變，在柏林的羅曼咖啡館（Romanisches
Café）；在維也納的博物館咖啡（Museum Kaffee）；在巴黎的多摩
咖啡館（Café Dôme）；甚至有可能在伯格先生遇見他或他的影子的
倫敦。」[57] 然而如果是小說的政治觀點「不應該看得太認真」，它們
「表達得太突兀以致於無法視而不見」。伊格諾塔斯看到的伯格是，
無論有意識或無意識，國家恐怖主義的辯護者。「『我的政治觀點是
將閃電傳導到地下的避雷針』，亞諾斯・拉文寫著。數百萬人可能喪
生，而他希望他的閃電可以傳導。」[58]

　　出版不久，這本小說就滯銷。伯格後來表示，因為史賓德的書評
以及「賽克與沃伯格出版社」跟《相遇》的關聯──《相遇》本身是
美國文化政策的機關──他的第一本小說幾乎在一夜之間成為「無法
投遞也無法退回的信件」。他的說法或許是誇張，不過即使是個人神
話也包含著核心的真相。這本書短命的理由兼具了商業跟政治因素，
不過這兩者可以共同發揮作用，而且一項文化議程把這兩者推到了一
起。這項文化議程大概見不得一名誠摯的社會主義者出現在出版名冊
上。因此《我們這個時代的畫家》就像它的核心人物拉文一樣，命定
要消失，淪為它掙扎著要逃脫的兩極對立的犧牲品。儘管當時的書
評描繪這部小說充斥著教條，當代讀者比較可能意識到它的成熟，無
論它的悲傷還是它的希望。新陳代謝就是去改變才能活下來。從傷
痛的經驗產生了小說，而透過這本小說伯格可以釋放掉自己的某一部
分。

　　同時，《我們這個時代的畫家》擁有了第二次和第三次的生命。

在一九六〇年代中期，企鵝出版社取得重印的權利；一九九〇年代
藍燈書屋發行了附有特別後記的版本；更近期的則是「左頁書社」
（Verso）出了相同版本。這本小說持續找到新讀者。小說回顧了不
屬於我們的時代，然而它圍繞的悖論與我們同在。這本書經過考驗成
為關於獻身最深刻感人的探索之一，在這個——無論對錯——缺乏英
雄的犬儒時代。

3. 藝術與革命

藝術作品把我們的創造力保存在晶瑩剔透的懸浮之中，
從懸浮中創造力可以再度轉換成生命能量。

——麥克斯·拉斐爾（Max Raphael）

每一秒鐘都是救世主可能進入的窄門。

——華特·班雅明（Walter Benjamin）

革命是什麼造成的？一旦革命成形之後接下來呢？這些問題可能讓當代西方讀者覺得純粹是懷舊。它們散發著過往年代的氣味，在歷史據說已經終結並且進入延長賽之時，我們持續在商業、在風尚和科技領域談論革命，但是鮮少在政治領域談論革命還是過去意義的革命嗎。或者就此而言，在藝術領域也略而不談。對我們來說，想像讓這個星球不再適合人居的龐大災難變得比較容易，把眼光看遠超越到處環伺著我們的資本主義世界秩序，反而比較困難。唯有在一些巨大的災變之後，我們才能按下重置按鈕，重新開始。這是許許多多夏季賣座強片的潛在烏托邦內涵。

但是回到僅僅兩個世代之前，當時人居住的是一個不同的世界，對於未來有不同的概念，對於什麼是可能的有不同的理解。對於歐洲左翼關鍵的日期——一七八九、一八四八、一八七一、一九一七、一九六八——證明了一激進的系譜，而革命在這系譜的靈魂中占據了核心和反覆出現的位置。歷史一再展現出它是一股不斷翻騰的活生生力量。大眾的能量會爆發、失控、遭到鎮壓、重新浮現，然後再度遭到鎮壓結果只是讓它再度出現，而且往往是非常壯觀的。這就是漫長的十九世紀停停走走的歷程。在那些革命時刻——大規模破壞和似乎無法挽回的歷史劇變時機——政治先鋒可能被說成是活出夢想，深信此時此刻救世主二度降臨近在眼前。

對伯格來說，他一開始並不是夢想大動亂的人，而是傳統的擁護者。全面轉型的概念，突然和令人振奮的轉變，是他後來才肯定的，就在他戰後團結的希望消散之後。在這層意義上，他早期對政治的失望跟一般人不同。並不是他年輕時代的革命走錯了路或者沒有實現，

而是那些**確實**來臨的革命，無論是文化（來自美國）或是政治（來自東方集團）上的，是錯誤類型的革命，來自錯誤的地區。同時，他戮力要鼓勵的藝術「新政」，彷彿是一磚一瓦的堆疊，在自身龐大野心的重負下壓垮了。如同漲潮，中產階級的繁榮帶來了一大堆新的態度和抱負：所謂的「廣告—大眾」（ad-mass）文化、「從來沒有這麼好」的麥克米倫主義（Macmillanism）、對於「酷」的美國化崇拜。一九五六那一年，英國見證了新文化的誕生：普普藝術是一種實踐、文化研究是一種方法、「憤怒青年」是世代的意符。到了第二年兩項神話已經退位：蘇聯的神話和「人民」的神話。[1] 一月，有著學究氣的金斯利·艾米斯（Kingsley Amis，譯註：英國小說家、詩人和批評家，《幸運的吉姆》〔*Lucky Jim*〕是「憤怒青年」的代表性作品之一）可以抱怨一整個世代的年輕人「逛街」尋找能夠信仰的大義——結果只發現儲藏室空了；而心境上比較傾向事有可為的安東尼·克羅斯蘭（Anthony Crosland，譯註：英國工黨政治人物和作家）催促工黨捨棄令人生厭的民粹主義，跟上新英國跳躍搖擺的步調。[2] 僅僅過了三年，披頭四就開始在利物浦的俱樂部表演。

　　把自己的自我意識押注在更大的歷史力量上，而這股力量更屬於伯格的想像而非真實，他就必定要面對挫敗。「最終我們必須等待新人來進行新的藝術整合。」他在一九五六年說，「而同時我們只能奮力去改進各自獨立的組成部分。」[3] 經過幾年的觀照，他可以分析自己的失敗。如他所說，他誤解了「視覺藝術在西歐的當代社會角色」，誤信繪畫和雕塑「可以像其他藝術那樣寬廣地發展」。[4] 隨著新科技（廣播、電影、電視）篡奪了大眾溝通的角色，留下視覺藝

術家完全仰賴資產階級。「結果，」他說，「我們這些崇尚社會寫實主義的批評家錯誤地要求或期待藝術家去創作直接的和急迫的社會評論。這樣是把他們囚禁在最讓人氣餒的矛盾之中。他們要不是對於自己的創作媒介就是對於自己的創作內容感到幻滅。」[5]

但是伯格也表示，我們的希望中會殘留下來漫長的絕望，而這股絕望會再度滋生希望。有時候並不是那麼漫長。

從一九五六年的危機中迎來了自我檢驗和革新的時期，最終獲得「新左派」的名號，接踵而至的是文化大霹靂，比較廣為人知的稱謂是「六〇年代」。爆炸性的重整一開始發生在英國的馬克思主義圈內，然後成為遍及全球的反叛心態，意味著伯格可以自由地改造自己。一段新的婚姻，與俄裔譯者安娜‧巴斯塔克（Anna Bostock）結縭，以及他大致是同時間離開英國標識了再生：這是他多產、四處漫遊的中年時期之開端。如他在一九六二年寫的一首詩，發表在《勞工月刊》，不到一年他就背井離鄉了：

人後退或前進
有兩個方向
然而不是兩邊

對伯格來說，前進意味著歐洲大陸，而且意味著新的寫作型態。意味著他要當個藝術家活過往後人生，而藝術家可能的綜合體他只有以批評家的身分瞥見過。

儘管以日內瓦的郊區為基地，他這十年大部分時間四處遊歷。而

且如同一九六八年的那一代展翅高飛，他的作品同樣掙脫了所有既成典範。他產出了令人欽佩的各種形式：照片—文本、廣播稿、小說、紀錄片、劇情片和知性散文。那是感官滿足而且飄飄然的十五年。騎著摩托車參訪一家又一家博物館、和朋友待在鄉間的家、在開闊的原野上繪畫風景、朝聖祭壇畫和紀念碑、尋找戰爭期間左翼人士被掩藏的手稿、在遊行和公共事務集會中演講：這一切都進入他新的身分認同之中，成為歐洲而不是英國作家。如果伯格初享大名是在倫敦的論戰中血肉相搏，在新左派逐漸崛起到最高峰的過程中浮現的身影是在路途上的理論家，回信給祖國的批評家。的確是徹頭徹尾的蛻變。

　　一九五〇年代後期是一段出口坡道。他在離開新聞界之後，也離開倫敦；第一部小說出版；第二段婚姻告終；社會寫實計畫瓦解——在這一切之後，伯格回到《新政治家》度過最後三年。從一九五八到一九六〇年，他再度為展覽貢獻文章，不過他的焦點已經深刻改變了。對於當代藝術的任何興趣都退縮到貶抑或不關心。針對一九五八年威尼斯雙年展的評論，標題是言簡意賅的「平庸」（The Banale，譯註：雙年展的英文是「Biennale」）[6] 除了幾位朋友，他唯一認真關注的是一名戰後畫家，傑克森‧波拉克（Jackson Pollock）。但是即使如此也是有新的觀點。波拉克不久前車禍喪生，而伯格不再抗議紐約現代主義的「強迫推銷」。在仍然廣泛被閱讀的一篇論文裡，他改為主張波拉克的無限才華（他終於承認）只能以**負面**方式揭露——在見證才華白白浪費的生動作品裡，那是被拋棄的心靈在監獄牆壁上的塗鴉。「有能力說話，」伯格寫著，「他卻裝聾作啞。」[7]

　　他下結論，波拉克的失敗源自無能「讓思考超越或質疑」他所屬的文化情境。彷彿聽從自己的警告，伯格的寫作在歷史性和廣度方面不斷成長。當然，穿插在論戰之中的一直是關於大師的研究：庫爾貝、哥雅（Goya）、柯克西卡（Kokoschka，譯註：奧地利表現主義畫家、詩人、劇作家）和夏卡爾（Chagall）。不過他現在以比較概括的濾鏡來研究過去的藝術。他叩問更宏大的問題。關於人類意識的發展繪畫能夠告訴我們什麼？文明的信仰可能會如何扭曲我們的感官？藝術家會和來自其他領域的思想家共同占領哪些地方？他書寫委拉斯奎茲（Velazquez）和伽利略（Galileo）的關聯、普桑（Poussin）和笛卡爾（Descartes），還有畢卡索和海森堡（Heisenberg，編註：德國物理學家，量子力學創始人之一，「哥本哈根學派」代表性人物）的關係。他現身休‧威爾頓（Huw Wheldon）的電視節目《顯示器》（*Monitor*），暢談四個貝里尼（Bellini），由哥白尼（Copernicus）和瓦斯科‧達伽馬（Vasco da Gama，譯註：葡萄牙航海家）的革命區隔開來。當然這樣的對比主要是激發想像而並非那麼嚴謹──他明白把藝術看待成僅是觀念史的附屬（經常針對歐文‧潘諾夫斯基〔Erwin Panofsky〕的圖像學學派之批評）會產生的陷阱，不過他堅守根本的前提。「我們必須記得科學和藝術的發展都不是獨立的。」他提醒他的讀者，「科學家和藝術家對自己提出的問題是由相同歷史創造出來的。」[8]（這個洞見，本身是關於歷史的，似乎是自覺地獲得證實，因為如湯瑪斯‧孔恩（Thomas Kuhn）和米歇爾‧傅柯（Michel Foucault）這麼相異的思想家都同時得出他們自己版本的建構主義。）所有領域都會自我制約並且受到它們的時代各

種可能的意識形態所制約。或者，如現代藝術史的教父海因里西‧沃夫林（Heinrich Wölfflin）在大約五十年前所說的：「人們總是看到他們想要看見的。」「視覺本身有它的歷史。」他宣告，而且「這些視覺地層的揭露」是學者的主要工作。[9]

對伯格（不是專業學者而是批評家和作家）而言，兩個主要現場是文藝復興和現代主義。一樣是哲學上的革命，兩者可以相提並論，不過後者是比較晚近的傳承，值得特別關注。而且更有好理由：多年來現代主義是禁區，相當於視覺上的「地下出版品」。然而隨著冷戰之霧消散，伯格可以看到更遠的地方。很快地他就被釘住了。

讓他如此沉迷的圖畫出自我們每個人現在都熟悉的畫家：馬奈、莫內、竇加、塞尚、高更、梵谷、馬諦斯和畢卡索。許多創作是在蒙帕納斯（Montparnasse，譯註：位於巴黎的塞納河左岸，文學、藝術重鎮）完成的。法國現代主義的正典成為他自己的帕納索斯山（Mount Parnassus，譯註：繆思女神的住處）：讓人流連忘返沉浸其中的山嶽。「那就好像在一座山上被捆綁在一起。」布拉克（Braque，譯註：與畢卡索同為立體主義的創始者）說起他跟畢卡索在一起的時光——伯格喜歡的隱喻。[10]

高峰是立體主義（cubism）。伯格把畢卡索、布拉克以及其他畫家在第一次世界大戰前夕創作的繪畫視為西方藝術中的開創性斷裂。這個觀點本身沒什麼新奇——所有的藝術史家都把立體主義看成是進入新天地的門檻，但是在樣貌和方法上，他對於這項運動的說法大大偏離藝術史的傳統。立體主義不是抽象的延伸，伯格說，而是抽象背叛了立體主義。即使立體主義**風格**的遺產無處不在，可以在每一件事

物上辨識出來，從辦公大樓到杯墊，作品的**革命承諾**依舊凍結在歷史的琥珀裡。可能有失樂園之前的現代主義嗎？人類墮落之前的現代主義？隨著他追究這一類問題，伯格放掉他十字軍戰士的身分認同（聖戰已經結束），重新塑造自己是藝術─歷史**搜索者**：一名偵查飛行員，飛行在失落的「承諾」地景上。不過他早期參與各種行動的傳教熱情從來沒有完全離開他，只是改變了形式。不再倡議正要登場的未來藝術，現在他擁護失落在昔日藝術中然而創新的東西。

即使是在成年時出現的最激進理念，回顧起來，往往可以看見其源自於我們人生過往更早之前。

事實上伯格長久以來一直受到立體主義的吸引。他只是無法理解自己的喜好。例如，二十五歲時，在評論「文化自由大會」（Congress for Cultural Freedom）組織的巡迴展「二十世紀大師展」（Twentieth Century Masterpieces）的文章中，伯格宣稱真正配得上其名號的只有最初那批立體主義畫家的作品。「從塞尚一九〇〇年一顆頭顱的靜物畫，到畢卡索的『威廉‧伍德』（William Uhde）肖像，是深刻動人的觀畫經驗。」他寫著。他也讚美胡安‧格里斯（Juan Gris，譯註：西班牙立體派畫家和雕塑家，在法國生活和工作）的畫作《邊櫃》（*The Sideboard*），是這場展覽中他最喜愛的作品。這幅畫在構圖上「如此直接了當」，他說，「讓人感覺是坐在椅凳上拍出來而不是畫出來的。」[11]

上述都不是非常分析性的評論。伯格只是抒發個人印象，而這些觀感在一兩年內就不再適合冷戰的冰凍氛圍了。對於共產黨全盤

拒絕現代主義的質疑必須隱藏在自己內心。這樣的沉默持續多年。只有在一九五六年他的存疑能夠浮出表面。那年的夏天，新左派興起的前夕，伯格表達了自己的不安，談到「不確定的必要性」（The Necessity of Uncertainty）──他為共產黨刊物《馬克思主義者季刊》（*Marxist Quarterly*）撰寫的文章標題，文章中他敦促好戰的讀者去質疑自己膝反射式的貶抑。他論辯，不確定不一定總是軟弱的表徵，在正確時刻，不確定可以是蛻變的工具。

　　文章開頭是清點謬誤的提綱：畢卡索的史達林肖像引起的「混亂」；萊熱終於疏遠法國共產黨；英國共產黨無法徵召越來越多的勞工階級年輕藝術家加入行列；蘇聯官僚沒有必要地抑制和摧毀人才。在這所有挫折背後是更為根本的困惑：什麼讓一件藝術作品歸屬於社會主義？伯格在這裡論辯，針對這個問題所有的馬克思主義批評家往往會簡化他們的答案。他呼籲黨要「更為精確區分有效然而大概朝生暮死的政治宣傳，以及在我們當下的不確定中藝術家有權利去進行他們自己的實驗，去創作他們相信比較永恆的作品。」[12] 這是耐心和信任的問題。「我們必須停止期待藝術會有快速的結果。」他說，「而這意味著相信藝術家。」[13]

　　根本上這個問題來自形式與內容過度簡化的二分法。「如果藝術家畫一張椅子，」伯格指出，「他不會因為把一份《工人日報》（*Worker Daily*）放在椅子上就自動讓這張畫成為社會主義作品。」[14] 相應的狀況，如果藝術家實驗形式，也不會自動讓他成為形式主義者。

　　把上述見解帶給他的同志，伯格試圖講個不一樣的故事。十九世

紀現代主義的傳統敘事說的是：前衛派興起，擺脫模仿，朝向主觀、抽象和純感官的美學。自由派和馬克思主義者對此觀點相同，他們不同意的只是這樣是好是壞。伯格提出了替代的圖像。偉大的現代主義畫家，他寫著：

> 以他們各自不同的方式覺察到布爾喬亞藝術和價值的孱弱及腐敗，他們全都意識到二十世紀會產生新人類，儘管他們不一定了解新人類，他們全都盼望歡迎新人類。他們知道自己活在革命的前夕，而且他們認為自己是革命者。但是因為他們不了解這場革命的社會和政治本質，他們把自己的革命熱情注入他們認為是藝術的藝術。因為他們不明白如何在街頭革命，所以他們在畫布上革命。[15]

　　即使他們的作品不太會造成社會變革，他們的**發現**，技巧上和哲學上的發現，仍然可能發揮極大用處。在這層意義上，他們的極端主義具有建設性，而不是讓人絕望。戰後的繪畫就不是這樣了。在早期的現代大師背後是一股熱情，急切要去想像新的未來；在當代前衛派背後則是「絕望的急切之情」。

　　伯格主張的關鍵分別——或者更確切說，是開始有了漸層——是區隔**肯定**的和**否定**的現代主義。聽起來夠簡單，但是邁向任何認可的第一步往往是令人痛苦的簡單。在當時是幾近於異端。《馬克思主義者季刊》的下一期主打兩篇反駁長文。共產黨插畫家雷‧華金森（Ray Watkinson）看到自己的朋友轉向，表達了震驚。他說，伯格的重新

評價「意味著在我們所有批評家之中，他肯定不相信的事——那就是藝術是生活的替代品，用來補償現實世界中的挫折。在他的名單中多加幾個名字，就會越顯得荒謬。畢卡索，心靈高貴的資深無政府主義者，會多麼鄙視這樣的念頭。希涅克（Signac，譯註：法國新印象主義畫家，與秀拉同為點描派代表人物）也一樣，還有凱綏‧柯勒惠支（Käthe Kollwitz，譯註：德國表現主義版畫家和雕塑家，也是積極的社會主義者）和庫爾貝。位於另一邊政治陣營的其他人也是如此。想想看提供這麼寶貴的想法給塞尚時他的憤怒！同樣想像一下，塞尚在街頭築路障！」[16]

　　另外一封匿名的讀者來信不那麼歇斯底里，不過同樣地不屑。「鬥爭的根基和核心是在工廠。」這位作者提醒每個人。[17] 為什麼授與藝術家特權而將好戰勞工拒於門外？

　　關於這篇論文的報告甚至抵達莫斯科。奉黨路線為圭臬的弗拉迪米爾‧伊凡謝瓦（Vladimir Ivasheva）教授在刊物《十月》（Oktiabr）上發表了一篇文章，把伯格標籤為修正主義者，而且是「卑躬屈膝的現代主義辯護者」。[18] 蘇聯的評論者也特意斥責了英國較為虔誠的馬克思主義者，因為他們面對伯格的理念時，展現了「不必要而且有時無法理解的禮貌和克制」。藉由請求其他方面都忠誠的附隨者，根據「他們作品的特色，隱晦（只是其中一項形式），而不是內容」來吸收「現代主義者」，伯格出櫃自己是唯美主義者，因為「祕密地渴望他心愛的『純藝術』而腐化」。[19]

　　無論多麼愚蠢，來自莫斯科的攻擊說明了幾乎沒有乾淨的空氣可以呼吸。當譯文在英國出現時，增添了困惑：伯格甚至接到《相遇》

的工作人員的電話，準備好歡迎別人認定「改變信仰」的他，加入反共陣營。（他不理睬邀約，並且寫信給《十月》提醒他們驗明他的正身。）但是激烈的反彈是如此顯而易見地表明了，從那個時期的辯論角度來看，伯格的論文**在當時**是如何讓人困惑。現代藝術對馬克思主義者來說就是禁區。身為英國最重要的寫實主義批評家公開讚許現代主義的實驗精神讓根深蒂固分裂的雙方都惶惑失措。這是碰觸禁忌。

「要接受正統，」喬治・歐威爾在一九四〇年代評述，「永遠是去繼承未曾解決的矛盾。」[20] 而要去挑戰正統，如歐威爾十分清楚的，往往要單打獨鬥。伯格的想法讓所有人不開心（包括他自己：大約在這個時候，他向《新政治家》告假去舔舐自己的傷口）。但是如果寫實主義和現代主義的針鋒相對是過度炒作呢？或者至少是過度簡化？「真正的原創性」，伯格後來寫著，「從來不是受追捧的東西，或者說被簽約的東西；確切地說，這一種品質屬於在黑暗中碰觸到的東西，然後把它帶回來當作是試探性問題。」[21]

《馬克思主義者季刊》上的辯論因此見證了伯格思想上關鍵的展開。等到第二篇文章出現時，在他最初的論文和引爆爭議後幾個月，他顯然已經對於自己的直覺有了信心。他至少可以清楚表述問題：

究竟是在哪個階段每一場現代運動──立體主義、表現主義、超現實主義──背叛了它們革命的源頭？而這樣的背叛隱含在它們的源頭嗎？或者沒有？我們還不知道。我們可以看到布爾喬亞和帝國主義者的觀點限制和摧毀了藝術家的視野；我們可以看到這種破壞性的傾向。但是我們還看不到，因此必須保持不確定，

哪些傾向將會引導到最偉大的貢獻……**早期的現代主義大師是否覺察到布爾喬亞價值的腐敗，他們是否意識到二十世紀會產生新人類？**許多引述可以支持他們絕大多數覺察到也意識到。當然他們是革命家因為他們是原創性**畫家**。但是話說回來為什麼需要那麼多的原創性？如果社會革命達成了，原創性還會走到這麼極端嗎？[22]

　　這些問題——以及那個原創性——標記了伯格接下來十年著手去探索的領域。他從繪製地圖開始著手。

　　新左派是改變局勢的人。空氣清淨了。伯格個人已經朝向的那種綜合性思考接受的人變多了。既不信奉史達林主義也不推崇資本主義，新的刊物例如《大學與左派評論》拒絕陳腐的二元主義互鬥。脫離「政治正統衰微」的時代，他們呼籲「自由、開放、批判性辯論的整個傳統再生」。[23]曾經對馬克思主義者來說如此困難去想、去看、去說的事情變得容易了。

　　回到《新政治家》後伯格最先撰寫的其中一項主題標示了他的計畫真正開始。〈立體主義之星〉（'The Star of Cubism'）出現在春天（非常適切），由胡安・格里斯在馬爾堡畫廊（Marlborough Galleries）的回顧展所引發。他往後會加以發展的許多政治理念已經躍然紙上，就此而言，這篇評論以馬克思和葛蘭西的引言來開頭說明了許多事。如果在黨的機關報發表，伯格必須首先將藝術從意識形態的箝制中解放出來，這一次他的行動是相反的：讓藝術作品擺脫商業

主義的巨大汙點。商品化令人遺憾卻是無可避免的。「即使是最高度知性的產品，」馬克思寫著，「也只有布爾喬亞能夠辨識和接受，因為它們呈現為物質財富的直接產品，而且是錯誤地展現成這樣。」[24] 換句話說，畫作令人暈眩的現金價值不必然讓我們看不見藝術的人文意義。伯格於是借助葛蘭西來排除障礙，迎接他要提出的主張：「人道，是事實也是理念，那麼是出發點還是抵達點？」[25]

對伯格來說，出發點是格里斯的作品，他說，格里斯「如同任何一位現代畫家那樣近乎科學家」。[26] 是信徒而不是創新者，這名西班牙藝術家根據畢卡索和布拉克的發現，獲得一道公式來創作，因此變成（用伯格的話來說）「最純粹和最貼切的立體派」。從他的畫布上可以採集到比較普遍的原則。「立體主義畫家的真正主題不是瓶子或小提琴。」伯格假設，「真正的主題是視覺本身的運作。」位移有著深刻的哲學意涵。固定的表象這種靜態經驗主義讓位給新的聯盟：畫家在他們的作品中把笛卡爾的心靈範疇（自我意識）和物質範疇（空間的延伸）組合在一起。如同在現象學中，感官經驗既是**對**這個世界的感知也**建構**了這個世界。如同在後古典物理學，測量和性質如今糾纏在一場量子舞蹈之中。對伯格來說，觀看立體主義的畫作宛如觀星。「星星是客觀的存在，如同畫作的主題。不過它的形狀是我們觀看它的結果。」[27]

沒有人曾經說過類似的話。馬克思主義者當然不會。即使是有細微差別的左翼藝術史家例如麥克斯‧拉斐爾（Max Raphael），曾經寫評論讚許過畢卡索的《格爾尼卡》，也不知如何處理這位藝術家的立體主義時期，在他的立體主義畫作中只找到退化和令人困惑的風

格。（如一位學者指出的，拉斐爾或許受到卡爾‧榮格（Carl Jung）同期的論文影響，在立體主義作品中找到畢卡索潛藏精神分裂的證據。）[28] 拉斐爾在發展出自己的批評方法之前受教於瑞士藝術史學家海因里西‧沃夫林（Heinrich Wölfflin）。他絕對不是堅持黨路線的人。不過就像其他許多批評家，無論是不是馬克思主義者，他摒棄立體主義，認定其本質非理性。

　　沒有什麼比這更遠離伯格的論述了。對伯格來說，立體主義是「現代的理性藝術」。立體主義的精神是科學的。這一點隱身在他一九五八年發表的第二篇文章中更深入發展的一套直覺背後；這一次是關於雅克‧利普茲（Jacques Lipchitz）的評論。伯格讚揚這位出生於俄國的藝術家具有預見的能力（「我們這個時代少數可以稱為偉大的雕塑家。」）[29] 不過文章比較不像是評論而是他藉此書寫較宏大的哲學計畫。「批評家應該檢視一下他們老愛嘮叨的話題。」文章以此開頭，「不過儘管有這樣的警告，我越思考最近四十年和接下來的四十年（這是任何批評家應該關心的最低限度的時間跨度）的藝術，我越深信立體主義的問題是一個 —— 可能也就是唯一的 —— 根本問題。」[30] 立體主義是多重觀點的藝術，是呈現過程而非實質的藝術，因此立體主義將視覺藝術從時代謬誤中解放出來。像是橫跨科學、心理學和政治學的平行發展（不過跟表現主義的「扭曲」或者伯格在行動繪畫中看到的「機遇崇拜」不一樣），立體主義者關心的是「建立」而不是「摧毀」知識。發現 —— 他早先定義寫實主義時的核心概念 —— 因此增添了更為華麗的變形。立體主義者看見的自然不再是在地的、私人的或是臨時的（左拉稱之為「透過一種氣質看見自然的一

個角落」），而是根本的、本體的**真實**。這個真實屬於事物的本質，就科學的意義來說。

　　既是預言又從容不迫，立體主義畫家用新語言對伯格說話，揭露出藝術創作本身的哲學視野。一幅畫能夠如此強力然而謹慎地飛越過四十年的鴻溝，以現在式甚至未來式發言，勢必會讓批判方法的通常輪廓變形：彷彿他新生感知引發的熱情映照在藝術的浮力裡，同時是受這股浮力鼓舞。（「我們會看到每一位批評家與某件藝術作品相像。」畫家安德魯‧福吉寫著，「我認為伯格寄宿在一尊利普茲〔Lipchitz〕的晚期銅雕裡。」[31]

　　這股新興能量推動伯格在《新政治家》最後兩年進行一系列關於立體主義和後立體主義藝術家的鑑賞。有點像是知性打包，在出發旅行之前把預感塞進印花背包裡。他讚美萊熱是真正的繼承人，承襲了立體主義派的信心。他稱許札德金（Zadkine，譯註：出生於俄國後歸化法國的雕塑家）的鹿特丹紀念雕塑是「辯證的傑作」。（「它帶入時間。」他說，「這麼做的理由是，做為藝術品它整個概念是建立在對於發展和改變的覺察上。」）[32] 即使在他不是直接書寫現代時，他的新語彙也發揮作用。在某篇文章中，伯格談到他參訪重新開幕的那不勒斯卡波迪蒙特美術館（Capodimonte Museum of Naples）的經驗：走過一個個展廳，穿越已逝的世紀，他突然直覺到現代生活越來越擴大的疏離，文化和自然畢竟走上了不同路徑。這樣嚴酷的展望，只會以甚至更強大的力量提升那些二十世紀藝術家所相信的，以伯格的話來說，「新聯盟是可能的」之重要意義。[33]

　　在他為《新政治家》撰寫的最後一批文章其中一篇的結尾，發表

在他永遠離開英國前不久，伯格談到他相信立體派的革命意義：「這是個開端，證明我們這個時代最好的藝術不是隨機的人格和氣質的結果。我盼望其他人，比我有更好的配備，現在可以更深入去論證這個主張。我深信這是一個關鍵論點。」[34]

一九六一年，伯格跟隨安娜·巴斯塔克到日內瓦。聯合國邀請安娜在那裡工作。這對夫妻開始組建家庭。一九六二年，女兒卡提雅（Katya）誕生，一九六三年，兒子雅各（Jacob）加入。伯格停止寫藝術評論多年。他又出版了兩本小說：《克萊夫的腳》（*The Foot of Clive*）和《寇克的自由》（*Corker's Freedom*）。但是兩本都沒有引起什麼關注。在寫給一位年長作家的信中他談到自己的掙扎：「這是一場掙扎。」他說，「因為我從事藝術評論樹立了那麼多敵人，現在放棄藝評冒犯了秩序感。我把自己放逐到這裡，除了少數珍惜但是沒有權力的朋友誰都沒有來往。但是同時我們必須書寫和盼望。」[35]

除了小說，離開英國的頭幾年呈現出一段相對沉默的時光。文件檔案可以追蹤的很少。有好幾年伯格沒有可以倚靠的固定出版社。他斷斷續續現身英國電視，跟上英國的知識潮流。不過日內瓦是安靜的城市，與他在倫敦的生活相比，非常遺世獨立。

同時，放逐的安靜有其益處。比較不受制於社會面具；保留的少數關係更加緊密；新的語言進入你的血液裡；會淹沒在都會之中的聲音可以聽見；召喚過去變得比較容易；有更大的耐心展開計畫。

這樣的蛻變在公開層面可以從伯格的散文中看出來，不過蛻變的私密核心，如同轉輪的軸心，是他的新太太。出生時名字是安娜·齊

瑟曼（Anna Zisserman），巴斯塔克身上烙印著歐洲狂暴的過往，首先因俄國革命逃往維也納，之後躲避納粹出亡英國。她在英國獲得獎學金去到牛津研讀現代語言。等到伯格遇見她時，是在一九五〇年代晚期，她已經結過婚又離了婚（保留巴斯塔克的姓氏），同時從事俄文、德文和法文的翻譯工作。[36]

在西方思想中有一悠久而不幸的傳統，那就是聰慧的女性讓自己在智識上的野心從屬於她們的丈夫。在伯格—巴斯塔克的婚姻中兩人是如何在智識上分工，我們只能猜測。無法否認的是，在她的先生塑造新的歐洲身分認同同時，她的影響，更不用說她的支持，非常關鍵。經由她的譯作和博學，歐陸思想的悠久傳承從諾瓦利斯（Novalis，譯註：德國浪漫主義詩人、小說家、哲學家）到黑格爾（Hegel）到海德格（Heidegger）融入伯格的觀點裡，讓他觀看藝術和自然以及書寫這個世界的方式，帶有歐陸思想的色彩。

她的成就之廣仍然沒有得到公正的頌揚。巴斯塔克是對新左派無比重要的譯者。加上其他幾人的努力，她協助把休眠的馬克思主義傳統帶回主流裡。跟伯格結婚期間，她完成不少重要著作的第一版譯本，包括華特・班雅明的《了解布萊希特》（*Understanding Brecht*）、喬治・盧卡奇（Georg Lukács）的《靈魂與形式》（*Soul and Form*）和《小說理論》（*The Theory of the Novel*）、伊利亞・愛倫堡（Ilya Ehrenburg）的回憶錄第一冊（一八九一～一九一七），以及威廉・賴希（Wilhelm Reich，譯註：奧地利出身的美國心理學家，試圖結合精神分析與馬克思主義，提出「身體盔甲」的概念，將身體帶入心理動力學之中）的《什麼是階級意識？》（*What is Class*

Consciousness?）。跟她的先生合作，她也翻譯了一本布萊希特的詩集。

　　兩次大戰之間人才輩出風起雲湧的中歐彷彿是神話國度。在倫敦，透過與弗瑞德里克・安塔爾和彼得・佩里等流亡者的友誼，伯格知道了布達佩斯傳說般的「*Sonntagskreis*」，也就是「星期日集團」（Sunday Circle），同時認識了其中最傑出的成員喬治・盧卡奇無可比擬的聰明才智。這名哲學家和批評家的理念大大制約了他早期對寫實主義的支持。然而現在，經由挖掘埋藏的論戰，新的觀點浮現了。每一本接續而來的譯作，尤其是布萊希特和班雅明，似乎都在挑戰盧卡奇思想的霸權，或者至少是變得複雜了。在新左派叢書引介盧卡奇─布萊希特大辯論給新世代學生之前好幾年，伯格就在自己的起居室領教了相同的文本。

　　在他們結婚期間巴斯塔克也翻譯了奧地利共產黨異議人士恩斯特・費希爾（Ernst Fischer）的著作。費希爾一度和伯格成了朋友。費希爾早期的政治活動和逃離法西斯主義的遭遇類似多年來伯格尊敬的許許多多難民的個人歷史。在第二次大戰期間，費希爾住在莫斯科的豪華酒店（Hotel Lux），他在那裡無辜牽連到反對史達林的陰謀裡，因此切身經驗了疑神疑鬼的極權主義者驚恐。後來他在奧地利共產黨擔任文化職位。對伯格來說，他是可以代表有機知識分子的化身：既有行動又有學問的人，近身活在歷史事件當中。透過他在阿爾卑斯山的夏屋招待伯格和巴斯塔克，陪伴前者長時間散步沉思默想，費希爾成為這位比較年輕的批評家某種程度的父親角色。

　　費希爾的狀況是奇特的。現在世人差不多遺忘他了（詹明信在《馬克思主義和形式》〔*Marxism and Form*〕的開頭提到他，說他

是一位在夜校比在研究生研討會自在的批評家——這番評語費希爾可能會當成是讚美）。[37] 不過伯格認識他的時候，他的著作可是被廣泛閱讀。巴斯塔克在一九六三年翻譯《藝術之必要》（*The Necessity of Art*）時，企鵝出版社同時在英國和美國發行。以這本書和其他著作為基礎，費希爾成為那個時期所謂的「異端馬克思主義者」當中，能見度最高和最直言不諱的典範之一。

費希爾為伯格與其他左翼人士打開的局面是，有信心去擁抱獨立與反蘇聯的馬克思主義形式，徵召而非拒絕現代主義藝術。「我們不應該把普魯斯特（Proust）丟棄給布爾喬亞世界，也不應該丟棄喬伊斯（Joyce）、貝克特（Becket），更不用說卡夫卡（Kafka）。」費希爾在一九六三年一場捷克文學會議上宣布，「如果我們許可這樣的丟棄，他們就可以用來反對我們。如果我們不許可，這些作家就不會幫助布爾喬亞世界，他們會幫助我們。」[38] 這種見解引發軒然大波，尤其是在東歐的死硬派之間（費希爾的著作在東歐是禁書）。一名東德批評家表示，他在重新評價卡夫卡中看見的不是即將來臨的春天，而是「只有蝙蝠在黑夜降臨時飛出來」。根據記載，費希爾充滿嘲諷地回擊：「你是否要給予卡夫卡居留許可？」[39]

對伯格來說，放肆無禮從來就不是問題。儘管如此，在美學家之間擾動一池春水是一回事，在共產主義者的圈子惹是生非就完全不是那麼回事了。即使遲至一九六一年，關於他新理念的政治正當性，他仍然有某種程度的惴惴不安。在那一年一篇很少人知道但鏗鏘有力的文章中——〈社會主義藝術的問題〉（'Problems of Socialist Art'），發表在《勞工月刊》——他強力重複自己的主張：左翼有必要寬容地

重新思考視覺藝術的現代主義。當然，他的**理論**立場已經深化了，但是他仍然小心翼翼迴避背叛信仰的心頭恐懼。

「這是一篇非常難寫的文章。」他這麼開頭，「很容易就遭到誤解。無論如何，我決心冒險，因為可能的收穫非常之大。」[40] 在開場保證團結一致之後，伯格回到他看到的問題核心：「我們可以貶低表現主義派以及他們追隨者的作品，認為那些只不過是布爾喬亞文化頹廢的表現嗎？這差不多就是普列漢諾夫（Plekhanov，譯註：俄國哲學家和革命家，首先將馬克思主義引進俄國）做的事。或者我們是否可以在這樣的作品中發現，透過辯證，矛盾中出現了正面和進步的可能性？這些可能性一旦揭露出來就無法忽視。」[41]

文章其餘部分——伯格仍然承認應該視為「只不過是起個頭開啟一場討論」——表達了他的最新研究成果：現代主義者過程導向的認知，以及主體與客體之間「必然存在的辯證」。這種在本體論上的全盤轉換——從實質到過程、物件到事件、存有到形成——結果意外地符合馬克思主義哲學家傳統上總是把焦點放在整體性（對於整體現實的了悟）而不是獨特性（呈現孤立的事實）。經常被貶低為碎片化的可以反過來看：畫布從起始到達複雜，由此產生了所有的現代經驗。這不是拿自然來交換心智的問題，而是認知到兩者缺一就無法正確理解。為了把政治上的引申說到透徹明白，文章甚至引用萊熱來當卷首語：「真相是由現實中一個現象所有面向的整體，以及它們的相互關係形成的。」

實際上，伯格的論文呈現出他初期的嘗試，把他在《新政治家》最後兩年勾勒出來的藝術—批評理念，整合進一個清楚的馬克思主義

框架裡。這項計畫變得十分清楚，不僅僅牽涉到重新評價現代主義派的作品（這只是一半的圖像），還要重新評價貶抑現代主義的馬克思主義批評家。特別是，這個問題——借用伯格的語言——導回到盧卡奇身上，這位鑽研整體性和寫實主義的偉大理論家，以及他本人概念上的創新是如何運用和錯誤運用在實踐上。

　　盧卡奇是比普列漢諾夫或日丹諾夫（Zhdanov，譯註：史達林時期，官方文化政策的主導者）更多面的批評家，但是關於文學的現代主義，他的立場類似。伯格在《勞工月刊》的文章不明言，然而清楚地反對了盧卡奇思想中的幾個主張。「寫實主義的作品必須描繪典型而不是偶然。」他同意，「不過當畫家已經找到典型——找到正確的題材、正確的人物、正確的行動、正確的氛圍——接下來他會以完全相同的方式來繪製他的畫作彷彿他從來沒有超越只是描繪偶然嗎？」[42]「實際上，」他後面說，「理論家、文化官員和策劃者一直把寫實主義看成彷彿它是自然主義應當做到卻沒有達成的目標。」[43]伯格越來越不滿意這套基本模式，不久他就會完全拒絕。

　　「那會是全然的胡說八道，」布萊希特著名的一段話指出，「說在藝術上不應該看重形式和形式的發展……我們現在蓋房子的方式不同於伊莉莎白時代，因而我們營造一齣戲的方式也不一樣。」[44]梅洛—龐蒂（Merleau-Ponty）以相反方式達到相同論證。「譴責形式主義當然是正確的，不過通常會忘掉形式主義的謬誤不是過度尊崇形式，而是太不尊崇形式，以至於讓形式脫離了意義。」[45]在《藝術之必要》中，費希爾一再呼應這樣的理念，大篇幅引用布萊希特和班雅明，而明顯略過、一次都不提及盧卡奇。注意到費希爾的書

在英國問世是「緊隨著」盧卡奇的著作《歷史小說》（*The Historical Novel*，一九六二年）和《當代寫實主義的意義》（*The Meaning of Contemporary Realism*，一九六三年）之後（費希爾的著作直到當時才有英譯本），英國文學批評家史丹利・米契爾（Stanley Mitchell）呼籲拿費希爾來對質盧卡奇以及其他西方馬克思主義理論家——而且要跟新近挖掘出來的許多傳統，以及英國獨特的本土傳承「深入對質」，他補充。[46]

現在我們應該靈光一閃想到了，米契爾所呼籲的正是伯格在做的事。他關於現代主義的再思考，恰恰是在那些對決的斷層線上升起的。而如果他的解讀今日對於當代學者不再有什麼影響，那是因為它的功能比較不是學術著作，而是哲學上的「讀畫詩」（*ekphrasis*，以文字詳細描述視覺藝術作品）延長的展演——畫作充當入口，通過畫作可以達到新的綜合。面對立體主義，伯格經驗到里爾克（Rilke）所說他在塞尚作品面前的感受：一場清晰的大火。追著讀他關於現代主義的論文經歷新左派的崛起與沒落，就是見證歐洲油畫的悠久傳統消融於一套新的形上學的高熱之中。**一切堅固的都會煙消雲散**（All that is solid melts into air，譯註：美國作家馬歇爾・伯曼〔Marshall Berman〕有本關於現代主義的著作：《一切堅固的都會煙消雲散：現代性的經驗》，書名引用自《共產黨宣言》）。這不也是在描述繪畫嗎？

「現實會改變。」布萊希特在一九三〇年代寫著，「為了再現現實，再現模式必須改變。」「寫實主義只能在既定的情境內加以界

定。」這是伯格隱含的致敬，「它的方法和目標總是在改變。」[47]

　　而改變無可否認的已經是山雨欲來風滿樓。在六〇年代，時代精神這個概念強力回歸。接棒前衛派的下一代宣告他們的存在，而知識分子歡呼宇宙的蛻變：從印刷到電子文明、書寫到視覺文化、父權到性愛多元、古典音樂到搖滾的各種轉移。類似規模的滄海桑田發生在地緣政治：古巴革命、剛果解放、阿爾及利亞獨立。隨著新左派漸漸囊括西方的反文化、東方的文化解凍以及南方的反帝國主義運動，伯格帶著新發現的肯定回歸現代主義陣營，相信區隔過去與現在的歷史冰河時代正在融解。半世紀以來看不見的翻天覆地大變革突然露出面目，越來越空洞的社會結構崩塌了。「愛因斯坦的天才，」畢卡索曾經指出，「引路到廣島。」然而這是必要的嗎？或者，如維克多・塞爾日（Victor Serge）在《從列寧到史達林》（*From Lenin to Stalin*）中詢問的：「以解剖時在屍體上揭露的死病菌來裁判活人……這樣很明智嗎？」

　　因此對伯格來說工作上總是雙重曝光，而他中年階段的馬克思主義－現代主義畫出一條雙線道。一方面滿懷期待，然後直接對質，最終回首追憶一九六八年夢幻般的革命；另一方面，他的書寫存在於已成定局的過去：發揮想像力向上游，游到社會主義者和現代主義者宏偉計畫的源頭（布爾什維克主義和立體主義）以檢測來源的真實構成，在水流變得混濁和有毒之前。在伯格心裡這雙生的歷史從未遙遙相望。而且我們慢慢明白關於二十世紀共產主義的命運他不同意的說法，他會拿來訴說現代藝術的命運；而且他在藝術上還無法抱持希望的，他會在政治上懷抱這樣的希望。[48]

一九六五年由企鵝出版的《畢卡索的成功與失敗》（*The Success and Failure of Picasso*）標記了伯格重新出場。獻給他的妻子安娜、恩斯特・費希爾，以及「麥克斯・拉斐爾的記憶」，這本書致力於從畢卡索的聲譽中清除光環以探索他的成就和短處。這是大膽的計畫。絕大多數的媒體報導聚焦在伯格膽敢背離這樣的大師通常會引出的那種聖徒行傳。「伯格的寫作好像是豎起毛來戰鬥。」一位書評這麼說——彷彿他在場邊觀戰。「他跟蹤畢卡索如同麥克德夫（Macduff，譯註：莎士比亞《馬克白》劇中人物，最終殺死了馬克白）潛行在馬克白身後，決心要刺穿他的獵物已經被允許活得太久的幸運人生。」[49]

事實上這本書沒有那麼好戰。伯格書寫的核心與其說是畢卡索這個人，不如說是他象徵的意義：他無限的才華、他政治立場的模糊、他的財富與名聲帶來的扭曲。在上述每一點，這名畫家都成為整個現代藝術的替身。（「因為畢卡索擁有這樣的地位，」伯格多年前寫過，「對他的作品每一樁錯誤詮釋都只會增加當代對藝術整體的錯誤理解。」）[50] 因此《畢卡索的成功與失敗》不只是做為讓人站上去各抒己見的肥皂箱，也是用來越辯越明的論壇。書的特色是一大段一大段離題去論述二十世紀美學的本質、構成藝術的自然內容是什麼、純粹抽象的「無地方性」（placelessness）等等。這些離題的論述中最重要的是一長達三十頁的段落，大約在這本書的中段，探討了立體主義的政治和哲學意涵——伯格稱之為畢卡索工作生涯的「大例外」。

伯格說，立體主義藝術仍然是迄今產生的最先進創作。唯一能相

提並論的是文藝復興時期的藝術。而且如果十五世紀的義大利藝術只能根據科學、哲學和新人文主義的同步發展來了解，立體主義也只能根據量子物理學、懷海德（Alfred North Whitehead）的歷程哲學，以及馬克思和列寧的革命預言來理解才有意義。（最後一項對應最出人意表，但是非常適切，這正是他最具野心的追求。）為了推動更深入的比較，他把畢卡索的《有藤椅的靜物》（*Still-life with Chair Caning*，一九一二年）跟十五世紀安傑利科（Fra Angelico）一張祭壇畫並置。明顯的差異當然讓這樣的對比駭人聽聞。《聖尼古拉的天職》（*The Vocation of St Nicholas*）以幾何透視法描繪一宗教場景；而畢卡索的混合媒材拼貼畫看起來「比較像是從空中看見的地景」。但是在兩幅畫作中他都找到了新意和發現：形式的清晰讓人欣喜，還有耳目一新的客觀性，一切都源自於領會了新的真理。正如同安傑利科修士反映了義大利城邦對於「新人文主義的應許」，畢卡索的靜物誕生於伯格所說的「現代世界的應許」。「在五個世紀之間沒有任何作品可以相比。」他寫著。[51]

　　根據伯格，立體派的重要意義幾乎不可能言過其實。就他所看到的在眼界上近乎聖經。匯集了各種類比——歷史的、藝術－歷史的、以及最終哲學的——他建立了站得住腳的論據，將立體主義改寫成不是繪畫上抽象主義的父母，而是革命夢想的孤兒。曾經在《新政治家》書頁上匆促勾勒的類比現在賦予了比較重要的分量——儘管節奏還是輕快。他清點了世紀之交加速的發展：新材料的大量生產；汽車、飛機和電影的發明；都會的新感覺中樞以及不同以往的空間和時間經驗；壟斷資本的鞏固；殖民帝國的快速擴張；「遠距作用」

（action at a distance）的提出和「場域」（the field）的概念；相對論和量子力學的科學革命；現代社會學和心理學的誕生；充滿信心的社會主義國際崛起。

上述一切建構框限了立體主義的興起，如同它們當然也框限了橫跨各種藝術的現代主義的興起。伯格認知到不可能指稱這些新興事物而不同時思考後續造成的破壞：兩次世界大戰、大屠殺、法西斯主義、極權主義、原子彈。「立體派的成就之巨大在西方世界沒有獲得賞識。」他說，「因為我們強烈的不安全感和**焦慮**壓倒一切。」[52]（「在蘇聯沒有獲得賞識，」他補充，「因為在那裡關於視覺藝術的官方觀點依舊停留在十九世紀。」）[53] 不過他請讀者想像烏托邦式的潛在抗衡力量。他在這裡放入歷史，並且以明確的馬克思語彙來描述。「到了一九〇〇或一九〇五年，我們的失望和恐懼的尺度已經固定。」伯格寫著。壟斷資本主義牽涉到「在前所未有的規模上做計畫，並且隱含著把全世界看成一個單位來處理的可能性。這就把人們帶到一個點上，讓他們可以確實看見方法，去創造一個實質平等的世界。」[54]

根據馬克思和恩格斯，在注定邁向共產主義的進展中，工業資本主義是必要階段。工業資本主義為社會主義鋪好結構上的地基（集中、有組織的勞動力），同時也引發革命所需要的哭號（失業和生產過剩）。伯格的論證不是要為這項著名的決定論背書，也不是要核可後見之明的聽天由命：那是左派憂傷帶來的恆久灰心喪志。他所爭取的是一塊想像空間，無論多麼臨時，可以懸置無情的半世紀內建的悲觀主義。他的論證大致如下述：儘管革命無法如期到來，即使在人

們認為條件最成熟的地方，想像革命來臨的期待激發了火花。現在火
花已遠，然而間接保存在藝術裡，可以防止我們接受現況是不可改變
的。畫作或許就像方舟：建造起來儲存一百年的希望，以面對戰爭的
洪流。

　　伯格的現代藝術地圖是手繪的草圖，不是地圖合集，也不是地
名辭典。這張草圖同時是局部和偏私的：簡化以求清晰，政治化以求
效果。或許因為率直，以及意料之外的力量（在多年冷戰制約後的意
料之外），這本書也有強大的說服力。從大蕭條之後，西方民眾已經
受到教導把現代主義視為政治上無用或是菁英主義，而做為「地上的
鹽」（salt-of-the-earth）的寫實主義是左翼唯一真正的專用體例。藉
由拋棄這個框架和朝著全新的航向出發，伯格的平裝書打開一整個世
代的眼睛，讓他們看見長久以來忽視或者常常受到壓制的可能性。這
有可能是誇大其辭的第一關卡效應，然而正因為是誇大其辭，幫助我
們清除了障礙，迎接正在路上較為複雜的政治現代主義，以及從那之
後已經出現的學術上重新評價。舉個例子，就在最近，T‧J‧克拉
克（T.J. Clark，譯註：英國藝術史家和作家，經常自稱是馬克思主
義者）提出跟伯格大致相同的類比，只是顯得比較陰鬱地隱晦。他暗
示，現代主義和社會主義都參與了「拚盡全力然而大概是徒勞的鬥
爭，企圖想像不一樣的現代性。或許是真的，如果實際上資本主義沒
有終結存在的可能性，無論是以如何醜惡或可悲的形式，就可能也可
以沒有現代主義。」[55] 儘管克拉克是在二〇〇一年懷抱著精進過的宿
命主義寫作，而伯格是在一九六〇年代中期以千禧主義的熱情書寫，

兩人都是從極為相似的直覺展開立論。伯格在一九五六年提出的問題依舊等待公開辯論：**但是話說回來為什麼需要這麼多的原創性？如果社會革命達成了，原創性還會走到這麼極端嗎？**

　　歷史的類比幫忙提了詞但是沒有回答問題。把阿波里奈爾（Apollinaire，譯註：法國詩人，超寫實主義先驅）和列寧擺在一起，如伯格的作法，是提出一個清楚的修辭上的論點。兩人都以神諭般一概而論的詞彙發言；兩人都表達了對未來狂熱的信任。但是現代主義的**美學**呢？立體派**繪畫**的革命內容呢？這裡伯格直接借用兩次大戰之間的批評家麥克斯・拉斐爾的思路。有一名學者總結，拉斐爾假定「從十九世紀留傳到二十世紀的最重大藝術問題，是如何結合唯物主義和辯證法」。[56] 拉斐爾指認庫爾貝是第一位領路人，塞尚是第二位，不過寫於一九三三年，他相信還要歷經漫漫長路，適宜的馬克思主義美學才能到來。

　　伯格實質上重述了拉斐爾的意見。不過雖然拉斐爾認為美學重新評估的問題尚未解決，伯格把立體主義看成是這位德國批評家所認定缺少之綜合。說到庫爾貝和塞尚，伯格這樣寫著：

> 　　今日兩名典範各自有追隨者。全世界絕大多數的繪畫要不是平庸和機械式的自然主義作品，就是抽象畫。不過有幾年，從一九〇七年開始，這兩者結合在一起。儘管莫斯科在史達林和後史達林時期關於繪畫的宣言充斥著無知和鄙俗；儘管事實是這兩位藝術家絕非馬克思主義者，我們有可能也是合乎邏輯地把那幾年的立體主義界定為繪畫上辯證唯物主義的唯一典範。[57]

即使附加了說明而且用詞謹慎，上述結論有意攪動一池春水。有些書評家被激怒了，其他則是樂翻天。讓這個界定引起如此強烈分歧的正是讓伯格關於畢卡索的斷言如此爭議的同一原因：兩者的爭議都是源自於這個主題關係到「正典」的地位。立體主義是二十世紀現代主義的原始版本，如果翻轉到這個或那個陣營，現代藝術的整個傳承就會需要重新檢視。

沒有人爭執立體主義的重要性。爭執的是（有時候大張旗鼓）它精確的意義。普遍的共識依舊分兩部分：一般認為立體主義的出現標示了無法逆轉地拆解了幾何透視法，而幾何透視法是文藝復興之後西方繪畫的運作體系；同時，立體主義也預示了純粹抽象，以及媒介－反身（medium-reflexive）的「劇場性」（theatricality）在二十世紀藝術的興起。實際上，立體主義讓畫作扁平化，也讓它自我覺察。不同的批評派別略微改變這些範式以達到自己的目的。立體主義擁有開創性地位的部分原因──或機制──正是源自於它詮釋上的延展性（可以隨意拿捏）。對作品來說如此根本的圖像變動就映照在評論的水平上。許多藝術可以說是我們在談論的批評家或批評流派的羅夏克墨跡測試（Rorschach test）。而對立體主義來說，幾乎就是不折不扣這樣的狀況。

「在所有藝術之中，繪畫最接近哲學。」伯格在他最著迷立體派的時候這麼說。而立體主義也反過來讓他成為哲學家。[58] 他確認立體主義符號學和展演的面向、新材料的運用、雅俗的混合，非洲母題的援引、玩笑成分，以及滑稽地賣弄布爾喬亞品味。不過這些都是點到

為止，沒有深入探究。他的分析反而是環繞著感知和本體論的問題。與文本並排，複製的畫作提供了視覺見證來支持論點，彷彿他仰賴圖像來證實他的推測，或是呈現幾乎無法用言語表達的意思。效果就是充滿創意的對位形式，散文做到了綜合，往往不怎麼複雜，而畫作提供了無聲且無可爭議的根據。不像其他以浮誇言詞知名的前衛派，立體派對於自己的作品保持沉默。伯格的朋友，畫家彼得‧德‧法蘭西亞（Peter de Francia），把這種弔詭說得好：「他們的不確定來自於，事實上他們畫作中隱含的前提只能經由畫作本身來驗證。」59

　　在某一處，伯格的文本完全讓位給按照時間順序排列的圖像。從塞尚的《沐浴者》（Les Grandes Baigneuses，一八九八～一九○六年）和畢卡索的《亞維儂少女》（Les Demoiselles d'Avignon，一九○七年），我們沉默地瀏覽一系列裸體、風景和人物肖像，這些畫作是在分析性立體主義的高峰完成的。最後停駐在畢卡索混合媒材的拼貼《小提琴》（The Violin，一九一三年）。在論文中精心編排視覺圖像，用意是捕捉區隔了二十世紀和十九世紀的圖像創作上的革命。就像定格的連續畫面，由此展現了一個**觀念**逐步的發展——我們看見這個觀念的完整意涵擴散、強化和生根。不過這個觀念的意義是什麼？它如何能夠表述出來？它如何能夠符合伯格期待的世界—歷史大掃蕩？

　　答案再度把我們帶回喬治‧盧卡奇和許許多多後黑格爾的競爭思潮。馬克思分析了商品崇拜，之後，盧卡奇大大拓展了物化的性質，或者「變身為『物件』，而原本自身並沒有是一物件的模式」。60 他把物化的趨勢看成是中產階級意識的主導標記：誤認一個社會現實

是永恆和客觀的,而其實只是人際關係的現存產物。馬克思主義辯證法的厲害之處在於,有能力揭露我們假定為堅固的社會力量之下的構成網絡。如同盧卡奇在《歷史和階級意識》(*History and Class Consciousness*)中最精闢的段落中所寫:

> 因此,社會現實不是客體,而是人與人之間的關係,這種認識強化到一個程度,事實就會全部融解為過程。但是如果它們的存有狀態看起來像是生成過程,不應該解釋為一抽象的永恆變動橫掃一切,這不是空蕩蕩的真實綿延(*durée réelle*),而是那些關係不間斷地產生與增生,如果剝離了它們的脈絡並且經過抽象心智範疇的扭曲,可能在布爾喬亞思想家看來那就是物件。[61]

統合的覺知引導他頓悟。「如果,以黑格爾的語彙來說,生成現在看起來是存有的真相,而且過程是關於物件的真相,那麼這意味著歷史的發展趨勢構成了較高層的現實,而不只是經驗上的『事實』。」[62]

同時不只是盧卡奇。極為類似的反實證主義可以追溯到一九二〇年代其他精彩的反笛卡爾論述,特別是懷海德和海德格的專著。兩人以各自的方式企圖建立的哲學論述,相當於伯格四十年後從立體主義解讀出來的:擺脫智能的靜態抽象思維,達成思想的動態解放——盧卡奇透過**辯證法**;懷海德透過**創造力**;海德格透過「**此在**」(*dasein*)和「**存有－在－時間**」(*being-in-time*)。就盧卡奇來說,他把**生成**(*becoming*)看成是歷史的和政治的;懷海德的生成是宇宙的和科學

的；海德格則是個人的和神聖的。不過他們的目標都是取代在他們眼中僵化、停滯和異化的十九世紀科學主義——這種科學主義跟深度經驗的整體實相失去聯繫。

在整個一九六〇年代，伯格一再談起類似的革命：「我們整體思考和詮釋模式上的革命。過程掃蕩了所有固定狀態；至高的人類屬性不再是知識本身，而是對於過程自覺的覺察。」[63] 立體派描繪（以反常的笨拙措辭來說）一切**居於中間**的事物。他們存在的時刻「巧合得令人吃驚」，當時其他領域的其他思想家都同樣在挑戰「其他的固定範疇，在這些範疇裡現實被區隔開來」。[64] 這些範疇，他寫著，「已經變成心靈的牢籠」，讓人們無法理解現象與事件之間「連續不斷的作用與交互作用」。[65]

經由畢卡索和布拉克（以及塞尚，或許還有斯塔埃爾〔De Staël〕）的畫作協助，伯格開始認真看待視覺（原始意義的視覺）顯示給他看的東西。如同視覺顯示給其他人的，他們停下來篩選從視神經湧入的訊息，加以分類整理，就像從前採礦者的掏金方式。「我們必須實事求是看待視覺教導我們的。」梅洛－龐蒂寫著，「也就是，我們接觸到太陽和星星，我們同時在每一個地方。」[66] 這是一種旅行，是重新開啟感知的敘事，如同任何人實驗過迷幻藥都可以告訴你的。（「『劇痛』這個字眼和感覺在我走過花園時淹沒我。」麥可．波倫（Michael Pollan，譯註：《雜食者的兩難》〔The Omnivore's Dilemma〕作者）最近寫到他攝取迷幻蘑菇的經驗，「我們平常的自我意識是一個主體在觀察空間裡的客體——這些客體因為環繞它們的明顯空無變得鮮明並且分離開來——原來的自我意識讓位給深入在裡

面同時完全涉入這個場景的意識，多了一個存有連結到無數的其他存有，也連結到整體。」）[67]

如果準備妥當，立體主義——儘管伯格本人迴避藥物——可以像是一趟迷幻之旅或是覺醒：抵達真相的熔融層的旅程。立體主義不只能幫助驅散自我，還能「**去－物化**」（re-reify）這個視覺世界。伯格表示，立體主義是唯一探觸到整體的藝術，揭露了感知比較深的底層。空間的扁平化和碎裂；圖畫裡面各個平面的不連續性：畫布上明顯的兩個維度；空間視角的蒙太奇。從上述一切我們認識到圖像的**製成性質**（絕大多數批評家聚焦於此），不過我們也進入一個處於不斷抵達狀態的視覺領域，物體永遠在出現同時更新自己，在我們組織上的感知能力可以把一切迅速移回堅實的地方之前。「不過現實非存有，」盧卡奇說，「現實**是生成的**。」[68] 或者，如伯格寫的：「與其問一幅立體派畫作：是真的嗎？或者是真誠的嗎？我們應該問：它延續嗎？」[69]

伯格後來說，他離開英國以便成為歐洲作家。在過程中他也成為新型的思想家——比較形上學然而卻更接近土地。這是隨著他選擇的放逐地點以及他如何想像那個地方產生的悖論。儘管以日內瓦的郊區為基地，他六〇年代中期大部分時間待在沃克呂茲的山區，尤其是拉柯斯特村莊（lacoste），兩位畫家朋友，彼德‧德‧法蘭西亞（Peter de Francia）和史文‧布洛伯格（Sven Blomberg）在那裡有房子。而向東走一小段路在奔牛村（Bonnieux，或譯博尼約），棲息於呂貝宏山坡的小鎮，有一段時間伯格和巴斯塔克在那裡有自己的房子。伯格

認識的法國是陽光和紫丁香之地，不過在他心裡法國也永遠是卡繆、沙特和梅洛－龐蒂的家鄉。現象學是感官和概念之間的樞紐：看見的和看不見的。「風景，」塞尚說，「在我身上思考自己，而我是風景的意識。」

　　一九六五年，論述畢卡索的著作問世的同一年，當時擔任《新社會》（*New Society*）副總編輯的保羅・巴克（Paul Barker）邀請伯格成為雜誌日益擴大的藝術和文化版面的固定供稿人。他可以選擇任何主題來寫作。伯格再度獲得舞台。然而不像他流連在倫敦畫廊的時光，放逐的距離為他的散文注入一種比較有耐心、私人、而且往往詩意的探問精神。比較少戰場要去爭個對錯——雖然有好幾個議題從未消失——比較多的路徑要去探究，還有謎團要去解開。常常有人指出，英文「essay」（論文）這個詞源自法文的動詞「*essayer*」：嘗試或試探。

　　幾乎伯格所有最心愛的文章（因為收錄在他的許多選集裡）最初都是出現在《新社會》：那些著名的思索，關於攝影、動物的外貌、保羅・史川德（Paul Strand，譯註：美國攝影大師）、庫爾貝和特納（Turner，譯註：英國浪漫主義風景畫家）。有一篇文章他只是談到在曠野的經驗：「曠野的陸台（大陸棚），蒼綠，很容易抵達，上面的青草還不高，貼上藍天，通過藍天黃色增長創造出純粹的綠，世界盆地含容的表層顏色，伴隨的曠野，海天之間的陸台，正面覆蓋著一簾印在上面的樹，邊緣易碎，角落成圓弧，以熱度回答太陽。」[70]

　　喚出的聯想幾乎是屬於惠特曼（Whitman）。不過在當時，以畫家的調色板為曠野著色之後，他繼續以邏輯學家的縝密圖解那段經

驗。感受和聽到的所有事物互相連結，證明「每一樁事件都是過程的一部分」，而且只能藉由彼此的關係來界定。[71]

就是這種混雜的風格——強調感官然而用腦——讓伯格不只獲得認可，還有愛戴，忠誠的追隨者遠超過知識階層的封閉圈子。他的語言從來不會散發研討會或論壇的強烈氣味。曠野對他來說就是字面所指的地方。

在這個十年的開始，就好像伯格把他的重量從一隻腳移到另一隻腳，測試新的、比較地中海風度的平衡——更加遠離喋喋不休的階級，然而比較接近土地和歷史——在最後縱身一跳之前。隨著六〇年代擺盪到最高點，伯格奮力一躍：他獻身與此。他在一間石屋過了好幾個星期；石屋位於呂貝宏山區的背陰處，周圍是無花果樹、果園、雞、犬、蟬和貓頭鷹，他早上下田，下午閱讀哲學。這是瀰漫著大陸思維和感受（思維帶來的感受）的新生活。他為自己找到（以及策劃）的新生活——薰衣草和洋蔥、紅土和共餐的生活。他把哲學上的現代主義帶去野外，讓它曬黑他的皮膚。過程中，他試圖活出海德格所呼籲但是可能本身從來沒有做到的事：讓哲學回到生活裡。革命是要一路下來始終身體力行。

伯格曾經寫過，觀看立體派畫作就是被拉進一連串的浸入式經驗：「我們從表面開始，我們遵循一系列的形式帶我們進入圖畫，然後突然之間我們再度返回表面，把新得到的知識存放於此，之後再展開另一次出擊。」[72] 這也隱喻了他關於立體派運動的多次書寫。就如同立體派從各種視覺角度來捕捉一只花瓶或一把吉他，讓靜物動起

來，他探討立體派畫作的論文見證了新左派的活力。他也從各種角度來書寫，這一次是歷史角度：一九五八、一九六一、一九六五、一九六七、一九六九年。

伯格最後一篇論文——他最終的出擊——是〈立體主義的時刻〉（'The Moment of Cubism'）。直到他過世，這一篇始終是他寫過最經得起考驗歷久彌新的理論性文章。行文輕快內容厚實：作者希望讀者一氣呵成讀完，幫他們的心智通電。

寫於一九六七年，第二年修訂，一九六九年重新發表，這份文本應該視為伯格哲學探索的巔峰之作，同時是他人生中段那神話般一年（一九六八）的作品中最完整的表達。立體派以他們萬事萬物都是內在固有、沒有任何事是固定的觀看世界方式，為二十世紀鋪排了一段哲學引子，表達了慾望，尚未實現，而新的學生和勞工運動似乎衝上前去會合。全世界的照片紛至杳來：五角大廈前的遊行、布拉格之春的旗幟、巴黎左岸的暴動、墨西哥市的示威、里約熱內盧的十萬人大遊行。在年輕人的面容上看不見恐懼，而是一股要行動的意志。這是暗殺、集會宣講、遊行和自焚的一年——這一年的激情我們被告知難以召喚回來，然而在伯格寫的每一個字我們都聽得到這一年的迴響。〈立體主義的時刻〉每一頁都帶著煙草和催淚瓦斯的氣味。這篇論文最初在《新左派評論》刊出，經過改寫成書時，添加了新的引言（口號），還有圖像。在一對頁中，兩幅立體派的人物肖像出現在左頁（一幅是萊熱一九一二年的作品，另一幅是布拉克一九一一年的畫作）；在右頁我們看到切・格瓦拉（Che Guevara）屍體的照片和一名越南農民在槍口下接受審問。伯格無法說得更清楚了：立體主義的

時刻就是**現在**。

在這十年初期發生的文化和概念上的革命，正在轉變成直接而且往往暴力的對抗政府，似乎確證了伯格和其他人嘗試要焊接在一起的完整迴路：從知識、歷史和想像的勞動回到革命的勞動。因此是符合他的風格，雖然伯格出現在那個時期某些事件的現場——他在一九六七年的牛津越南週發表了鼓動群眾的演講；報導了一九六八年的布拉格之春；參加一九六九年在斯德哥爾摩舉行的「羅素會議」（Bertrand Russell conference）——當左派處於極度狂熱時，他做的最多的事就是書寫。距俄國十月革命已經過了五十年，有兩個時刻觸動人心。將這點放在心裡，伯格爬梳過去尋找線索，希望能看出事情在哪裡出錯了，什麼時候昔日的努力遭到背叛，以及如何導回正軌。「我必須堅持面對這些作品時我的感動。」在他最後一篇關於立體主義的論文，他開頭這麼寫，「在我觀看作品時，作品和我的感動被捕捉到、固定住，在時間的飛地裡，等待釋放，然後繼續一九〇七年開始的旅程。」[73] 因此在《畢卡索的成功與失敗》與兩年之後就發表的〈立體主義的時刻〉之間，改變的不是任何關於藝術的分析（只是逐漸成形，像照相底片顯影那樣，輪廓越來越深刻地蝕刻出來），而是跟藝術相關的其他一切：革命的本質、當下的政治潛能、歷史時間的運作。

就是在這幾年期間伯格用文字描繪出一系列他上一世代中歐人物的肖像：維克多・塞爾日（生於一八九〇年）、約翰・哈特菲爾德（John Heartfield，生於一八九一年。譯註：德國視覺藝術家，率先以藝術做為政治武器）、麥克斯・拉斐爾（生於一八八九年）、華

特‧班雅明（生於一八九二年）。這些人都是伯格曾經形容過的馬克思主義知識分子「獨一無二國際兄弟會」成員。「在一九一〇年之後的每張照片你會發現他們的面孔。他們因為閱讀而近視，往往體格孱弱。不過他們知道自己能夠改變世界。」[74] 班雅明尤其特別——他的重要性本身象徵了左派回歸根本原則，越來越不信任既有的意識形態和超歷史法則，伯格稱之為左派的**空窗期**。[75]「空窗期存在於看不見的世界。」他寫著，「在那裡時間是短暫的，為達目的不擇手段的信念之所以不道德來自於傲慢的假設時間永遠站在自己這一邊，因此，當下的時刻——現在的時間，如班雅明所稱——可以妥協或遺忘或否認。」[76] 特別是在班雅明後期的論文裡，歷史這整個媒介經歷了一次迷失方向幾乎是落入幻覺的重組。歷史不再被想像成是連續階段的階梯，反而成為非線性、接近神祕的領域，藉由革命是可能的火光來照亮。對班雅明來說，歷史是「始終存在的競技場」；以史丹利‧米契爾的話來說：「從來不只是『當下的先決條件』（盧卡奇的想法一樣）。」過去的戰役必須一打再打，否則可能再度輸掉。[77] 重新發現他的著作似乎確證了這個論點。在一篇標題為〈從可能的未來看到的過去〉（'Past Seen from a Possible Future'）的論文裡，伯格引用尼采（Nietzsche）的話傳達了類似意思：「我們可能沒有概念哪一類的事有一天會變成歷史。或許過去仍然大部分是未經發現的，仍然需要非常多的追溯力量來發現過去。」[78]

　　同樣的道理適用於過去的藝術——也適用於評論和知識。「知識**有什麼用**？」文學批評家伊芙‧賽菊蔻（Eve Sedgwick，譯註：酷兒理論先驅，著有《與愛對話》〔A Dialogue on Love〕）以相似的精神問，

「追求知識，擁有和揭露知識，再度接受我們已經知道的知識？」[79]

「一切都有可能，每個地方和每一件事。」立體派詩人安德烈‧薩蒙（André Salmon）寫著。或許在某些一觸即發的革命時刻，看起來是如此。有了後見之明，而且在政治停滯的時期，我們比較可能覺察到矛盾。

伯格以兩點保留結束──好像他開始落地──他的論文。第一點保留是關於為什麼他覺得有必要去討論立體主義「彷彿它是純理論」；第二點牽涉到「立體主義的社會內涵──或者比較精確地說，缺少社會內涵」。[80] 他處理這兩點好像它們是不相干的問題，但是合起來看，它們指向比較根本的拉鋸，是長久存在的形式與內容二分法的變形。他殷殷期盼可以超越這種二分法。或者，用不同的說法，自我意識與**對**某樣東西的意識之間的二分法。我對一張椅子的感知，跟我對於這樣的感知的感知怎麼可能是同一件事？如果立體主義是關於視覺本身，它怎麼可能也是關於**我們看到什麼**？

這道問題很快就轉成其他問題：立體派是屬於他們的時代還是超前時代？他們的藝術是例外還是典範？他們是靈視者還是弄臣？如何區辨真正肯定的作品和強加樂觀的作品？或者如何區分「仰賴直覺的真實預言」和「烏托邦式的夢想」？革命有悲傷的餘地嗎？

許許多多左派人士要求只能是完全的蛻變，然而這種思想模式往往會忽略緩慢、日復一日、咬緊牙關的努力和妥協，這些努力和妥協即使在遙遠山那一邊的社會主義樂土也不會消失。這不是用來寬宥中間派那種所有進步必然是點滴遞增的託辭，而是認知到，無論

是藝術或政治上的勝利，都可大可小。從來沒有什麼會像一道終極療方那麼簡單。如同一路回溯到一九五六年，正當他陷入自身危機時，伯格告訴他的同志，即使社會主義也無法防止藝術家受苦於不時產生的嚴重質疑和絕望。這就是身為人的意義。二十年後，他提出類似論點。回顧一九六八年，他談到「拚命的力量」，居伊・德波（Guy Debord，伯格把他比為年輕的盧卡奇。譯註：法國哲學家和導演，「情境主義國際」創始人，深刻影響了左翼思想，一九九四年自殺身亡，享年六十三歲）和整個「情境主義國際聯盟」（Situationist International，譯註：由前衛藝術家、知識分子和政治理論家組成的左翼國際組織）如此耀眼地彰顯出這股力量，但是他們沒有考慮到的是「悲劇是每一天的事實」。以及「要熬過大難」，他說，「需要堅忍，這是耐心唯一正面的形式。」[81] 黑格爾寫過，智慧女神之梟只有在夜幕降臨時才振翅翱翔。

歷史的「停滯－然後－開啟」（stop-and-start）影響了個人生活的希望與苦難，製造出無數傷亡。對新左派來說也是一樣。有一段時間矛盾獲得寬容，甚至是受歡迎的，因為一切都在不斷變動，沒有什麼已成定局。但是當矛盾爆發，以高達（Godard，譯註：法國新浪潮導演）的話來說，它們把一整個世代（以及他們的理想）都拖進來。即使在第一次世界大戰，失敗的革命只犧牲了極少數人，這點同樣適用。「當時我們許多人試圖防禦自己，避開真相的嚴酷。」伯格後來反省。不過幾年之後，真相就昭然若揭了。[82]

然而在政治上，如同在我們個人生活裡，每一個當下的時刻也包含了預期的未來。如果那個未來沒有實現，並不意味著在某個意義上

它不是已然存在了。那個未來存在於暗示的時刻。

　　在世界各地的年輕人走上街頭的時刻，伯格追求超過十年的安身立命理論終於可以進入市場。「犯眾怒的藝術有許多早期的先例。」在他最後一篇關於現代主義的論文接近結尾的地方他寫著，「在懷疑和轉變的時期，絕大多數藝術家總是傾向全神貫注於天馬行空的、不受控制的和恐怖駭異的藝術。」[83] 不過未來不必等同於災難，現代性也不等於沉船。「現代的傳統，植基於人與世界建立了不同性質的關係，不是始於絕望，而是肇端於肯定。」[84]

　　五十年過後，這段文字讓人悲欣交集。當它出現時，就像是一道證明題的結尾處寫著：「證明完畢」（QED）。

4. 分裂的忠誠

總之我也必須找出方法來製造**東西**；不是做作、書寫出來的東西，而是從技藝本身產生的真實。總之我也必須發現最微小的構成元素，我的藝術細胞，實質的非物質手段，用來表達萬事萬物。

——里爾克致露・安德莉雅—莎樂美（Lou Andreas-Salomé）

一九六二年，約翰・伯格剛剛抵達日內瓦，他詢問朋友艾倫・譚納（Alain Tanner）是否認識任何攝影師。他想要製作一本書，結合文字和照片，主題是一位生活在迪恩森林（Forest of Dean）的鄉村醫生。譚納給了他尚・摩爾的電話；摩爾是他認識的攝影記者，也是日內瓦一個電影社團的成員。伯格打電話給摩爾，兩人同意見面。在分治期間摩爾曾在巴勒斯坦為紅十字會工作（很久以後他會跟愛德華・薩伊德〔Edward Said〕合作，出版《薩伊德的流亡者之書：最後一片天空消失之後的巴勒斯坦》〔After the Last Sky〕），當時則是為世界衛生組織（WHO）工作的自由攝影師。看到摩爾展示他在沙勒羅瓦（Charleroi，譯註：位於比利時）拍攝的一些礦工照片時，[1]伯格印象深刻。

他們見面時，伯格解釋了計畫的想法。他想要花幾星期觀察一位全科醫生，他在英國西部森林密布的鄉村地區行醫。伯格本人住過那裡，接受過這名醫生的診治，從此跟他交上朋友。（事實上是一位共同朋友，印度裔作家維克多・阿南特〔Victor Anant〕首先提出這本書的構想。）伯格向摩爾解釋，他跟企鵝出版社關係良好，兩人會平分收益。醫生的名字是約翰・艾斯凱爾（John Eskell），他已經同意計畫，將會跟他的患者一起接受觀察，並且在他們居留期間提供住宿。摩爾同意了，他們擬定去英國的計畫。

這一類型的書有先例。一九四八年，《生活》（Life）雜誌出版了尤金・史密斯（W. Eugene Smith）的照片—散文（或稱圖片故事）〈鄉村醫生〉（'Country Doctor'），描繪了一名鄉村醫生的日常工作。伯格也讚賞詹姆斯・艾吉（James Agee）和沃克・艾文斯（Walker

Evans）合著的《讓我們現在讚美名人》（*Let Us Now Praise Famous Men*），也當然熟悉一九三〇和四〇年代其他的紀實攝影書——不只是艾文斯的作品，還有路易斯・海因（Lewis Hine）、多蘿西・蘭格（Dorothea Lange）、奧古斯特・桑德（August Sander），以及比爾・布蘭特（Bill Brandt）。一九五四年，沙特和卡提爾－布列松合作完成了《從一個中國到另一個中國》（*D'une Chine a l'autre*）；一九五五年，保羅・史川德（Paul Strand）跟塞沙爾・薩瓦提尼（Cesare Zavattini）共同創作了《一座村莊》（*Un Paese*），呈現位於波河河谷（Po Valley）一個小村的景象。不過在上述所有作品裡，圖像和文字彼此保持距離。例如，《讓我們現在讚美名人》開頭是艾文斯的照片，呈現方式如同艾吉文本的視覺前言。最通常的狀況——如沙特或薩瓦提尼的例子——作家會針對照片或環繞著照片評論，如同某種後記。

伯格和摩爾在兩個關鍵點上背離前述模式：第一，他們計劃一起前往狄恩森林觀察他們的主角，成為一個團隊，作家和攝影師，筆記本和照相機，共同工作幾個星期；第二，接下來書的製作（或許可以稱為後製）將會是徹頭徹尾的合作。圖片和文字打算在書頁上攜手合作，就像摩爾和伯格計畫一起在田野中工作。

在摩爾日內瓦公寓中的樸實會面誕生了新型態的書。這對搭檔最終創造出照片－文本的交融，尋求表達的新文法，以便能說出關於現代經驗的新鮮事。從紀實影片和論述影片中求取靈感，但是要把這種形式從螢幕翻譯到書頁上，他們把平面媒體明顯的限制——它的靜止與無聲——轉變成可以發揮想像力的優勢。這麼做的時候，他們不

聲不響重新孕育了閱讀經驗。他們持續合作的三本平裝書——《幸運者》（*A Fortunate Man*，一九六七年）、《第七人》（*A Seventh Man*，一九七五年）和《另一種影像敘事》（*Another Way of Telling*，一九八二年）——全都是社會學相關主題：鄉村醫療、移工和山區農民。不過他們的**美學**發現觸動了人們內心儲備的共情潛能，而這些發現依舊保留在書的形式裡面，依舊等待充分探索。他們的創新仍然是藝術家的地平線。如塞尚所說，如果色彩是我們的頭腦與宇宙交會的場所，照片—文本或許是我們體內不同電流——言語和視覺、臉孔和地景、慾望和理念——可以匯聚和共處的場所。

　　人們談論是「右腦人」或「左腦人」，好像你不能兼而有之。當然，這樣的分類不只是認知上的，還是文化上的，是西方哲學的根本區分——心與身、視覺與語言、感受和理性、圖像和文字——早就進入我們每日的專業生活裡。我們視為理所當然，例如，視覺藝術會在一棟建築物裡教導，而人文學科（曾經稱為「文藝」〔belles lettres〕）會在另一棟教授。或者出版社的編輯部安置在一間辦公室，而設計部門在別的地方。擅長敘事的人一般認為不會成為好詩人。哲學家也不該述說真人故事。尤其是在小說家之中，似乎有一無法撼動的傾向，讓抽象與具象相鬥，以擺脫前者。「批評」與「創作」的區分如今已根深蒂固於制度層面——每位教授分配到一個標籤，每堂課有指定的領域——因此可能在學生看來這樣的分類是預先存在於本質的。

　　在他自己的時代，伯格當然是其中一員。他在整個男孩時期，經

驗了他後來所稱呼的「分裂的忠誠」：表象世界與概念世界之間強大的內在張力。他最早的日記充滿著素描和詩歌，並置在一起，數量相當。他在二十幾歲時靠著把文字放到紙上賺錢，不過之前受的訓練是把油彩放到畫布上，而且他從來沒有放棄畫畫。「由於思考和寫作的困難成為我最主要掛心的事，」他說，「我最主要的現實成為視覺上的現實。」[2]

評論繪畫同時駕馭和惡化了這樣的區分。文學批評家可以悄悄挨近他的研究對象：兩人共享相同的媒介。對比之下，藝評家總是某種程度上「不同感覺連帶運作的」（聯覺），利用語言召喚和評價基本上非語言的東西。在伯格放棄藝評時他早期的小說也擱置了，就是因為他似乎無法把自己非凡的雙重才華圈限在傳統的文學形式裡。那就像是他用單腳站立而不是使用自己擁有的雙腿走路。

接著在一九六〇年代初期，他開始出現在電視上。這項經驗證實具有決定性的意義。電視不只是幫助他付帳單，也拓展了他的影響力。電視讓他浸泡在技術方法之中，電視固有的構圖方式調和了他掙扎其中的分裂。透過寫腳本時內心清楚意識到自己的旁白會如何搭配上影像，他運用文字的技巧可以和視覺的新維度對上話。影像和語言在螢幕上形成了新鮮的電路：早期的電視往往稱為「有畫面的廣播」。

電視還有另一方面適合伯格。身為主持人他吸引目光。穿著拉拉鍊的皮衣抵達西倫敦的萊姆園攝影棚（Lime Grove Studios），他英俊、有魅力，而且能夠以直接的方式跟夢寐以求的新觀眾說話。這些觀眾是所謂的「一般人」。當 BBC 的壟斷被打破，加拿大電視公

司成立時，他為新的電視網主持了兩個節目：《繪畫人生》（*Drawn from Life*）和《明天不可能更糟》（*Tomorrow Couldn't Be Worse*），跟平常人談論藝術。之後在一九六〇年代，他跟麥可・吉爾（Michael Gill，後續《文明》〔*Civilisation*〕的導演）密切合作，為休・威爾頓（Huw Wheldon）具影響力的藝術節目《顯示器》（*Monitor*）製作特輯：有一集是關於萊熱，另一集是介紹「郵差－建築師」費迪南・薛瓦勒（Ferdinand Cheval，譯註：*法國郵差，花了二十四年用石頭獨立蓋了一座宮殿建築*），兩集都是在法國南方拍攝。在其他集節目中伯格接受邀請分享他對西方正典畫家的看法，從貝里尼到畢卡索。

在《新政治家》，金斯利・馬丁曾經是他的導師；在 BBC 他有威爾頓。威爾頓是氣勢逼人的威爾斯人，也是英國藝術規劃的「哲學家皇帝」（他後來受封爵位），他鼓勵了一大群年輕知識分子擁抱媒體。「我有這樣的幻想，」他後來說，「如果佛洛伊德、馬克思和達爾文活在一九五〇和一九六〇年代，而不是一八五〇和一八六〇年代，除了著作，我們就會擁有他們偶爾出現的電視節目系列。」[3]

不過威爾頓的整個哲學源自他認定就原理上電視在成功的時候跟書籍是完全不同的，電視應該呈現（他的格言和真言咒）「文字與圖像的聯姻，這種結合具有個別和不可分割的特質」。[4] 他監督工作流程——寫文稿，草擬分鏡；然後拍攝、選取、刪除、組合、重組，再配音——耗時費力，但是可以讓新的實驗茁壯成長。開放的安排證實特別有利於藝評家。對藝術史家來說曾經近乎永恆不變的實踐——在幻燈片或畫作前面演講，吸引一群人注意這個細節或那個細節——

因為新的技術汰舊換新。「我常常疑惑，為什麼畫作，即使是黑白呈現，在電視上看來是如此生動。」威爾頓在一場午餐演講中表示，「或許掃描這種實際的動作，雖然肉眼不可見，在某方面活化了原本如此靜態的靜態圖畫。絕對不是原來那張圖。無可否認的是複製品，然而是獨一無二的複製。」[5] 如果節目是成功的，結果是不可思議的統合。「彷彿文字就在圖畫裡；而且圖畫本身透過一個人的話語在發言，這個人在那個時刻萬事不關心，除了關心跟那幅畫相關，而且只跟那幅畫相關的東西。」[6]

　　經由他為電視從事的工作，伯格第一次在創作上意識到比較整體的可能性，他稱之為「說話的圖像」（speaking image）。他明白了自己分裂的忠誠這種想法是錯誤的——此外，正是因為在形式之間移動，無論是實質或想像的，在同一件作品裡或是從這項作品到那項作品，他迥然不同的才華可以最有收穫地發揮，找到表達的方式。（最明顯的，伯格最知名的論辯《觀看的方式》，同時是電視節目和一本書，後者改寫自前者。）戰後歲月日漸拓展的媒體環境因此有雙重形塑功能：電視帶出的議題不只是文化的民主化，還有媒體的轉譯和歧異。藉由製作關於繪畫或雕塑藝術品的電視節目，批評家（例如伯格）在每日的工作基礎上面對上述問題；反過來，他們常常讓這道問題成為他們節目規劃的核心。

　　舉個例子，伯格第一次現身電視，是出現在肯尼斯・克拉克身邊，作客克拉克在「英格蘭中部地區聯合電視網」（ATV Midland）的系列節目《藝術是必要的嗎？》（*Is Art Necessary?*）。這一集是基於一個問題：在大眾傳播和現代藝術的時代，繪畫仍然能夠達成普及

的目的嗎？在直播節目中（對於有興趣伯格－克拉克關係的人依舊有必要觀賞），[7] 這對搭檔討論了三組意象：畢卡索的《格爾尼卡》、古圖索的海灘一景，以及健力士啤酒的一幅平面廣告。

「然而有幾種形式還是很難對一般人解釋。」克拉克說到《格爾尼卡》，「我的意思是，這幅畫可能對平常人產生衝擊，但是它不可能普及，唯有跋涉過現代藝術漫長又艱辛道路的人才能真正了解這幅畫，你認為呢？」

「是的，是的，是的，可能是如此。」伯格說。他們轉移到古圖索的畫作。鏡頭在兩人之間切換，當他們觀看時則特寫那幅畫。他們說的話成為追根究底的框架，圍繞著我們眼前所見。

「古圖索是共產主義者。」克拉克評論，「這造成什麼區別？為什麼那些致力要將說故事帶回藝術的畫家不是屬於共產主義者就是左派？是否因為他們尋求讓人們思考某件事？」

「是的。」伯格回答，「一旦你懷抱這種目的，這是潛在的大眾和藝術家共有的目標，你就會開始溝通。當然在西方，唯一懷有目的來使用藝術的就是商業廣告。」

像這樣的節目是自我反思的，將探討的藝術經過影片再現，同時結合了拍攝藝術有什麼意義以及在影片時代藝術能做什麼和不能做什麼的對話。技術上來說，有兩個層面同時進行：影像和聲音。製作團隊擔負的任務是以視覺傳達一幅畫作，通常是透過整件作品的定場鏡頭，緊接著是透過平移或切換呈現的一連串特寫。同時間第二層的聽覺添加聲音和語言到藝術品的沉默之中。如伯格後來在《觀看的方式》中（書本，不是節目）指出的：「當攝影機再現一幅畫時，這幅

畫無可避免會成為影片製作者論辯的材料……畫作把自身的權威出借給影片製作者。這是因為影片是在時間中展開，而畫作不是。在影片中一個影像接續一個影像的方式，它們的串聯，構成了一個論證，而這個論證變得不可逆。」[8]

電視主持人正在找尋新方法來捕捉藝術的同時，藝術家也在探索新方法來編排書頁。戰後設計界最熾烈的熱情就是深入探索兩次大戰期間現代主義的爆發：合成照片（photomontage）、構成主義（constructivism）、包浩斯（the Bauhaus）、新瑞士版型（the New Swiss typography）。主要人物例如華特・葛羅佩斯（Walter Gropius，譯註：德國包浩斯學校創辦人）、亞歷山大・羅欽可（Alexander Rodchenko，譯註：俄國構成主義的創始人之一）、埃爾・利西茨基（El Lissitzky，譯註：俄國至上主義代表性人物，影響了包浩斯和構成主義運動）、赫伯特・拜爾（Herbert Bayer，譯註：奧地利出身的平面設計師、畫家、攝影師等等，設計出包浩斯字型，影響深遠），以及拉札洛・莫霍利－納吉（László Moholy-Nagy，譯註：匈牙利前衛藝術家，在芝加哥創辦了包浩斯學校），全部都有一批年輕設計家在關注和書寫。

這些中歐和東歐人物代表的是現代主義的傳承，讚揚形式的混搭而不是形式的純粹。在《繪畫、攝影、電影》（*Painting Photography Film*）裡，莫霍利－納吉寫著，由照片和印刷字體形成的新「視覺文學」會讓其他美術過時。「眼睛和耳朵被打開了。」他在一九二五年說，「每一刻眼睛和耳朵都充塞著豐富的光學和語音學的驚奇。多幾

年生機勃勃的進步，多一些攝影技巧方面熱誠的追隨者，攝影是新生活來臨之際最重要的因素之一就會成為普遍常識了。」[9] 其他許多人也得出自己版本的相同結論。甚至安瑟・亞當斯（Ansel Adams，譯註：美國黑白風景攝影大師），這位不熱衷科技烏托邦的預言家，也表達了類似意思，他寫著：「在印刷文字旁邊的照片，其指導、詮釋、澄清和調控意見的效果勝過其他任何表達媒介，因此理當跟繪畫、文學、音樂和建築獲得同等的關注和敬意。」[10]

亞當斯這段話流傳很廣——出現在一九五四年白教堂美術館舉行的攝影展入口處。伯格評論了這場展覽。他寫的文章，儘管鮮少收入選集，標示了一種思路的開端，這種思路將會維持好幾十年。亞當斯說的話迫使伯格重新思考根本原則。「攝影或許理當獲得跟繪畫或文學同等或更多的敬意，」他寫著，「然而攝影本質上是不同種類的活動。文學和繪畫關心的是記錄藝術家對事件的**經驗**；攝影關心的是選擇一個面相記錄**事件本身**。」[11] 這個媒介根本的印刻性質——照片是物質痕跡，像化石——是伯格剛剛開始理解的事實。「照相機攔截住圖像。」他假定，「而畫筆或筆重建圖像。」[12]

幾年之後，在一九六三年發表於《觀察家》的文章中，他呼應了上述區分：「照片**攔截**……畫家**重新創造**。」[13] 不過如今是以選擇來闡述，文章標題是〈繪畫——或者攝影？〉（'Painting- or Photography'）在過渡那幾年，伯格因為他認為較新的媒介可以做的事而變得更加有活力。「攝影，」他說，呼應莫霍利－納吉，「在未來的重要成就和影響，或許就如同雕刻之於中世紀，或者繪畫之於文藝復興。」[14] 伴隨著興奮的是現在他看到了照片本質的曖昧

性，對此大感興趣。照片的印刻性質讓它如此容易傳輸，然而也具有可塑性。伯格談到同一張照片（比利時軍隊撤出剛果時伊莉莎白城〔Elisabethville〕一名白人婦女哭泣的圖像）搭配上三組不同的圖文，就會引出三種不同的意義。在這層意義上攝影似乎是召請語言。印出來的照片，本身不是固定的，一旦比鄰文本，就成為異常堅實的新化合物：一項新藝術的細胞。如《生活》雜誌首任圖片編輯威爾森・希克斯（Wilson Hicks）所說，「新聞攝影的基本單位是一張搭配文字的圖片。」[15]

伯格在《觀察家》的文章吸引了一位熟人的注意，平面設計師赫伯特・史賓塞（Herbert Spencer），兩人是在一九五三年前往蘇聯的文化之旅中相遇。之後史賓塞發行設計雜誌《版式設計》（Typographica），為了普及平面設計的現代主義而在當時引發眾怒，此事該他負責。史賓塞和伯格開始通信。兩位男士討論的主題是每一位版面或圖片編輯一定熟悉的：照片和文本之間的關係、一組連續的圖像累積的效果、書頁上排版的問題。但是兩人並不是從衝擊力和清晰的普遍標準著手處理這些關心的議題，而是著眼於尚未探索的美學自由。伯格表達有興趣為自己早先的論文出版「備註」。「我同意你關於連續圖片的重要性。」他告訴史賓塞，「或許同樣的這只是可能性的開端。一旦你有一個序列，你讓時間消逝，而一旦你有了那個經驗──你就有創作詩歌之必要。」[16]

伯格貢獻給《版式設計》的「備註」包括一篇私人隨筆〈文字和圖像〉（‘Words and Images’），以及一本「照片－詩歌」的小書《在雷茂里安》（At Remaurian）。「圖像和文字正在交配繁殖。」他宣

稱。這是生育的能量，他說，爆破了傳統學科的界限。（要瞭解一下這種美學氛圍：同一期雜誌特寫了下述研究：羅欽可和赫伯特・拜爾的攝影，以及法國設計師羅伯特・馬辛〔Robert Massin〕的傳略，他是伽里瑪〔Gallimard〕出版社的藝術總監，他的現代主義信條是「保存、更新、發明」。）伯格呼籲作家、攝影師、插畫家和設計師之間的新連結。「一大堆通過我們大眾媒體流傳的東西既瑣碎又虛假。」他說，「在建設性的公眾規模上很少去追求文字和圖像之間新連結的可能性。尚未有編輯想到照片庫是可能的**語彙**；沒有人膽敢根據與文本的關係，就像擺放引言那樣來擺放圖像；幾乎還沒有作家想到利用圖片來立論。」[17] 顯然剛剛放下馬歇爾・麥克魯漢（Marshall McLuhan）的《認識媒體》（*Understanding Media*，一九六四年），伯格想要重新想像閱讀的行為是有機的「言語－視覺」（verbal-visual）經驗。「如同在其他許多領域，已經達到的技術和生產方法現在必須有新的態度和價值。」他總結，「在文件和表象之間的體制壁壘正在慢慢崩塌，年輕人開始問自己，他們是否喜歡別人告訴他們的**外貌**。」[18]

同一期《版式設計》用來吸引讀者的特色是一本五乘六吋（約十二公分乘十五公分）的別冊，用一條細繩綁在裝訂邊周圍。插入的小書就是《在雷茂里安》，由黑白照片組成。這些照片是伯格在尼斯北方的一座莊園以及他朋友史文・布洛伯格在呂貝宏山區的房子拍攝的。[19] 這些圖片——石牆、草地上的陰影、他妻子的裸體——由透明紙覆蓋著，上面印著短詩。每一首詩對應一張不同的照片。這個設計，精緻透明紙的想法，出自史賓塞，用意不只在指出語言和圖像的

同時性，還有比較觸覺和情色上的目的：審美的啟動。

　　儘管在伯格整個龐大的作品體系中，《在雷茂里安》始終是唯一孤立的實驗，他持續推動讓圖像和文本進入經驗的更深層面。在《版式設計》刊登的文章最後，伯格暗示了自己的志向。「目前，」他寫著，「我正在著手新書，和攝影師尚・摩爾密切合作，關於一名鄉村醫生的生活和哲學。在這本書裡，能夠用圖像說得最好就會用圖像來說；能夠用字詞說得最好就會書寫下來。圖像和文字一起描繪出我們兩人對一個人的了解。」[20]

　　伯格和摩爾在迪恩森林待了六星期，這個樹木繁茂的地區位於英國西部。他們落腳在約翰・艾斯凱爾與妻子的住家中多出來的兩間房間。在這段日子裡艾斯凱爾會帶著兩位男士巡迴診療。工作時約翰和摩爾很少交談。兩人都投入自己的媒介和觀察方法。合在一起他們想辦法看到了很多東西：懷孕、手術、健康檢查、出診，還有地方聚會、市民大會和跳舞場面。有一天晚上一對老夫婦在絕望的痛苦中來看醫生。起初摩爾出於尊重猶豫了，伯格沒說話。然而是艾斯凱爾催促攝影師按下快門。「我以為你是來這裡描述發生了什麼事。」摩爾回憶艾斯凱爾跟他說的話，「那麼你為什麼不拍照？」攝影師提出異議。「任何一切都要拍到。」醫生說。

　　回到日內瓦，過了一段時間摩爾和伯格才碰面比較他們的材料。對照時他們意識到，兩人試圖以自己的媒介達成的，另外一人可以用他的媒介表達得更好，勝出的程度令人吃驚。當伯格看見摩爾選出來的照片時──大約有兩百張首先洗出來──他發現，以他的話來

說，一張畫就完成了好幾頁文字的工作。但是反過來也是成立的。伯格確定，許多張照片，尤其是那些轉向文學或表現主義的，正在踏入最好是留給語言的草地。他們的結論是，兩人都試圖獨力寫這本書。在接下來的會面中——之後企鵝出版社邀請的設計師傑洛德・西納蒙（Gerald Cinamon）也加入合作——他們著手創新的是一個整體創作，讓文本與圖像交織在一起：一樁單一不可分割的戲劇性事件。

《幸運者》一開頭彷彿它不是書籍而是影片：一個定場鏡頭呈現一輛車行駛在蜿蜒的省道上，旁邊是田野。翻頁，我們發現一張書名卡，上面有我們看到站在門口的那位男士的名字，以及我們拿在手上的物體的名字。前兩個對頁都成為跨頁，沒有留下頁邊空白。兩個跨頁也都有種把人吸進去的深度感：透過後退營造的深度，然而沒有出現地平線或天空。微微開啟的門呼應了我們打開書。我們是進入一個既真實也是想像的空間：格洛斯特的鄉村世界。

「地景是可以騙人的。」一幅寧靜的鄉村景色上方的文字說明，「有時候一幅地景似乎比較不像是居民生活其中的背景，而是一片帷幕，幕後上演著居民的掙扎、成就和意外。」21 下一張對頁呈現夜幕降臨時的山丘，零星點綴著住家。「對於那些，和居民一起，隱身幕後的人，地標不再只有地理意義，還有生平和私人的意義。」22 從白天到黃昏，然後，從空間到時間。構圖是平面的，彼此成為負片，這些圖片的作用好像是在表演中漸漸升起的一組帷幕。

地景是可以騙人的。 照片也一樣。照片充滿訊息，但是缺乏敘事、解釋和記憶。因此文本可以發揮作用。語言能夠協助我們「進入」我們所看見的。醫生的作用之一就是去發現症狀和疾病之間的

連結；紀實工作者的角色可以類比。旅行者可能因為封面誤認了一本書，藝術家的意圖是連結外在表象和內在邏輯。

《幸運者》第一幕揭露了一套透過互相連結轉換的語彙。一開始摩爾的照片沒有特寫一張人臉。這些照片反而是去描繪暴風雨、陽光、河流，以及人們在地球上留下的迅速消逝的痕跡：一間陋屋、一座圍籬、一艘小船的尾流。就伯格的部分，他的文本敘述了具有深刻人性意義的各種事件：一棵樹壓斷一名伐木工人的腿；一名女兒因為情緒壓力導致體弱多病；一名老婦人死於肺炎。散文不加修飾而且直接。伯格尚未以語言的限制為主題，也沒有介紹自己是敘述者一觀察者：他還不能現身在他所描述的事件中。關鍵的個人標記是一篇短篇小說而不是知性散文。醫生（總是以「醫生」來指稱）依舊是一文學建構。在開頭砍錯樹的小插曲裡，伯格描述了薄霧如何改變了酊劑的顏色，「讓它看起來比正常黃一點。」[23] 在這裡調動了小說技巧——鮮明的細節、自由的間接觀察——以達到更為生動的逼真。不過沒有實際拍攝任何一樁事件。文本敘述了社區成員的「掙扎、成就和意外」，我們必須靠**想像**去捕捉。照片呈現的是物質世界，那是我們能夠**看見**的。兩者各自屬於不同的時間範疇。結合在一起，地景就成了地標。

一直要**翻**到《幸運者》大約四十頁的地方，我們才第一次見到約翰・艾斯凱爾，現在給了一個虛構的名字：約翰・沙薩醫生（John Sassall）。從他辦公室的遠景，我們移動到候診室，接著是手術室。沙薩正在幫一名患者動手術，操作手術鉗，透過放大鏡瞇著眼細看。在第二幕，視覺和敘事的交互作用再度轉換。在這裡我們看見人，然

而必須去想像他們的生活。

伯格的文字和摩爾的照片共同完成了這位一絲不苟的男士的人物肖像。無論是沉浸於工作（「他的雙手熟悉人的身體。」），或是陷入沉思（他的煙斗顯然是另一種工具），沙薩額頭的皺紋成為堅毅人生的徽章。文本花了一些時間詳述他的發展：反抗他的中產階級父母；著迷於康拉德（Conrad，譯註：波蘭裔英國小說家，重要著作有《黑暗之心》〔Heart of Darkness〕、《吉姆爺》〔Lord Jim〕等）和他的「服務倫理」；戰爭期間在海軍服役的時光。不過焦點是探測。如同外科醫生，伯格在傳記的皮毛下搜索，揭露比較根本的解剖構造：療癒者的原型角色；疾病的永久經驗；悲傷的形上學；貧窮社區的沮喪。

身為全科醫生，沙薩獨立於醫學專科分工之外。他回應村子裡幾乎每一樁人的危難，只有極少案例患者會送去看專科醫生。伯格表示，這樣的通才主義是沙薩對自己看法的根本：他在康拉德身上發現同樣的關於冒險的辯證法。「他渴求與自己想像同步的經驗，而且不曾壓抑過自己的想像。」[24]（伯格對此補充了一社會論點：「就是這種認知，認為不可能滿足像這樣任何一種追求新經驗的胃口，扼殺了我們社會中大多數三十歲以上的人的想像力。」）全科醫生的傳統在英國醫學界有著悠久且爭執不下的歷史。有時被尊崇為體制，有時受到嚴格審視認為已經是個時代錯誤，交替上演。伯格甚至在談起沙薩時連結到曾經在文藝復興時期備受推崇的「全人」理想。

《幸運者》展現了它自己的反專家主義。散文的多重語體（戲劇性、傳記性和修辭性）以及不同的攝影形式（地景、人物肖像、決

定性瞬間，等等）——還有它們的交互關係——共同反抗知識如此工整分門別類劃分到不同的走道和書架上。許久之後伯格會形成理論，闡述攝影的興起跟十九世紀實證主義的關係，以及圖像如何可能成為自然主義的證據碎片，脫離整體經驗。在他創作《幸運者》之時，這樣的想法尚未成熟，不過他後來所說的「攝影的用途」可以回溯適用於他和摩爾的方法：「必須圍繞照片建立一套放射狀的系統，因此可以同時從私人、政治、經濟、戲劇、日常和歷史的角度來觀看照片。」[25]

如同藝術家，醫生在任何高超的技術才能之外，也是一個人。「我們給予醫生管道接近我們的身體。」伯格指出，「除了醫生，我們只會自願允許戀人這樣的接觸——許多人甚至害怕這樣做。」[26] 醫生能夠提供的，最根本的就是**認可**。在一個遙遠和孤立的社區，如沙薩工作的地方，醫生的功能可以是某種活檔案。「在某種程度上他思考和說出社區的感受以及零散知道的事實。在某種程度上他是他們自我意識逐漸成長的力量（儘管速度很慢）。」以伯格的用語來說，沙薩成為「記錄森林居民生活的書記員。」

彷彿要讓隱喻變得明確，這本書讓出空間給一系列人物肖像。森林居民對著照相機微笑，宣告自己的存在——這些是書中第一批擺好姿勢的人像照——而伯格的文本轉而分析這個地區，他直率臧否是「落後和蕭條」。我們被告知，森林居民不信任知識分子，他們有自己的**理論**根據。不過沙薩不一樣：他獲得接納和珍惜。在一連串的發現之後（例如，有一對夫婦中的女性顯然是跨性別，而這對夫婦忽視和否認這項事實），沙薩「覺察到他的患者改變的可能性」。[27] 反過

來他也一樣，改變了。「他開始理解必須在每個層面上與想像共處：他自己的想像優先——否則可能扭曲他的觀察——然後是他的患者的想像。」[28]

在這本書的最後一幕，想像和觀察、文本和圖像的張力加劇。在伯格開始分析悲傷時，我們看到悲傷者的照片——艾斯凱爾催促摩爾拍攝的照片。兩者的對位是怪異和有力的。我們不太可能共享我們目睹的狀態：伯格要指出的就是這種與悲痛的疏離，自我內在的孤立感，涵蓋身體與情緒。攝影只能做到這麼多。如一位批評家寫過的：「攝影無法像語言那樣，從它的拍照對象『向外看』，採納他／她／它的視角，它只能『向內看』，同時……它無法像語言那樣，以穿透的方式『**看進去**』它的拍攝對象……**除非照片是敘事的一部分**。」[29]

然而伯格的目的不是敘事。這對夫婦對我們而言還是陌生人。我們知道他們老了，而且他們關心彼此——這顯而易見，不過我們沒有被告知他們的名字或是職業，更別提哪裡出了問題，或者他們悲傷的理由。伯格的文本在我們最預期不到的地方變得抽象。「悲痛有自己的時間尺度。」他說，「區隔悲痛的人和不悲痛的人是一道時間柵欄：這道柵欄威嚇了後者的想像。」[30] 藉由承認共情投射的限制；藉由書寫**普遍經驗**而不是把這對夫妻的經驗納入個人歷史裡，作者邀請我們在看到這一對老年男性和女性赤裸的情緒產生立即回應之時，思索屬於我們自己人生的失去。許多層面之間的隔閡仍然不變。悲傷的夫婦接受了多重框架——包括，至關重要的，他們自己的一整頁，上面沒有覆蓋文本。這樣的設計是為了製造出絕對寂靜和沉思的空檔。這種手法不只是私人的，這是無法用字詞表達時使用的語言。

失去會激起深刻的感受和深刻的質疑。伯格指出，沙薩受苦於斷斷續續的嚴重憂鬱。「他的患者該過這樣的生活嗎？或者他們理當擁有比較好的生活？他們已經達到能力所及，或者他們苦於持續的萎縮？他們會有機會發展他在某些時刻在他們身上觀察到的潛能嗎？不是有些人暗暗期盼能過著在他們真實生活的環境下大概不可能的生活嗎？」[31]

如一名執業醫師在評論時指出，伯格可能受到卡繆（Camus）《瘟疫》（*The Plague*）中虛構的角色李厄醫生（Rieux）的影響，還有真實人生中的典範史懷哲（Albert Schweitzer）和弗朗茲‧法農（Frantz Fanon，譯註：後殖民主義論述的先驅，重要著作有《黑皮膚、白面具》〔*Black Skin, White Masks*〕、《大地上的受苦者》〔*The Wretched of the Earth*〕等）的影響。[32] 尤其是法農，有助於闡明伯格為何迅速將沙薩的個人疑問政治化。一九五六年，在阿爾及利亞革命和獨立戰爭爆發後，這名出生於馬提尼克島（Martinica）的精神科醫師辭掉他在布里達—柔安維亞（Blida-Joinville）的醫院職位以示抗議。「部長先生，」法農在他的辭職信裡寫著：「我們會遇到這樣的時刻，當韌性變成病態的堅忍。於是希望不再是向著未來敞開的門，而是在與現實牴觸的有條理矛盾中，不合邏輯地維持主觀態度。」[33] 法農肯定是典範。雖然剝削在英國不像在殖民地那樣惡劣，但是伯格堅持，那還是剝削。浮現出來的圖像（如同今日英國和美國那些「被遺棄」地區的圖像），不只顯示出物質上的貧窮，還有民族和文化上的全盤非人化，以及伴隨的道德淪喪。用伯格的話來說，我們都「生活在也接受一個沒有能力知曉人的生命價值的社會裡。這個社會承擔

不起這樣的認知。如果承擔得起，那麼要不是必須摒棄這項認知，隨之摒棄所有民主的裝模作樣，因此成為極權社會，否則就必須考慮這項認知，革新社會。兩者都會是蛻變。」[34]

這樣的岔路將讀者帶回戰後的僵局滋生的懷疑——以及許許多多四處漂浮的碎片：勞工階級「不應該抱怨」的態度；他們遵循常理的樸素意識形態；伯格在自己周遭到處發現的無動於衷、漠不關心和貧窮；貫穿我們一生的人類危機時刻；專業知識分子以理論性語言陳述卻站不住腳的社會矛盾。《幸運者》的書名因此有雙重指涉。沙薩是幸運的，因為他過著有目的和為人服務的生活。在毛澤東主義向人民學習和為人民服務的意義上，他具有革命精神。不過他的幸運也在於他特權的地位、他接受的教育，以及事實上他跟森林居民住在一起是出於選擇，而這項選擇依靠的是他在一個讓他受益的社會階層中的位置。如何解決這道問題？

對《我們這個時代的畫家》的主角拉文來說，解答來自放棄藝術，直接投身政治行動；對伯格來說是寫這本小說。《幸運者》沒有這樣的解答。書結束在對政治反感的語調讓位給不可知論的信念。彷彿伯格同時在大聲和輕聲地說，對一屋子人和對自己說。他的知性散文——他一再強調這個用語——只是一次進攻、通過第一道關卡、一次嘗試。「我沒有聲稱知曉人的生命價值。」他說，「這道問題無法用話語來回答，只能用行動回答，透過創造比較人性的社會來回答。」[35] 直到那樣的社會創造出來，一名「已經超越販賣療方階段」的醫生，他的價值是「無可估量」的，他說。[36]

　　《幸運者》上市後，收穫的主要是好評，而且書的形式因為讓人困惑引起關注。編輯湯姆·馬舍勒評述伯格和摩爾製作了沙薩的「完整報告」，同時拿這本書跟布列松的《鄉村牧師日記》（*Diary of a Country Priest*）相比。[37] 曾經是敵人的菲利普·湯恩比給予肯定，但是忍住全面讚美，對於「補強版紀錄片」這個類別心生遲疑。「浮現出來的人物肖像，」湯恩比說，「能引起共鳴而且深刻有趣。但是約翰·伯格是否過度補強了他的紀錄片？他是否以這個領域他的一些先行者的相同方式，只是利用他的紀錄片素材做為起始點——做為簡易的機場跑道，讓推測從這裡高飛，讓總的來說比較平淡和陸地上的現實也高飛，映照在天空，成為高度染色的反射圖像？」[38]

　　圖像和文本之間的空間——同理心（或共情）的空間——變得過度擴張嗎？葛蘭西問，人道，是事實也是理念，那麼是出發點還是抵達點？

　　你可以寫成小說的，可以吧？一九六七年 BBC 的採訪中，主持人這麼問伯格。「是的。」伯格回答，「不過小說有不一樣的張力。傳統上小說的張力蘊含在敘事裡。」然而在《幸運者》中，張力存在於他所稱呼的「真實的張力」（the tension of actuality）裡。「舉例來說，張力是我們不知道故事的結尾。張力是揭露人們真相的照片。」[39]

　　「真實的張力」是意味深長的用語，多少解釋了伯格和摩爾所做的事涉及的力量——和風險。英國紀錄片傳統始祖約翰·格里爾森（John Grierson）以相似的字眼把這個類型界定為「真實的創意處理」（creative treatment of actuality）。[40] 比較近期的，紀錄片學

者比爾‧尼可斯（Bill Nichols）使用「清醒的論述」（discourses of sobriety）這個語詞來勾勒它的疆域。[41]《幸運者》當然是既有創意又清醒。

但是我們可以翻轉問題，問問為什麼伯格決定要製作一本書。為什麼不是影片，一部真正的紀錄片？在這項計畫終於成形之前的那些年，他事實上對電影整體充滿熱情，特別是紀錄片，認為英國自由電影運動的成品是一種天啟。他曾表示，例如林賽‧安德森的《耶誕節之外的每一天》（*Every Day Except Christmas*），這類影片「富於想像的連結力量」顛覆了紀錄片是鎮靜劑的刻板印象，同時用他的話來說，也不是「司機代駕」的車輛。[42] 就在幾年後，一九六〇年代的開端，美國「直接電影」（direct cinema）和法國「真實電影」（cinéma vérité，對於伯格的影響仍然明顯可見）的爆發，淘汰了這種刻板印象。

在許多方面，伯格和摩爾的計畫的確類似一部影片：攝影師和作家的合作、「在田野中」花的時間、接續的剪輯和編排原始素材。兩者的對應不只是在過程中，還有在結構上。書頁上圖像－文本的搭配往往召喚出影片的視聽共時性。在好幾處，摩爾的照片的確看起來像是一部想像的紀錄片的劇照，而伯格的文本是旁白。這本書發行時摩爾並不是具有國際聲譽的藝術家，這項事實加強了這種感覺：照片不會必然就被看成是作品集，看成是本身具足的完成品，而只是一完整圖案的元素。大多數攝影師只有在創作出標誌性圖像時（蘭格的移民母親、黛安‧阿布斯〔Diane Arbus〕的雙胞胎、史川德的盲眼乞丐等等），才會獲得正典地位，摩爾不一樣——一開始就比較是合作

者。

　　當然，《幸運者》不是影片。差異之處帶來了各種效應。舉其一，摩爾小台的萊卡反射型相機（Leica reflex）讓他得以比較靈活地接近親密事件；上發條驅動的寶萊克斯攝影機（Bolex）可以移動，然而還是龐大和令人感覺到威脅——更不要說那懸吊式麥克風了。更本質性的對比在於靜態和動態圖像之間本體論的巨大差異，羅蘭·巴特（Roland Barthes）稱之為攝影「本身」的「本體論慾望」（「我決定我喜歡攝影**反對**電影。」巴特反思，「儘管我無法加以區隔。」）[43] 這個問題在伯格親身實踐把繪畫轉譯成電視的流動畫面時，已經反向提出來探討了。不過跟畫作不一樣，印出來的照片突出了自身的不連續性，脫離了生活的流動，它已經從那樣的流動中被移除了。照片捕捉住某個瞬間，因此它可以無限期的凝視。類似的自由適用於書本的形式。跟電影不一樣，書本可以讓人瀏覽，閱讀得快或慢，拿起來或放下。書本不需要電，只需要光。書本可以流通得很廣泛，很多樣。書本可以放在口袋裡攜帶。

　　然後，書本是沉默的。書本的特色是文本（語言），但是缺少言說、音樂和聲音。書本可以告知我們什麼人說了什麼話，然而無法讓我們聽到他們聲音的音色或音調。舉例來說，我們可以看見艾斯凱爾長什麼樣子（我們從頭到尾沒有看見伯格或摩爾的照片），不過我們不知道他的聲音聽起來是如何。森林居民也是相同狀況。在一對頁中，區隔成四塊，三幅圖像重建了市民大會，而伯格的文本在左上方以理論說明弱勢族群所理解的理論制定者。被拍照的人保持完全的固定和沉默。結果就是奇怪的失去生氣，把負擔轉移到文本上、作者的

意識上，以及想像的旁白上，因此招來湯恩比批判伯格過度渲染。有時候伯格確實是高高在上對書頁上的森林居民說話。

　　紀實報導者和對象之間的契約可能類似醫生與患者之間的契約。兩者都牽涉到近身、目擊、分寸和認可的問題；兩者也都引起關於保密和侵犯的憂慮。只是因為艾斯凱爾是朋友，伯格才獲得允許可以如此接近，而且他對自己的描述有信心。在文本快要結束的某處，伯格沉思如果他的書寫對象不在世上，他會如何靠近他。這個假想會縈繞在當今讀者的心裡。《幸運者》出版多年之後，艾斯凱爾有一陣子陷入憂鬱，在他妻子過世之後，舉槍自盡。知道他最終自殺造成的風險是，讓伯格對艾斯凱爾的心理審視染上不知情的暴力色彩。強烈有力的句子和想法有時候可能類似宰制的行為。[44] 伯格發言，艾斯凱爾和森林居民被代言。

　　不過書籍，就像它們的主題，也會持續獲得新生命。在發行後接下來幾年，《幸運者》找到了一組意料之外的讀者：學生。對於許多六○和七○年代的大學生來說，是這本書讓他們第一次明白，他們想要成為醫生。「如果在這個星球上我只能選擇一本書，」本身是執業醫生和作家的愛歐娜・希斯（Iona Heath）說，「那就是這本書。」[45] 就在最近，《英國全科醫學期刊》（*British Journal of General Practice*）推崇伯格和摩爾的圖文書是關於這個領域曾經寫下的最重要一本書。[46] 《國家》（*Nation*）雜誌建議用這本書做為醫學院的入學考試。[47] 這本書持續重印，同時被視為照片─文本設計和紀實報導以及醫療倫理的試金石，證明了此書的力量。後者的問題與前兩者密不可分。

「照片所無限複製的只發生過一次。」巴特寫著,「照片機械性的重複就存在意義上永遠不可能重複的東西。」[48]

研究獻身的醫療專業人士面對的種種矛盾,《幸運者》依舊是獨特的成就。而如果放回伯格自己的軌道來看,則是轉型期的作品。它預示了伯格將來會把興趣放在合作、鄉村經驗,以及結合形上學與共情想像的語體。不過書的英國風讓它有別於伯格後續的作品。如同伯格頭三本小說,《幸運者》關懷受英國社會束縛的個人。這本書最接近的美學參照點是「英國自由電影運動」的影片,它的書寫範圍很明確是地區和國家。

在《幸運者》之後,伯格就會實質上停止書寫英國。當然這樣的轉變是在他自己移居國外後,然而不是馬上發生。政治的影響同樣重要。到了一九六〇年代中期,如同大部分的左派,伯格的關注已經從國內的社會主義轉移到全球的反帝國主義。古巴革命、三個大陸的鬥爭,以及一系列的出版品(來自相當多元的思想家,如弗朗茲·法農、毛澤東和切·格瓦拉)把馬克思主義關於資本和勞工的劃分轉換成南北分裂。「國家之內的分工,」愛德華多·加萊亞諾(Eduardo Galeano)在《拉丁美洲:被切開的血管》(*Open Veins of Latin America*,一九七一年)的開頭寫著:「就是有些人專門贏,其他人則專門輸。」[49]

因此在某個層面上,第三世界主義很素樸。它列出一道嚴酷的等式,把世界看成是壓迫者和被壓迫者之間摩尼教式黑白分明的鬥爭。不過在另一層面上,全球化的電晶體電路似乎為現代體系帶入了幾乎

難以解讀的錯綜複雜。對詹明信來說（跟加萊亞諾寫於同一年），後現代經濟的「黏答答蜘蛛網」意味著「沒有任何戰術或政治問題不是首先是理論問題……問題不在於街頭戰士或都市游擊隊是否可以戰勝現代國家的武器和科技，而是準確來說，超級國家的街頭**在**哪裡，以及究其實，首先老式街頭本身是否仍然存在。」[50]

在過度發展的經濟體系裡，馬克思主義的「古典牛頓定律」已經演變成各種新的「薛丁格波形」嗎？那些衍生、安全、未來，以及相應的意識形態扭曲？跨國資本主義非黑即白嗎？或者是捲曲旋繞的黑箱？簡言之，全球化是單純的，還是複雜的？

這一類問題成為伯格思想的根源。他總是以平實的風格寫作（「選擇字詞彷彿它們是箭必須射中標靶。」）[51]然而隨著新左派走紅炫耀他們的繁複，他所採用的形式是：立體主義、辯證蒙太奇（dialectical montage），以及所謂「干擾的藝術」（art of interruption）。《幸運者》寫在這樣的轉型完全確立之前，不過伯格已經拒絕了「人們無法表達的永遠是單純的，因為人們是單純的這種錯誤觀點」。[52]在他探討畢卡索的著作的結尾，在新左派加速前進時所寫，他想像他稱呼的「另一種成功」：「這種成功會在下述領域實現，這個領域有史以來第一次，將人類心智最複雜和最有想像力的建構，與世界上至今一直被迫單純的那些人的解放，連結在一起。」[53]

在文字和圖像之間分裂的忠誠現在毗鄰了非常真實的政治辯證：日益尖銳的各種矛盾，出現在經濟理論和個人經驗之間；在抽象心流和一般常理之間；在反人文主義的新馬克思主義和社會主義的舊人文主義之間。這種辯證也是伯格接下來跟尚‧摩爾認真合作的根本核

心，下一本書直到他過世始終是他最驕傲的作品：《第七人》。

　　在一九六〇年代下半，新的歐陸認同感以及日漸茁壯的政治全球主義為伯格的書寫提供了動力。他花了紮實的五年寫作《G.》，他的新現代主義世界小說（後面會有比較多的探討），同時為《新社會》定期寫論述。在有人邀請他針對俄國異議雕塑家恩斯特‧倪茲維斯尼（Ernst Neizvestny）撰寫專著時，摩爾提供了照片。兩位朋友（現在他們是朋友了）旅行到莫斯科，摩爾勤奮為藝術品拍照，而伯格和其他人談話。安靜、可信賴、專注、通常不擺架子，摩爾深受伯格信賴。他們兩人，還有他們的家人，變得非常親密。

　　到了一九七一年，《G.》已經完成，現在伯格有時間投入新鮮的計畫。其中一些，例如與邁克‧迪柏（Mike Dibb）共同製作的《觀看的方式》（一九七二年），成為意料之外的里程碑；其他例如同年完成的實驗性影片，關於左拉的《萌芽》（Germinal，譯註：影片討論左拉的同名小說《萌芽》），很遺憾仍然極少人看過。就摩爾來說，身為自由工作的攝影師，他一直在歐洲四處跑，常常被派到更遠的地方：阿爾及利亞、中非共和國、斯里蘭卡和菲律賓。他忙著為自己建立事業，在過程中累積了龐大的個人攝影作品。

　　有一天在日內瓦，伯格談到他關於移工計畫的想法。伯格認為摩爾可以幫忙。「我知道這個主題同時吸引我們倆。」摩爾記得伯格說，「在這方面你已經收集了一些照片。為什麼不一起做本書？」企鵝出版社很容易去談。伯格的名氣正在巔峰。《觀看的方式》第一刷一個月內就賣完；兩個月內已經賣掉將近六萬本。

一九七三年，兩人著手進行計劃。摩爾開始從自己的檔案中剔除圖片，展開一連串的旅程，前往土耳其、西班牙、德國和義大利。他的拍攝對象性質越分散——不是某個人而是某個現象和某一群人——就會導致越分散的合作過程。摩爾採集他的照片；伯格採集他的文本，之後他們聚集成一個團隊來編排書，包括設計師理查・侯利斯（Richard Hollis），以及共同朋友史文・布洛伯格。移工的快速湧入（一九六〇年代早期的「外籍勞工」計畫正在擴張）也意味著通常他們根本不需要旅行到遠方。當日內瓦宣布計畫要建造新的下水道系統，這座城市雇用的幾乎全部是外國工人。來自南斯拉夫、希臘、安達魯西亞和卡拉布里亞（Calabria）的工人比當地瑞士人便宜得多。待在只能擁有短期工作簽證的國家，這些工人也會比較順服。在一群西班牙工人要求比較好的待遇時，工人們遭到解雇，遣送回西班牙。摩爾拍攝的隧道照片——戴頭盔、防毒面具和頭燈的男人——加上伯格關於這件事的一段摘文，出現在《新左派評論》，標題毫不含糊：〈地獄中的指引〉（'Direction in Hell'）。[54]

從一開始，《第七人》的構想就是史詩兼顧私密，將不同視角剪接在一起。完成的作品結合了空拍與人物肖像，也結合了宏觀經濟與日常經驗的精細描寫。除了理論方面的主張，文本敘述了一趟從南方到北方的原型旅程，行者是位無名的男性英雄，「他」。於是經濟學的術語分占了書頁，而且往往交叉剪接著這位移民遷徙、工作、睡覺和記憶時的所見所聞和感受。強調的是經驗的共通性；隱含的是「他」可能是我們從照片中看見的任何一位移民。（性別是雖然刺眼但公認的盲點：在前言中伯格插了一段話解釋，他的焦點在於男性移

民，尤其是那些從南歐和土耳其來的人。很像是他在註腳中把沙薩的太太和家人三言兩語寫完了。）

　　史詩通常會將主角神話般的傳奇故事跟他所處的文明或國家的基礎神話連結在一起。從這個角度理解，《第七人》這首史詩敘述的不是哪個特定的國家文化，而是我們集體全球化的現代性——是現代化本身的史詩，伯格在本書的序言中稱之為「夢想／惡夢」。一方面，夢想／惡夢是私人的移民試煉，在希望與恐懼的兩極之間拉扯；然而在另一方面，全球經濟體系是如此複雜、物化和強大，可能看起來像是自然力量，於是在這個體系面前，我們全都共有一種普遍的被動性。儘管移民一旦抵達，或許是住在城市邊緣，在伯格眼裡，他是理解我們的處境最核心的人物。「勾勒出移工的經驗，同時將他的經驗和周遭環境——實質上和歷史上——連結在一起，就能比較確定的掌握當下這個世界的政治現實。題材是歐洲的，意義是全球的。它的主題是無自由。」[55]

　　透過一連串干擾帶來的驚愕（布萊希特當然是典範），伯格和摩爾試圖將讀者從夢中喚醒。有時候照片描繪整個貧民窟，的確看起來像是遭受什麼災難襲擊：所謂的「進步風暴」。其他照片呈現出更為人性的紀錄。我們看見移工的面容、他們家鄉的小孩和家人的照片（一種集體的「家庭相簿」）、生產線的單調乏味、都市視覺環境的花言巧語，以及這本書裡最具衝擊的視覺段落，滿懷憧憬的土耳其工人穿著內衣站成一排，由醫檢人員為他們稱體重，像牲畜一樣。

　　至於文本部分也是一連串的驚愕。獨立的照片以粗體出現；文本混合著私人和匿名的敘事；詩歌與統計數據相伴。如同荷馬史詩，有

表列清單和祝禱咒語：「他們來了。他們為什麼而來？」「他。移工的存在。」作者的身分是多重的。我們見識到各種來源的拼貼——馬克思、喬伊斯、雷蒙‧威廉斯、亨利‧福特——只有在後記中列出。如阿蒂拉‧尤若夫（Attila József，譯註：匈牙利重要的「無產階級詩人」）在該書開頭告訴我們的：「如果你書寫而且承擔得起，／讓七個人書寫你的詩。」

　　史詩最重要的評判標準當然是英雄的表現，而伯格的無名男性移工展現了戰士的勇氣和決心。在某個意義上，英雄的行徑是由他留在身後的共同體確認（貝武夫被擁立為濟茲的國王），不過經濟上的顯赫——這是刺激年輕人離開村莊的原因——不是伯格認可的。他也不讚揚勤奮、節儉或謹慎的清教徒美德。這不是有個幸福結局的移民故事。（在伯格書寫的年代，最終歸化的可能性尚未普遍。絕大多數移工，他說，都是以暫時的工作簽證進入。）相反地，這位移工的英雄行徑來自他堅毅克制的能力，為了養家忍受精疲力竭、離鄉背井，甚至虐待。

　　在某一點上，文本思索種族和階級在理論上的交會。他的論證是：一方面，移民為本土勞動人口帶來了壓力，增加了國內普羅大眾在經濟（和性）方面的不安全感；然而另一方面，他們仍然是最受剝削的一群，最先被當成冗餘，而且執行最低賤的工作。伯格指稱這樣的矛盾是「第一計算法」和「第二計算法」。由此產生第三計算法——達不到布萊希特「干擾自我」所達成的辯證法第三階段「合」，只是疏遠距離的崩塌，進入相反狀態。文本寫著：「第三計算法。他會足夠迅速地儲存足夠的錢。他的女人一直忠誠於他。同時他可以安

排一些家人跟他團圓。一旦他可以在家鄉安居樂業，他永遠不必回來這裡。他的健康維持住了。」這是所有的矛盾中最鮮明的，移工必須賣命以便活著。

在整個七〇年代，部分由於他跟摩爾完成的作品，不過更直接的是他在這個主題上的許多知性散文，伯格成為越來越知名的攝影理論家。直到今天他經常跟蘇珊‧桑塔格和羅蘭‧巴特並列為三位一體的論述家，他們把關於攝影分析性的好奇帶進主流。特別是許多當代批評家將伯格跟桑塔格擺在一起。兩人的見解可以看成是彼此的對話，這是因為下述幾點幫了一把：雙方的友誼和通信（有一段時間出自桑塔格筆下熱情洋溢的推薦出現在絕大多數伯格在美國出版的書籍上）；伯格影響深遠的論文〈攝影的用途〉（‘Uses of Photography’，一九七八年）向桑塔格致敬，一開頭就表明這是擴充回應桑塔格關於這個媒介的文集。

桑塔格和伯格之間根本的爭議點集中在攝影圖像在當代文化中的地位。根據桑塔格的說法，攝影將世界變成「一連串不相關、獨立存在的粒子」，同時將歷史變成「一組軼事和社會花邊新聞（*faits divers*）」。[56] 如同其他知識分子回應極為壯觀和深受意識形態影響的視覺環境的興起（居伊‧德波、布希亞〔Baudrillard，譯註：法國後現代主義大師〕和其他人），桑塔格把照片看成是一種**替代品**。根據她的觀點，攝影圖片以全面、仿真、代理、麻醉、以及最終監控的圖像網絡取代了有機統一的生活經驗。以桑塔格的話來說，相機是「意識在攫取的心境中理想的手臂」。[57]

對伯格來說，攝影還有其他意義。回應桑塔格時他在攝影的公共和私人形式之間畫出了根本的區別。在他看來，私人照片「是在一個照相機將其從中移除的連續脈絡下欣賞和解讀」。[58] 在這些情況下使用，照相機就不只是在攫取，它也是「對鮮明記憶有所貢獻的工具」，它拍攝的照片是「來自鮮活人生的紀念品」。[59] 引申的推論很清楚。要對公共照片再賦予意義，必須環繞圖像建立起可以比較的脈絡，連結到比較統一的整體，因此可以在這種關聯中感覺到照片的意義。（這樣的脈絡正是伯格認為在唐‧麥庫林〔Don McCullin〕的越戰照片中錯失的，而桑塔格推崇麥庫林是「良心攝影」的榜樣。）

個人的照片可能對我們產生影響，但是這些照片比較深刻的意義，根據伯格，要連結到它們是如何重新整合進生活的脈絡中——如同影片的景框——才能獲得最好的理解。如果成功做到，愛德華‧史泰欽（Edward Steichen）嘗試過卻失敗的那種「四海一家相簿」會再度成為可以企及的理想。儘管在一九六〇年代以及之後有太多反人文主義的批評家把嬰兒隨著洗澡水倒掉了（拒絕普遍主義被誤用來建構規範標準，連帶著拒絕普遍主義），伯格想要保有根本前提。「當電影達到藝術水準時，在電影中保存下來的是，」他談到相關的另一媒介，「與所有人類自發的銜接和延續。」[60] 新寫實主義電影編劇塞沙爾‧薩瓦提尼（Cesare Zavattini，譯註：《單車失竊記》編劇）說過類似的話：「電影的強大慾望是去看和去分析……因為真相是對其他人，也就是所有存在的人，一種具體的致敬。」[61]

因此，或許《第七人》真正效法的不是詩歌（如尤若夫的詩），而是《幸運者》，是書中有影片的形式。兩本書之間的改變只是關於

電影的概念。如果《幸運者》是從新寫實主義的傳統，以及此傳統延伸到紀錄片的理念中長出來的，《第七人》是建立在近期重新發現的蒙太奇傳統上：左翼「論述影片」中呈現的馬克思主義的現代主義。

　　「電影的本質，」導演艾森斯坦（Eisenstein）曾經說：「不是存在於影像裡，而是存在於影像之間的關係裡！」[62] 一九二〇年代在柏林和莫斯科首開先河，結果卻只是遭到法西斯主義和蘇維埃法令的鎮壓，一九六〇年代蒙太奇藝術再度掙脫束縛，成為政治現代主義的一部分。一九六八年，高達和尚·皮耶·高林（Jean-Pierre Gorin）組成「狄嘉·維多夫團體」（Dziga Vertov Group，維多夫作品《持攝影機的人》〔Man with a Movie Camera〕片段四年後出現在《觀看的方式》的開頭）。一九六九年，《電影筆記》（Cahiers du Cinéma）展開翻譯艾森斯坦著作的計畫。同一年我們見識到《熔爐時刻》（The Hour of the Furnaces，譯註：首倡「第三電影」的阿根廷電影人拍攝的紀錄片），這是受蒙太奇啟發的「第三電影」的奠基石（譯註：第一電影是好萊塢式商業片，第二電影是歐洲式藝術片，第三電影則是以揭露真相、鼓勵行動以達成解放目標的第三世界電影），振奮了左派。蒙太奇如此強力允諾的是一種革命性的技術，不僅能夠讓藝術家和工人並肩（蒙太奇原文「montage」源自「monter」，是建立或聚集的意思），而且這種形式看起來類似辯證過程。如同立體主義，我們不再從單一視角看世界。如同馬克思主義，我們理解現實是相反力量、階級和觀點的對抗。

　　到了一九七〇年代初期，部分是出於他對立體主義的興趣，而且參與了這些比較廣泛的潮流，伯格在思想和寫作上採用了蒙太奇方

法。他的知性散文開始從連接詞向外展開：特納和理髮店、法蘭西斯・培根和華特・迪士尼、塞克爾・阿梅特（Seker Ahmet，譯註：土耳其畫家）和森林。「範型，」伯格說到馬克思，「不再是一磚一瓦或一層一層建構起來的大廈，而是在一個支點上的平衡，類似於天平或翹翹板……藉由觀點之間的跳躍，從一個段落進展到另一個段落……馬克思思維所展示的不連續模式如今已成為現代溝通方式的必要部分。不連續性現在內化於我們對現實的看法。」[63] 像《第七人》這樣的作品，本身就是媒體的結合，不是從任何單一元素（無論是一段文字或一張照片）的固有意義取得力量，而是從**這些元素編排而成的集體樣式中**獲得力量。唯有透過這個樣式——那個支點上的平衡——才能感知一個新的整體。

系統到經驗的關係是事物的核心。在源頭上英國新左派正是受到共享的信念「人類生活的獨身性」所鼓舞。[64] 不過十五年後，鐘擺往相反方向擺動。等到伯格著手進行《第七人》時，比較學院派的左翼升高了他們對前輩的批判。即使是安東尼・巴奈特（Anthony Barnett），伯格在《新左派評論》的密友，也發言指出高估經驗以為那是取得政治知識的路徑所涉及的錯誤。對巴奈特來說，經驗或許是「對於理論的正當檢驗」，但是「資本主義這個全球體系的基本運作法則」，他說，只能透過「抽象形式的論辯」來掌握。[65] 那些運動法則的結果「會是我們的經驗」，他加以闡明，不過系統的運作「無法靠經驗來揭露」。幾年後這樣的區分幾乎成為公理，第一世界已經接受了「深刻文化信念」的訓練，因此，再度引用詹明信，「我們私人存在的活生生經驗，總之是無法跟經濟科學和政治動力學的抽象原理

相提並論」。[66]

這就是《第七人》提出來探討、拒絕接受和意圖顛覆的二分法——理論與經驗的對立。所以有蒙太奇；所以是合成的形式。既不是論辯也不是故事，而是並置的混合體。因此這本書核心的二元性是地理上的（北方／南方）、心理上的（思想／感受）和本體論的（系統／生活－世界）；不過將上述帶進焦點的手段是**美學**。透過名符其實的「剪刀－和－膠水」（Scissors-and-glue）的方法，這本書拆開和重組我們的認知區塊。策略是交替訴諸知性和感性、結合兩者、透過此彼互相觀照，同時探索各種方法，讓全球資本主義的各種矛盾在思想與感受的區分之中自己顯現出來。

「我們徵求的是勞工。」瑞士劇作家馬克斯・弗里施（Max Frisch）針對「外籍勞工」（*Gastarbeiter*）的計畫寫著，「然而我們找到的是人。」[67] 不過國與國之間的分工撕裂了任何有意義的人格可以倚賴的內在連續性。（就如同我們只獲得男性這半邊的圖像，《第七人》只有一個章節記錄了離鄉背井的社群可能有的歡樂——跳舞和飲酒，然而即使在這裡，心情還是憂鬱的。）移工做為**資源**被帶進大都會，他的主體性被割裂，不只是在文化和地理上，而且是本質上的：撕成兩半的人像以強烈的意象象徵了這個分裂，剛好出現於他在邊境被脫掉衣服接受檢查之前的敘事裡。照片的一半由偷運者保存，證明他已經完成自己這一邊的交易；一旦他抵達了大城市，這位移工會將照片另一半寄給他的家人——他的缺席就此完成。

亞里士多德說所有故事都源自兩個原型：要不是英雄出發去旅行，就是陌生人進城了。第二個原型，我們注意到，只是第一個原

型倒過來看。這也是本國公民接受移工的唯一方式。旅行的人以第一種方式來看這則故事。對他們來說這是邁向新生活的史詩旅程。這是以辯證的雙眼視覺來看伯格和摩爾的計畫。竭盡全力熬過「進步風暴」，同時尋找安居的家，移工的苦難完全是他自己的，然而也不只是他自己的。這種苦難屬於巴西攝影家薩巴斯提安‧薩爾加多（Sebastião Salgado）大約二十年後與伯格對話中所稱呼的：「地球等級的悲劇」。

「圖像和文字正在交配繁殖。」伯格在一九六四年說過。他是對的。接下來十年見識了一連串關於設計、版面、影片形式、美學經驗，還有其他種種的革命。不過到了一九七〇年代中期，創生的風暴逐漸平息。

從構思到出版，《第七人》所走的路一點都不平坦。企鵝內部有不少障礙。伯格的密友，編輯東尼‧哥德溫（Tony Godwin）調到紐約去了，倫敦新的員工反對這項計畫。取代哥德溫的尼爾‧彌德頓（Neil Middleton）寫信給伯格，訴說加諸製作部門的要求引起的「惡感」。他同樣抱怨書本的設計師理查‧侯利斯「缺少專業的用心，以及不了解一大堆書籍製作的簡單機制」。[68]（侯利斯後來發展成為他那一代最著名的設計師之一。）因為他們非正統的版面編排造成一連串的錯誤，更正的帳單用版稅來抵扣。《第七人》在商業上失敗了。它標記了伯格與企鵝關係的終結。

一九八二年，伯格與摩爾合作了第三本書，不過已經不再密切關注圖像－文本的搭配了。《另一種影像敘事》的特色是一篇雄辯滔

滔、有時過頭的論文，探討照片固有的曖昧性、與繪畫在本體論上的差異，以及照片如何配上文字創造出統合的新意義。伯格這篇論文，只以〈表象〉（'Appearances'）做為標題，是完工的最後一塊石頭：始自他為《版式設計》製作的小書，追溯了兩個世代的思潮，先是新左派的崛起與沒落，然後是，因為某種都卜勒效應的延遲，結構主義的崛起與沒落。[69] 以伯格的觀點來看，由於「熱愛封閉系統」，結構主義為了語言喪失了視覺。在他之後的知性散文中，伯格會一次又一次提及「可以看見」的奧祕、難解或奇蹟——看得見的世界竟然能夠存在真是全然的驚奇。

　　因此，《另一種影像敘事》唯一包含的一組序列照片沒有文字搭配，就透露了作者的用心。這組序列想必就是書名所指涉的，位於這本書的中心位置，是一系列大約一百五十張摩爾拍攝的黑白照片，由摩爾和伯格共同編排，沒有圖說。前面的註記顯示這序列「試圖一路跟隨一位老婦人對自己人生的反省」。[70] 不過這位老婦人是虛構的。我們被告知她是農婦，未婚，獨自生活，經歷了兩次世界大戰。照片與她的記憶之間的對應不是確實的。「我們絕對不是想要故弄玄虛。」文本的開頭，「然而針對這一序列照片我們不可能給予一把語言的鑰匙或故事情節。這麼做會在表象上強加單一的語言意義，因此抑制或否認了它們自身的語言。」[71]

　　我們要如何解讀這種語言退位給視覺？與伯格前兩次跟摩爾合作所肯定的剛好相反——那是一種互相豐富對方成果的張力，用意不在固定而是給予我們視覺脈絡，並且制約我們的視覺，以幫助我們游移在照片的四周、之下和之上，然而不會完全拋棄文字無可否認的存

在。在《另一種影像敘事》裡，文本和圖像保持距離。彷彿「**分寸**」的美學──概念與意象之間的空間──已經拓寬到這樣的程度結果崩塌了，回到伯格最初如此努力想要超越的傳統形式。絕大多數評論者表達了殘餘的失望，認為照片－序列無法承載對它的隱含要求──那麼，實際上，另一種敘事方法也就是次等的方式。

　　或許伯格和摩爾最初兩本書比較配得上第三本書的書名。《幸運者》和《第七人》真正開創了強力而且讓人難忘的新形式。如果《觀看的方式》變得影響如此之深遠，以至於現在回顧起來，幾乎是過時了──它的影響經由文化已經傳播了、內化了，而且往後繼續發展──《幸運者》和《第七人》不是以相同方式讓讀者拿起來閱讀。這兩本書仍然是遠在天邊的信號燈。今日我們身邊的紀錄片氾濫，紀實的照片－文本依舊是尚待探索的主張。

　　唯有在戰後數十年不斷擴張的媒體環境裡，伯格才找到解答，解決他從男孩時期就感受到的分裂的忠誠。在過去的半世紀，我們的媒體環境超乎所有預期的擴張。用底片來拍照幾乎絕跡，電視也很快就會滅絕。我們居住在新的數位世界，這個世界充滿信號、天線、衛星、自拍棒、智慧手機、虛擬實境眼鏡，以及最重要的，**螢幕**：在加油站、在計程車後座、在飛機上、在我們的口袋裡。這是老生常談，然而這是事實：我們從來不曾這麼連結在一起，不過我們也不曾這麼孤單過。

　　隨著二十一世紀的數位轉型，伯格回到他的初戀：畫畫。他的童年日記結合了詩和素描；他晚期的著作之一結合了繪畫和形上學。靈感來自史賓諾沙（Benedict Spinoza）的人生，《班托的素描簿》

（*Bento's Sketchbook*，二〇一一年）提醒我們，這位十七世紀的哲學家不只相信身體與心靈的分裂是謬誤的，而且比較不為人知的，他喜歡畫畫。據說史賓諾沙有本素描簿引發了伯格的想像。「我不期待如果素描簿找到了裡面會有偉大的畫作。」他說，「我只是想要重讀一些他的話語；他身為哲學家一些驚世駭俗的主張，同時能夠檢視他用自己的雙眼觀察到的那些事物。」[72]

5. 向現代主義致敬

世間生活的一分鐘過去了。如實畫下來！

——塞尚

在《*G.*》（本書作者最知名的小說）快要結束的時候，主人公G. 帶著一名斯洛維尼亞的鄉下女孩去舞會。奧匈帝國第里亞斯特（Trieste）的全部居民都在場，包括那位銀行家，他是 G. 計畫誘惑的一名女子的先生。這是算計過的冒犯——一種羞辱。幾分鐘之內，「每個人都在敘述或討論這樁醜聞……來自村莊的斯拉夫女孩，放肆地穿戴珍珠、棉紗和印度絲綢。」[1]

一九七二年十一月二十三日晚上，約翰・伯格出席穿戴正式禮服的「布克獎」頒獎典禮。這場盛會在倫敦市中心的皇家咖啡廳酒店（Café Royal）舉行，主持人是羅伊・詹金斯（Roy Jenkins），當時是工黨的國會議員，以他在黨內「激進中間派」的立場而聞名。宴會廳有許多張圓桌，跟伯格坐在同桌的有：安娜・巴斯塔克；他邀請來的客人沃特・布高亞（Walter Bgoya），「非洲書籍合作社」（African Books Collective）的坦尚尼亞創辦人；舉足輕重的出版人湯姆・馬舍勒和他太太；編輯東尼・哥德溫；休・威爾頓的遺孀；文學批評家喬治・史坦納（George Steiner，他與西里爾・康納利〔Cyril Connoll〕和伊莉莎白・鮑溫〔Elizabeth Bowen〕組成了遴選委員會）。[2] 一整晚的程序進行到最後，宣布得獎人：伯格的小說獲獎。

接下來發生的事自此成為布克獎傳說的一部分。站上台時伯格抨擊這個獎，因為獎項令人不快的競爭性質；因為獎項執迷於輸贏；以及這樣的競賽讓作家淪為賽馬。不過他把自己最強烈的輕蔑保留給獎項的贊助者，布克—麥康諾公司（the Booker-McConnell corporation）。這家公司的龐大財富仰賴的是在西印度群島擁有大片由奴工耕種的土地。伯格評論這樣的反諷，萬一他獲得的獎金投入

他下一個關於移工的計畫，這本書的資金就來自剝削他書中人物的親戚。「一個人不需要是小說家去尋找非常細微的連結，才能把這筆五千英鎊的獎金追溯到它源頭的經濟活動。」他說。[3]

演講引發了立即的敵意：許多賓客開始碰杯，還有些人對他叫囂。伯格，這個星期較早之前就獲得消息他會贏得獎項，在典禮當天上了電視宣布他的計畫，他將會把一半的獎金捐給倫敦在地的黑豹黨，表示團結一致的立場。

伯格從一開始就在挑釁。「既然你們頒給我這個獎，」他以此開頭，「你們可能想知道，簡單來說，獎對我的意義。」[4] 在某一刻蕾貝卡‧韋斯特（Rebecca West）顯然吼叫回擊：「我們不想要知道你打算拿那筆錢做什麼。閉嘴然後坐下！」據報導另一則評論來自劇作家麥克斯‧格布勒（Max Gebler）：「如果你那麼想要把錢送給謀殺犯，為什麼不給愛爾蘭共和軍！」——在詹金斯插嘴「讓他說」之前。[5]

「首先，讓我非常清楚地說明自己立場的邏輯。」伯格說：

這不是罪惡感或良心不安的問題。當然也不是慈善問題。最重要的，甚至不是政治問題。這是我要持續成長為一名作家的問題：這是我跟形塑我的文化之間的議題。

在奴隸買賣開始之前；在歐洲讓自己喪失人性之前；在歐洲用自己的暴力繃緊自己之前，必定有一個時刻，黑人和白人接近彼此，驚奇對方是潛在的平等對手。此後這個世界分裂成潛在的奴隸和潛在的奴隸主。而歐洲人帶著這樣的心態回到自己的社會，

成為他看待一切的部分眼光。

　　小說家關心個人命運和歷史命運之間的交互作用。我們這個時代的歷史命運逐漸清晰。受壓迫的人打破了壓迫者在他們心裡建築起來的沉默之牆。在他們反抗剝削和新殖民主義的鬥爭中——然而只有透過和憑藉共同的奮鬥——奴隸和奴隸主的後代是有可能再度驚奇地盼望彼此是潛在平等對手而互相接近。[6]

　　布克獎的演說始終是伯格感情最熾熱的雄辯之作。加上同一年在BBC首播的《觀看的方式》，這一番譴責推波助瀾，讓一九七二年成為伯格聲名的最高峰。這場風波持續成為他歷史地位的標記，在公眾記憶裡幾乎掩蓋了得獎作品本身。

　　如同衛星環繞著行星，這場演說跟促使其發生的小說之間有著奇特關係。兩者有連結，然而不是直接明確的連結。演說幾乎是這本書活生生的尾聲，演說造成的騷動就像書裡面的場景。

　　十年前伯格離開英國，不過現在他回來了。他歸來的整個「場面調度」——獨自站在燈光下想要掀起革命的作家，俯視整個文化建制——具體呈現了他的小說試圖解決的疑難問題。**這是我跟形塑我的文化之間的議題。**

　　體制的騷亂——文學、性愛、政治——是這本小說部分的DNA，從一開始就建構在裡面。敘述書中主角——沒有命名，但是「為了方便」用一個字首來表示——短暫而繽紛的人生中各種事件，《G.》除了其他定位，是一部傳記。[7]出生於一八八六年，一名義大

利利佛諾（Livorno）商人的私生子，母親是商人反覆無常的美國情婦。G. 小時候就送去給阿姨和姨丈撫養，住在年久失修的英國莊園裡。他的男孩時期透過各種不尋常事件的戲劇性場景重建在讀者眼前：早熟地迷戀女家庭教師；黃昏時與兩名偷獵者的駭人相遇；打掉他牙齒的受傷；造訪米蘭，他離開旅店漫步，捲入一八九八年因飢餓引發的暴動；最後在十五歲時，透過與阿姨亂倫的背德行為進入成年期。

　　《G.》以重述唐璜的神話來行銷，而且書的下半部轉向一連串四處流浪的獵豔。我們發現 G.，現在是有錢而漫無目標的旅行者，在瑞士引誘一名侍女，彷彿飛行員競爭誰先橫越阿爾卑斯山脈。我們發現他接下來在義大利的多莫多索拉（Domodossola）讓一名汽車製造商戴上綠帽。之後在世界大戰前夕，他出現在第里亞斯特，與一名哈布斯堡官員的妻子調情，同時被懷疑是間諜，義大利民族統一陣線的一名祕密成員在跟蹤他。在小說最後一頁，G. 被打到頭，掉落海裡。

　　「這是一場漫長的鬥爭。」伯格在一九六八年說，「不過在過去幾年，關於性，我們贏得了公開書寫的權利。」[8] 在《G.》裡面，他當然是公開書寫「性」。H・G・威爾斯（H.G. Wells）針對喬伊斯抱怨的「泄殖腔的執迷」，充斥在書裡每一個地方。當他想要時，就可以寫得像通俗劇那樣活靈活現。花的意象似乎一直是偏愛。「於是一株仙客來打開了……他的陰莖再度勃起以及包皮再度從冠狀溝縮回來的感覺。」[9] 在某一處，文本讓位給一幅畫：男人和女人的生殖器。幾頁之後又一幅歡樂的素描：雌雄同體的陰莖加上乳房，嘴唇和一隻有睫毛的眼睛。

坦率的性愛、美學的實驗和公開的醜聞匯聚在一起，造就了十足強健並且戴上桂冠的現代主義傳承。[10] 在一八六〇年代的全盛時期，有馬奈（Manet）的《奧林匹亞》（*Olympia*）；一年之後是庫爾貝的《世界的起源》（*L'Origine du Monde*）。伯格自己華麗的表現手法部分源自畢卡索。在這位藝術家的人物肖像中伯格注意到臉孔變形為性意象（鼻子是陰莖；嘴巴是陰道），而且提及《亞維儂的少女》（*Les Demoiselles D'Avignon*）是「狂暴的正面攻擊」。在文學的現代主義高峰期有喬伊斯、D・H・勞倫斯和亨利・米勒（Henry Miller）。然後在一九五〇和六〇年代有納布可夫（Nabokov）、菲利普・羅斯（Philip Roth）和戈爾・維達爾（Gore Vidal）。曾經被稱為淫穢的美學已經證明是藝術家汲取創造力的驚人深井，更別說是有助於博取公眾關注的不歇止噴泉。藝術和性的造反者都是為了激怒而展演。兩者都打算震撼同一批人：自我任命的好品味捍衛者。

伯格四十歲左右開始撰寫《G.》，仍然有許多東西想要證明。年輕時他惹怒倫敦的既成體制，打破冷戰的禁忌；不過在他離開後，倫敦似乎沒有他也很好。他前三本小說賣得很差。彷彿為了要創作出最好作品，他亟需對手。關於畢卡索的書他找到了一位對手，不過那是論戰，他倒退回自己原本批評家的身分，而不是邁前一步朝向新的作家身分。「我想要改變自己的角色。」伯格後來說起自己三十幾歲的時期，「撰寫不同形式具有想像力的作品。我發現那種焦躁不安的能量耗費在試圖逃避角色定位。從很小的時候開始我就一直古怪地抵觸英國在揀選、裁判和評估事物上面的分門別類。我感覺像是擀平麵皮，在上面壓出各種形狀，然而有許多麵皮剩下來沒有用到。」[11]

　　他用了五年默默創作《G.》。這本小說匯集了他林林總總的一切野心──那些來來去去的野心──成為野心本身的紀念碑。就像遇見了現代主義的雕塑，你必須環繞著它走動，從許多面來欣賞它。這本書同時是：重新塑造「成長小說」的實驗；「把立體主義翻譯成文學詞彙」的嘗試，如一位書評所言；[12] 性愛、政治和美學革命的結盟，以及調和（往往採用對位法）一個現象又一個現象流過的生活經驗和整體的歷史進程。如果伯格的處女作《我們這個時代的畫家》是透過寫作讓自己脫離政治沮喪的手段，《G.》反映了自我信念膨脹的時期。這本著作提出的統合透露了伯格一度對於小說這種形式的信心──小說有能力覆蓋歷史和經驗的龐大領域──以及相信新現代主義者的鴻圖大志，他們要航向沒有海圖的未知領域，追求更真實的表達。「我書寫過的一切，」他在一九七一年說，「不過是為了最近五年創作《G.》的準備。」

　　這種「統攝性小說」的傳統，在兩次大戰之間歐洲現代主義的偉大傳世作品中達到了一連串高峰，而《G.》顯然標榜自己深受這個傳承的恩惠。出版時就拿來跟喬伊斯、穆齊爾（Robert Musil，譯註：奧地利作家，未完成的小說《沒有個性的人》〔*Der Mann ohne Eigenschaften*〕公認是現代主義重要作品）、湯瑪斯・曼（Thomas Mann）、斯維沃（Italo Svevo，譯註：義大利意識流文學鼻祖，與喬伊斯交好，代表作是《季諾的告白》〔*La Coscienza di Zeno*〕）、多斯・帕索斯（Dos Passos，譯註：美國作家，代表作《美國三部曲》〔*U.S.A. Trilogy*〕）、勞倫斯和紀德（André Gide）相比。喬伊斯尤其是重要的參照。《G.》的寫作軌跡是「日內瓦─巴黎─奔牛

村，一九六五～一九七一年」；《尤里西斯》（*Ulysses*）則是「第里
亞斯特—蘇黎世—巴黎，一九一四～一九二一年」。從年輕時伯格就
著迷於這位愛爾蘭作家。如同奧德賽，喬伊斯被想像成史詩裡的流亡
英雄，在自己的作品中遊歷四海。在後期一篇知性散文裡，伯格描述
他與《尤里西斯》的第一次相遇，在他十四歲時——這本書他與其說
是閱讀，不如說是「航行進去」和「遨遊其中」。[13]

在最私人和實際的層面上，《尤里西斯》也是一本煽動中產階
級恐懼的書。它的部分吸引力來自它曾經是禁書——非法的光環和它
的文學聲望密不可分。一九四一年秋天，戰爭方殷，伯格的父親憂慮
他的兒子，沒收了這本小說鎖進他的辦公室保險櫃裡。「我憤怒得像
只有十四歲的孩子能達到的程度。」伯格後來回憶，「我畫了一幅他
的肖像——至今為止我畫過的最大幅油畫——我讓他看起來像惡魔，
有著梅菲斯特（Mephistopheles，譯註：歌德筆下引誘浮士德墮落的
魔鬼）的色彩。」[14] 不過想到《尤里西斯》被鎖在保險櫃裡，放在他
父親的機密文件旁邊，也喚起了伯格年少的想像力。偉大的文學可
能——也應該是——危險的。

「筆觸不只是記錄。」關於塞尚，艾力克斯‧丹切夫（Alex
Danchev）寫著，「筆觸是經驗的單位：校準好的、瞄好目標的、深
思熟慮的，然而在搏動、在苦惱，在回應它鄰近的筆觸，像是一段節
奏或一拍。一幅畫的營造既是計畫好的，也是即興發揮的。感官知覺
是同步的。」[15]

小說如同繪畫，段落就是筆觸。《G.》像詩一節一節的結構——

第一行不空格的一段段散文以不同間隔安置在書頁上——得以像現代主義油畫那樣呈現各種角度：從特寫到全景；從櫻桃的滋味到戰爭的爆發。這本書也是個人的突破。伯格的書寫總是傾向於密實而且充滿警句，現在比較長篇的作品可以透過排序好的較短的爆發逐步建構。《G.》實質上就是個蒙太奇計畫：伯格和設計師理查‧侯利斯花了好幾天用剪刀和膠帶編排手稿。與虛構部分交互剪輯的是複製的引言、剪報、圖畫、詩篇、一小段樂譜。在後設小說這方面，伯格討論了他的歷程、他的夢想、語言和性愛的本質。時間擴張和收縮。視角互相旋繞。不同的時態——當時和現在——競爭主導權，彷彿立體主義關於平面和深度之間的根本區別在時間的立體視覺中展演出來：寫作是召喚過去的事實，不過寫作也追蹤行為的痕跡。

　　整部小說從頭到尾，伯格加壓密封了歷史小說固有的一種關於敘述的二元對立，模糊了事實與幻想。特別是在下述的章節裡：一八九八年米蘭起義、一九一〇年橫越阿爾卑斯山脈和一九一五年戰爭爆發，這個文類的基本手法（從巴爾札克到《阿甘正傳》〔*Forrest Gump*〕）是將一名想像的人物插入歷史事件中，因此個人跌宕起伏的一生成為背景中的交叉陰影襯托公眾紀事，盧卡奇稱讚托爾斯泰（Tolstoy）是個中翹楚。伯格的技巧是類似的——儘管坑坑疤疤不夠平順。伯格甚至在下述情節中評論了這樣的並置：一名觀念保守的美國飛行員韋曼（Weymann，*譯註：真實人物是 Charles Terres Weymann，海地出生的早期飛行員*）申斥 G.「孩子氣」的可笑舉動。「我們是先鋒。」他告訴現在職業是誘惑者的 G.，在夜晚飛越布里格（Brig）上空時，「你怎麼可以把我們在做的事——像我們這

樣早起的鳥兒──類比於二十四小時癡迷於一名瑞士小侍女，你甚至沒跟她說過話。你怎麼可以那樣不分輕重。」[16]

　　這手法是伯格自己的。在最炫目的段落之一，就在數頁之後，他交叉剪接了季歐・查維茲（Géo Chávez）越過辛普朗山隘（Simplon Pass）的傳奇飛行（以散文寫成的一幅空中繪畫〔*aeropittura*〕）以及 G. 跟韋曼提及的女孩天啟式的交合。「再也不會，」文本寫著，「有一個故事說得好像它是唯一的故事。」[17] 這項宣言的作用就像是合葉：床在一邊，飛機在另一邊。

　　「在所有文藝批評背後，」伯格在不滿三十歲時寫著（而且還略帶年輕人悲傷的浮誇），「是疑問和悲劇性的矛盾……偉大的文藝批評只會出現在，當一道希望、一套藝術理論所允諾的多過於實際；當作者心裡的藝術願景在宏大、寬闊和輝煌方面，沒有繪畫、沒有詩篇、沒有歌曲能夠完全比得上……在所有偉大的批評中，我們會發現新國家的願景，然而還沒有鋪上一塊磚頭直接去建造它。」[18]

　　在同一篇文章裡，伯格引用德拉克洛瓦（Delacroix，譯註：法國浪漫主義畫家）的一則日記：「批評跟隨心靈的作品，有如影子跟隨身體。」不過他根據托爾斯泰、羅斯金（John Ruskin，譯註：英國維多利亞時代重要藝術批評家）、波特萊爾（Baudelaire）和威廉・莫里斯修改這個隱喻。他問，如果批評是影子在身體**前面**呢？如果批評是**計畫**多過於評價呢？

　　伯格肯定是這樣的例子，他的知性散文是《G.》的先導。「關於現代小說的危機，我們耳熟能詳。」他在一九六七年說：

　　根本上，這牽涉到敘事模式的改變。幾乎不再可能按照時間順序說一個直線開展的故事。這是因為我們太清楚不斷橫向穿越時間線是怎麼回事。也就是說，不再以為一個點是一條直線上無限小的部分，而是清楚這個點是無數條直線上無限小的部分，是一個星球的中心，發散出無限條直線。這樣的覺知是我們必須時時刻刻考慮事件和可能性會同時發生並且延伸的結果。[19]

　　根植於敘事時間的空間化，幾何的隱喻反覆出現在《G.》的好幾個段落裡，碎片毫不遲疑宣稱自己是詮釋學的萬能鑰匙，是關於小說如何寫成的反覆思索，因此應該好好閱讀。其中一段伯格捍衛自己風格的奇特。「然而我幾乎意識不到時間的開展。」他寫著，「我在事情之間覺察到的關係……很容易在我心裡形成複雜的共時模式。別人看到一段時期我看到一片場域。」[20]

　　或許伯格堅持得太多。或許影子也是投影。儘管大衛・考特（David Caute）指控他「採用而且實在是過度使用了」法國「新小說」作家（*nouveau romanciers*）的手法（考特的書評提到的有薩洛特〔Nathalie Sarraute〕、索雷爾〔Philippe Sollers〕和布托爾〔Michel Butor〕），我們從《G.》感受到的不是故事被廢除了，而是故事盡可能拓展到許多層面。[21] 雖然法國的結構主義者針對敘事這個概念發動攻擊——敘事的煽情、俗套、假冒的心理主義等等——伯格的方法似乎源自於（如果有的話）感受比較深切的人文主義，相信配角永遠是他們自己人生的主角。這樣的同情從頭到尾貫穿他的作品：他最後幾本虛構作品之一的書名是《我們在此相遇：路上交會的

故事》（*Here Is Where We Meet: A Story of Crossing Paths*）。「進入我們生命的許多生命，」他說，「是數不清的。」[22]

如何表達這樣的豐饒？如果小說是海洋（而讀者是航海者），那麼什麼界定了它的海岸？或者，翻轉隱喻，如果每一刻都是一顆星星，那麼如何把事物放在書頁上？如何探觸無限？[23]

就形式來說，伯格似乎已經找到解答，那就是敘事上的立體主義：破壞掉單一視角；不明確區分前景和背景。在 G. 的阿姨被帶到南非時，她身邊帶著小說。有好幾頁我們穿梭在這個其實是次要角色的感知裡：與一名祖魯人黃包車司機沉默的交換眼神；殖民地晚宴到處是銀色燭台；最後是她自己脫離定錨和「傾向」精神分裂。接著，正如同我們突然被帶到德班（Durban），我們發現自己回到了英國鄉村的莊園，現在 G. 十五歲，他的阿姨三十六歲而且返家了，邀請他進入她的房間跟她上床。

這是敘事上帶有報復意味的猛然一鞭甩下來。其他的斷裂反覆出現在時間和空間裡。我們被告知，G. 在加里波底（Garibaldi）死後四年出生，於是有一段落討論這位將軍在那不勒斯的戰役。另一章的開頭是描述利佛諾的一座公共雕塑，主角是費迪南多・梅迪奇（Ferdinando de Medici），有四位鑄著鎖鏈的奴僕環伺（在領取布克獎的演說中，伯格宣稱這是「書中最重要的意象」）[24] 隨著我們一路讀下去，作者提供我們過去的史實，卻彷彿發生在我們左右——往往是放在括號裡，幾乎總是死亡人數的多寡。隱含著這個地球擁有頁岩般的記憶沉積層。**再也不會有一個故事被說得好像它是唯一的故事**。這句話從此成為伯格被引用最多次和最有散播力，實際上成為了

後殖民世界小說的信條。（這個文類兩位最重要的耕耘者，麥可·翁達傑〔Michael Ondaatje〕和阿蘭達蒂·洛伊（Arundhati Roy），都是伯格的朋友，正式承認他們受到伯格的影響：伯格的宣言以卷首語的形式出現在《身著獅皮》〔In the Skin of a Lion〕和《微物之神》〔The God of Small Things〕中。）如同在這本離散小說裡，《G.》發揮了極大的引路作用，每一個人物具體而微承載了全球化歷史的印記（而且往往是傷疤）。「光是要理解一個生命」，在魯西迪（Rushdie）現在已經廣為流傳的重述裡，「你必須吞食整個世界。」[25]

不過還有一個問題。如大多數認真賞析這部小說的批評家注意到的，G. 不是一個真正的人物。他幾乎不說話。作者沒有描述他，從頭到尾也沒有給他名字。他實際上是沒有任何特徵的男子，或者如伊恩·弗萊明（Ian Fleming）關於詹姆士·龐德的說法：「極為無聊、無趣的男士，任由事情發生在他身上。」[26] G. 是充滿慾望、四處旅行和誘惑女人的機器。但是他沒有自我。

次要的人物也沒有自我，不過是在相反的意義上。G. 是存在意義上的白板，而其他人太固定的社會樣貌幾近刻板印象。他們都代表了各自的國家和階級，分析起來如下：粗野的義大利資本家、拘謹的維多利亞紳士、沒有人生目標的美國女繼承人、壓抑的法國主婦、強硬的澳洲銀行家。羅伯特·穆齊爾（Robert Musil，他的散文式小說是一大靈感來源）戲稱自己是「活體解剖先生」，伯格的意圖類似。有時會出現近乎醫學風格的語體：碧翠絲（Beatrice）的臉龐「傾向

於過度橫向伸展──彷彿她的耳朵不斷拉扯她的嘴巴形成微笑」。[27]
作者與筆下人物的關係，至少跟這些次要卡司的關係，是檢驗師跟樣
本的關係。社會文化的洞察可能栩栩如生，但人物是動物標本式的工
藝品：他們從一開始就沒有活著。

　　上述所有路徑通向令人震驚的結論。在安伯托（Umberto）和勞
拉（Laura）做愛之後，G. 誕生在書頁上：「孕育的是我想要書寫的
人物的必要本質。」[28] 在查維茲和他的飛機到達剛多峽谷（Gondo
Gorge）的峭壁時，他的引擎熄火了。文本也一樣：「這裡不會有刻
意決定的問題。我在寫作時不可能算計。」[29] 在這些段落裡，如同其
他段落，展現了強迫性的逆轉。寫作者（也就是伯格）的影子成為這
本書的英雄，他是如此沉浸在寫作的經驗裡。在這層意義上，《G.》
是雙重的成長小說，用成長小說省略掉小說本身的成長。伯格用來撰
寫《G.》的五年時間就是他以小說主角（從崔斯坦‧項迪〔Tristram
Shandy，譯註：英國作家勞倫斯‧斯特恩〔Laurence Sterne〕被譽為
現代主義小說開山之作的《項迪傳》（Tristram Shandy）主角〕到史
蒂芬‧戴德勒斯〔Stephen Dedalus，譯註，喬伊斯半自傳小說《一
名青年藝術家的畫像》（A Portrait of the Artist as a Young Man）主
角〕）據說利用生命的類似方式來利用小說的五年：是經驗的貯藏、
是「內部的歷險」、是測試價值和命運這類問題的手段。伯格把自己
寫進悠久的傳統裡。「我繼續過著因為喬伊斯的重大影響讓我準備好
的生活。」在男孩時期的《尤里西斯》被奪走之後半個世紀他這麼
說，「而且我已經成為作家。是他顯示給我看，在我什麼都不懂之
前，文學不利於所有的階層制度，以及要區隔事實與想像、事件與感

受、主角和敘事者，那就留在岸上，絕對不要出海。」

　　對伯格來說，一九七二年是分水嶺的一年。他四十五歲。首先他的小說出現在倫敦各處——放大的姓名縮寫（設計的神來之筆）占滿整個封面；然後是布克獎的爭議席捲文學既成體制。他在皇家咖啡館酒店的駁斥舉動在新聞界迴響了好幾星期。報紙回復到標準的伯格模式：「為什麼伯格咬了贈與他的手」；「反咬一口」；「伯格的黑麵包」；「有錢就能說話」；「不要射殺耶誕老人」[30] 這些新聞標題愚蠢卻透露了許多事。在國外十年後，伯格回來扮演過去的角色。於是英國新聞界也可以放鬆回到**它**過去的角色。這種方式人人高興——也就是說，掐住對方的喉嚨。

　　一位來自伯格老東家的記者甚至打電話採訪之前的布克獎得主奈波爾（V.S. Naipaul），「無知、荒謬，不只是垃圾而且有害。」關於伯格的鬧劇，這位來自西印度群島的作家這麼說。[31]「絕大多數支持『黑人權力』的作家只是說給白人聽……那是在夜總會演出，是上電視，是穿光鮮亮麗的衣服。」[32] 三星期後，伯格反擊。「非常簡單，我對於西印度群島的政治並非無知。」伯格說；至於比較大的爭論，「比無知還糟糕，是由謊言構成的。」[33]（他同樣指出，伊斯坎的坎貝爾勳爵〔Lord Campbell of Eskan〕多年來擔任布克－麥康諾公司的董事長，也擁有《新政治家》。）這裡我們再度坐回論戰的旋轉木馬。「英格蘭是個婊子」林頓·夸西·約翰森（Linton Kwesi Johnson，黑豹黨成員。譯註：亞買加詩人，二〇〇二年成為唯一一位入選企鵝現代經典文庫的黑人詩人）寫著，「我們逃不掉／英格蘭

是個婊子／我們跑不開」。以他自己奇特（而且相當特權）的方式，
伯格似乎也學到類似教訓。祖國的軌道很牢固。

　　要鞏固名聲往往需要承受兩次打擊——左右開弓的重拳——一九
七二年伯格都經歷了。《G.》得獎以及隨後引發騷動的同一年，伯格
扔了另一顆手榴彈到英國文化既成體制的另一翼：博物館。如同他的
小說，《觀看的方式》（之後會有更多的探討）是針對政治現代主義
的定時炸彈，計算好的引信。大多數的節目就是空氣，然而到了一九
七二年年尾，《觀看的方式》引爆了。

　　新聞界將《觀看的方式》描述為職業拳賽。當他們無法描繪
時，就靠想像：「深入其核心，約翰・伯格的《觀看的方式》，」
卡洛琳・提斯朵（Caroline Tisdall）在《衛報》（*Guardian*）的書評
寫著——發表於布克獎頒獎典禮同一天——「是藝術史家之間的爭
論，可以製作成精彩的電視節目。」[34] 提斯朵幻想，針對根茲巴羅
（Gainsborough，譯註：十八世紀英國肖像和風景畫家）的「安德魯
夫婦肖像」，肯尼斯・克拉克不帶感情地發表意見，說起「敏銳觀察
的玉米田」，結果只招來伯格立即反擊：「沒有盧梭主義的粉飾，也
沒有關於自然的沉思：安德魯夫婦是**地主**，而畫家的態度就是描繪財
產。」然後勞倫斯・戈溫（Lawrence Gowing，譯註：英國藝術家、
作家、策展人和教師）「上場」救援：「『面對約翰・伯格想方設法
把自己插進我們和優秀圖畫的可見意義之間』」，戈溫在提斯朵想像
的場景中（本身就是一種歷史畫作）說，必須指出這對英國夫婦只是
「在哲學上享受『偉大原則』……沒有腐壞沒有變態的自然擁有的真
實光亮。」[35]

　　現實裡，這一系列的對立性質比較昇華（而且是三角關係），並沒有實際在我們眼前上演——不過還是對立。伯格在整個系列的節目中不斷挑起戰端。他引用美國藝術史家西摩·史萊夫（Seymour Slive）——當時從哈佛休長假到牛津擔任史萊德美術教授（Slade Professorship）——只是要闡明他滿口華而不實的屁話，滔滔不絕。史萊夫關於弗蘭斯·哈爾斯（Frans Hals，譯註：荷蘭黃金時代肖像畫家）兩幅群像的權威意見，根據伯格的看法，只是掩蓋了畫作本身，「彷彿他害怕它們的直接和容易親近……彷彿他不想要我們以自己的見地來理解畫作的意義。」同時，肯尼斯·克拉克對歐洲人裸體的看法只說明了或許他對繪畫、雕塑和羅馬歷史瞭若指掌，但是他對女人幾近一無所知。裸露不只是不穿衣服：裸露是做自己。對比之下，裸體「是被他人看見自己裸露，而且個人的自我沒有獲得認可」。我們聽說英王查理二世保存了一幅情婦的圖畫，那可不是為了紀念她的存在，而是顯示他的宰制——以及她「順服於他的要求」。

　　就像《G.》一樣，伯格的標靶是出身高貴的紳士：戴上桂冠的教授、大公爵和殖民地的旁觀者和擁有者。無論是不是風車，敵人的陣容龐大。他們是各式各樣的人，伯格說，「畫家為他們作畫。」他們過著每一天「確信這個世界是來裝飾他們在世上的住宅」。一切都是關於尊敬、羨慕、所有權和權力。一言以蔽之——自我。而且如同《G.》，伯格把自己塑造成解放者。就像「直立的入侵者」（vertical invader，他曾經如此形容畢卡索），他要攻占城堡。後座力正在醞釀，不過如同馬奈曾經跟左拉說的：「像你這樣能夠反擊的人必定真的很享受遭受攻擊。」[36]

甚至在布克獎之前，《G.》已經引發爭議。「知性化的黃色書籍」、「帶有塗鴉的黃色書籍」。侮辱層出不窮：「時髦的伎倆」；「謎樣的瞎扯」；「裝模作樣的廢話」；「跟風的嘲諷」；「蠢笨無比」。[37] 性與形上學的結合特別冒犯英國民族性的兩項堅固信條：謙遜和經驗主義。「有一點我們必須立刻讚揚伯格先生，」《觀察家》的一篇書評如此開頭，「他沒有因為害怕裝模作樣而受到抑制。」[38] 似乎英國新聞界這一邊有種存心的反射動作，不認真看待這本小說。伯格自己的發表園地《新社會》刊載的書評，標題是「G－上弦」。「既令人不快又難以消化。」羅傑・史克魯頓（Roger Scruton，譯註：英國保守主義大師，屬於新右派，同時批判社會主義和新自由主義）在《相遇》上抱怨，彷彿他衣領上戴著圍兜，瞪著眼前的食物。[39]

敵意有利於這本書：壞事傳千里的邏輯。《G.》不僅贏得布克獎，還有《衛報》的小說獎，以及「詹姆斯・泰特・布萊克紀念獎」（James Tate Black Memorial Award，譯註：創辦於一九一九年，是英國最早的文學獎之一）。即使銷售不理想，這本書成為街談巷議的題材。「這本小說在媒體曝光接受評析的次數超過近年來我記憶所及的幾乎所有小說。」一名批評家在一九七二年年末評述，「為什麼這樣大張旗鼓？任何人都會認為伯格帶了寶物從山上下凡。」[40]

在某個意義上，他的確如此。不過即使是身處法國的山丘，永遠有著英國的意象。以書寫反對既成體制，向來是，目前也還是，自我界定的核心模式。在一九五〇年代，他被醜化為清教徒式的馬克思

主義童子軍；現在他被漫畫成荒淫的馬克思主義好色之徒。（「考量過一切之後，很自然地藝術史家會輕蔑伯格。」尤尼絲‧李普頓（Eunice Lipton，譯註：美國藝術史學者，《化名奧林匹亞》〔*Alias Olympia*〕的作者）在《狐狸雜誌》（*The Fox*）上慧眼洞察地寫著，「專家意識到威脅了她的權力，於是伯格成為敵人。」）[41]

在《G.》一書中，性是報復的原始點，不過除此之外還有更多意涵。性是愉悅、困惑、肯定、自由的來源。性可以把私人和公眾帶入最驚人的放鬆狀態。性的體驗測試了語言的限制和我們平常對時間的理解。性是對立的統一，消除了一切矛盾，讓人領會到一種整體性——整套形上學。伯格總是慎重考慮他的書要題獻給誰，而《G.》奇特地獻給他的太太：「獻給安雅和她致力於女性解放的姊妹」。暗示了他假定小說的性愛現代主義和比較廣泛的反父權歷史鬥爭，兩者目標是一致的，可以團結在一起。曾經有第一波的女性主義，現在是第二波女性主義；曾經有巴黎的前衛藝術，現在是法國的新浪潮。

但是再度出現問題。G.是位性愛浪子；是欲力（或力比多）經濟中的羅賓漢；是解放者，在其他人把她們當成財產的社會裡，他能夠認出他誘惑的女人獨一無二的靈魂。不過當代的讀者很可能會看出其中的謬誤：G.誘惑的所有女人在我們看來是可以互換的。如同一名書評正確指出的，矛盾在於伯格「讀起來像是並非本意的男性沙文主義者，他站在女性解放這一邊是因為他站在革命這一邊。」[42]

《G.》根本上更多的是關於男性的慾望，超過女性的掙扎。[43] 以這種方式來讀，這本書收獲了一批粉絲。南斯拉夫的電影導演杜尚‧馬卡維耶夫（Dušan Makavejev）是如此著迷，他想要改編其中一部

分搬上銀幕。他在信中告訴伯格，他喜歡《G.》的地方是主角忠實於自己的慾望——這封信值得引用，因為非常滑稽、毫不遮掩，而且當然不是沒有問題地表達了其他許多左派男性讀者可能也會有的想法：

> 他的性（他的雞雞）、他的靈魂、他的心智、他的道德是同樣一回事。我不知道有其他本書以這樣正面和詩意的方式將一個人等同於他自己的雞雞。我喜歡事實是他操女人因為他尊敬她們以及他自己對她們的感受。尊敬總是用來反對情感。性和尊敬之間真實的連結讓這本書具有革命性。[44]

我操你來肯定你！結果馬卡維耶夫發現如此激勵人心的只是另一則男性幻想——因此表面上的激進主義益發顯得荒誕無稽。

新左派已經因為潛藏而且往往不那麼潛藏的厭女症——至少是盲點——遭受全面批評。《G.》在書寫時，作者不自覺戴上了深度的性別歧視散光鏡片，而那樣的散光是世代共有的，不過也是因為浸泡在反文化的閱讀清單裡，小說的伸展當然帶有赫伯特‧馬庫色（Herbert Marcuse，譯註：法蘭克福學派成員，新左派精神導師，在法國學生運動中與馬克思、毛澤東並稱「3M」）的餘緒。馬庫色的《愛慾與文明》（*Eros and Civilization*）和《單向度的人》（*One-Dimensional Man*）是年輕人和崇尚解放的人必讀之書。正如同馬庫色指出社會壓迫和性壓抑之間的相似處，《G.》暗示自由的認知可能根源於性。（性高潮和革命之間隱喻式的連結從頭至尾貫串整本書，群眾是「間歇性的抽動」，然後大眾的熱情「噴出」。）其他段落則顯示了威

廉·賴希的影響。根據這位有如神話人物偏離正軌的奧地利醫師（當時巴斯塔克正在**翻譯**他的論文），性挫折會孕育出比較容易默從法西斯主義的人格類型：在強大的君父身上，挫折的市民找到性的替代品。賴希的許多理論都遠甚於古怪——他著名的假想是「奧剛」（*orgone*）的存在。奧剛是實體的性能量，可以測量和積聚，他甚至建了爆破雲的裝置，把奧剛能量從空中接引下來——不過性和政治的必然匯合是有點道理的。理論本身倒不是什麼新鮮事。從某個制高點來看，新左派在追求的正是歷史小說一直以來興趣之所在：兩者的宏圖大略都是尋求調和個人與政治，欲力與社會。

不過在伯格的小說裡，性的多變性質似乎抵觸了任何穩定或明確的類比。在電視訪問中被問到性革命是否等同於政治革命時，伯格退縮了。他表示在《G.》中這兩個領域比較是「並置」，而不是相等。不過並置是一種形式上的技巧。並置是用來描述兩者在書頁上如何產生關係，而不是描述那種關係的意義。

這部小說的**問題**（跟隨上述思路），不在於理念先行過於粗暴，而是剛好相反：在政治上過度捉摸不定，過度忸怩作態。[45] 然而一九七〇年代的英國大眾早就準備好把伯格寫的任何東西都讀成政治表達，因此不會去追索更多的意涵。寫書評的人主打三個話題：性、現代主義和馬克思主義。他們所忽略的是——而且可能是這部小說在讀者反應上真正的盲點——這三個領域既分隔又融合的方式可以追溯到另一位歷史人物的作品：一位奧地利醫生，他在 G. 出生那一年開張了自己第一家醫療診所。

佛洛伊德（Freud）是伯格從來沒有公開認領的父親角色。但是

他對《G.》的影響是不證自明的。從開頭到結尾有伊底帕斯情結的三角關係，始自 G. 最初的受孕：安伯托（Umberto）凝視蘿拉（Laura）的陰道，驚嘆這個身體部位在那裡不是為了服務「他的機能」，而是容納「第三者外出旅行」。[46] 之後，當 G. 在喝母奶時，我們得以看到蘿拉的感受：「在這面鏡子裡，孩子是她身體的一部分，她身體所有部位的數目變成兩倍。但是同樣在這面鏡子裡，她是孩子的一部分，如他渴望的讓他變得完整。」[47] 在佛洛伊德的理論裡，早年的性心理經驗決定了成年的行為：G. 的母親在他還是嬰兒的時候拋棄了他；他有一位接一位的女家庭教師，每位都離開他。「缺少父母，他仍然在尋找一個人來代表所有他未能成為的人，如同他的另一半和他的反面來面質他。」[48] 當 G. 發現「他自己身體如火焚的奧祕」，他也發現了自己原初的創傷：受到母親忽視的創傷。當他失去自己的童貞時，對象是他的姨母，那是青春期中能讓他最接近母親的人。接下來一連串的感情投注，執迷於性別差異，甚至更有意思的，海上的角色以及佛洛伊德稱呼的「悠遊大海的感覺」：我們越是透過這樣的鏡片來檢視這本小說，架構就變得越顯眼，書內書外都是。

　　跟大多數男性作家一樣，如果你去尋找就會發現他整個生涯都存在著伊底帕斯反應：從他父親沒收《尤里西斯》，以及他跟赫伯特・李德或肯尼斯・克拉克拌嘴（兩人後來都封爵），到他跟英國本身的競爭關係。反應也會逆轉。伯格曾經待他如門徒的年輕批評家彼得・富勒（Peter Fuller），做了件出名的事，最終拒斥他的導師，決定修改早期為聖徒立傳的書名《看見伯格》（*Seeing Berger*），變成一種攻擊：《看穿伯格》（*Seeing Through Berger*）。[49]（如富勒

後來抱怨的：「好像要不是我必須成為伯格的另一條腿，不然就是他的死敵。」）[50] 伯格成年生活的家庭悲劇之一是他跟長子雅各疏遠的關係。儘管他們最終，即使只是部分，和解了，對兩人來說創傷都很深。這種傷痛雅各擁有了時間的視角之後，能夠將它看成歷史。不只是他父親在家裡是壓倒一切的存在，而且他屬於政治上「領頭羊」的世代，「狂妄自大」地相信他們能夠從零開始改造社會。[51] 這樣的心態，他說，沒有空間關照一個嬰孩身體和情緒上的需求，小嬰孩永遠會是某種程度的入侵者。**這是我跟形塑我的文化之間的議題。**

　　伯格當然知道佛洛伊德。身為畫家時他曾經租了一個工作室，就在英國精神分析師唐諾‧溫尼考特（Donald Winnicott）的診所樓上，伯格會在上樓工作時經過溫尼考特。甚至更驚人的是，巴斯塔克和她的家人一九三〇年代在維也納時，就住在佛洛伊德本人隔壁。（有一則故事說，她少女時代的口吃是在有一次拜訪過醫生之後治癒的。）不過還是合理的——甚至再合理不過——我們可以說佛洛伊德是《G.》裡面極力壓抑的人物，而且或許是伯格整個中年時期極力壓抑的人物。把馬克思拿出來揮舞的同時佛洛伊德要遮掩住。

　　伯格跳過佛洛伊德不談的現象，解釋起來很複雜。每一具收音機都有前面和背面。或許是計算好的位元用來形塑自我——抑制不適合個人品牌的電路。不過也可能只是出於直覺的反感。偉大馬克思主義之神據說已經失敗，目睹佛洛伊德如此迅速填補留下來的空位，伯格可能會覺得厭惡。戰後馬克思主義者的信仰危機直接導向了佛洛伊德的一些主張。首先，共產主義的危機（多麗絲‧萊辛在《金色筆記》中如此鮮活地呈現了）往往也是需要精神分析治療的個人崩潰；不過

更為廣泛的是，對於政治本身失去信心（萊辛的小說也追溯了這種信念的失去）似乎會收縮可以發揮影響力的場域——也就是改變發生的地方——從社會收縮到個人和家庭；第三，依舊是比較廣泛的，對於堅持職責繼續診斷和開立處方的社會批評家來說，大眾明顯與他們遭受的壓迫同謀，這種錯誤意識的無情弔詭永遠要回到大眾心理來解釋。如法蘭克福學派如此精闢的描述：文化操控不只是蠻力。

這一切對佛洛伊德的俯首，無論是自憐或屈尊，流露出伯格永遠在抗拒的左翼分子的憂傷：接受政治的終結。然而似乎無可爭辯的，我們可以說佛洛伊德隱身在《G.》的大半內容背後，正如他所描述的動力學也潛藏在伯格即使到了四十幾歲依舊要規避他的體系的大半動機背後。因此潛在的精神分析基模顯示，以隱喻的方式把性別化的身體映照在具有革命意義的身體政治上面，如同任何隱喻，都是雙向道。G. 屢次的誘惑在今日可以非常直接地解讀成一連串伊底帕斯式篡奪王位的行動（戴綠帽的總是年紀較大的商人），而《G.》在一九七〇年代早期是那樣解讀，意味著佛洛伊德學派遺留下來如此龐大的能量，尤其是在年輕的男性戰士之中，可以歸結於（至少是部分）世代之間的反叛：父與子之間恆久的鬥爭。伯格的小說頭兩個字是什麼？「父親」。

《G.》包含了許多伯格將會拋下的東西：攻擊性的現代主義、冷冰冰的素樸、固著於性高潮和革命、伊底帕斯的夙怨、厭女症的盲點。他後來的虛構作品——意義重大的故事，不是長篇小說——放棄了追求革命的個人，關注其他議題：相愛的伴侶、受威脅的共同體、

延長照護產生的併發症、失去之後如何復原。不像那麼多盛氣凌人的男性作家，他們隨著年紀凝固成乖戾的老傢伙，伯格漸漸變得柔軟。愛取代了性成為抵抗的現場和源頭：不再革命，然而抵抗。

　　但是《G.》不只是一段長大後就脫離的階段：這本書也匯集了各種新潮流。在出版後的幾年間，這部小說在另一齣大戲中扮演了次要角色。它的說故事屬性——後設小說、諧擬（或戲仿）、歷史編纂的重組——使得不少批評家去思考伯格跟似乎無所不在的「後現代主義」之關聯。這些批評家得到相同結論：他事實上在這個模式之外。他的書寫缺少「鏡廳」（the hall-of-mirrors）的性質，沒有雙關語，也沒有後現代正典中如此典型的「無所指的玩弄能指（也稱意符）」。[52]「儘管承認自己的虛構性質，」戴維・詹姆斯（David E. James）寫著，《G.》「仍然肯定小說。」[53] 對傑夫・戴爾來說，《G.》並不是「為了置換『現實』的興趣反自然主義，而是為了比較精準地呈現那個現實」。[54]「覺察到語言的限制是關鍵特色。」另一位批評家指出，「不過文本完全沒有削弱語言。」[55] 歷史重複自己。雖然這類論證是在一九八〇和九〇年代理論百花齊放的時期陳述的，它們事實上覆述了伯格早年在倫敦捲入的相同爭議，這些論戰是他青春歲月的印記。自然主義和抽象主義「成雙的危險」順應解構的年代重新改寫：在幻覺主義的「騙局」和語言的「囚房」之間。

　　文本是製成品，正如畫作也是製成品，但是不會因此推論文本只能談它的製成性質。對伯格來說，永遠必須堅持一個**外部**。即使是在心靈（或者書籍或畫作）掩埋最深的外緣，也會有突起的細絲將我們跟世界連結在一起。在《G.》一書中最強烈的時刻，在描述經驗的感

受時，書寫充滿著非常強烈的覺察，強烈到幾乎變成是觸覺，文字形同麵糰：與其說是召喚性愛（無可否認在書頁上已經老化了），不如說是召喚那種一波一波起伏的喊叫感覺，旋轉不停的翻筋斗，飛行的暈眩。在這些以及其他段落中，這部小說屬於塞尚也在追求的「原始的感知世界」，或者梅洛－龐蒂（Merleau-Ponty）試圖表達的，當他說：「我們必須重新發現和世界的交流……那比智力更古老。」[56]

存在主義的偉大格言是存在先於本質。對伯格來說，很可能是經驗先於語言。他在這裡的想法毫不含糊地移動到索緒爾（Saussure）的對立面。索緒爾是結構主義的教父，他的理念啟發了一個世代的學院派。索緒爾的根本原理是：語言不是一套命名法，指涉預先存在的事物，語言是現實本身可以獲得指認的那套方法。沒有什麼能比這更遠離伯格的立場了，包括他對視覺的強調──他為著作取的書名就清楚表明了：《事物的外觀》（*The Look of Things*）、《觀看的視界》（*The Sense of Sight*）、《影像的閱讀》（*About Looking*）、《觀看的方式》（*Ways of Seeing*）。「觀看在語言之前。」上述最後一本書的開頭他這麼說，「是觀看建立了我們在周遭世界中的位置；我們用語言解釋那個世界，但是語言永遠不能消解我們被這個世界環繞的事實。」[57] 在這方面伯格的思想是空間性的。語言試圖掌握經驗，但是語言永遠無法複製或取代經驗。我們每個人身上都有一套語彙，關於我們活過但是永遠無法完全表達的經驗。其中含有的不只是挫折，還有驚奇。

托爾斯泰說過一段有名的話，他指出藝術家的職責就是讓人瞭解

和感受論證中不能理解的部分。在《G.》接近結尾的關鍵段落，伯格敘述（本人現身說法）他去朋友家拜訪，觀看朋友從北非帶回來的照片。專注在圖片的同時，他被一個鬼影打斷了：一名十歲男孩有著老人的面容。一時間他嚇到了。在他能夠理性解釋發生什麼事之前——那名男孩是他朋友的兒子，其戴著面具——他隱約感覺到較為巨大的神祕：「我認出他是無涯的未知世界中的人物。我不曾（長久以來），憑藉我的知識召喚出他來；是他曾經在我無知的黑暗中把我找出來。」[58]

　　儘管他屢屢強調看見的和可見的，是這種相應的將焦點放在「*沒看見的*」形成了二元論的另外一半，而太多伯格的批評者，或許是恰當地，忽視了這點。「我的想像迫使我寫作這個故事的方式，」伯格說，「在於暗示那些我已經探觸到但是從未確認的時間層面。我在相同的黑暗中書寫這本書。」[59] 較晚的一部小說，《婚禮之途》（*To the Wedding*）是透過一名眼盲的希臘算命師來敘述。比較晚近的圖文集，《班托的素描簿》一再回到同一句咒語：「我們之所以畫畫，不只是讓別人看見某樣東西，也是陪同看不見的東西抵達它無法估量的終點。」[60]

　　在一九七二年，沒有批評家提到小說神祕主義的程度，但是許多人談到整體性的難以解讀。「令人困惑」是書評中再三出現的字眼。這裡有種反諷。在他生涯的開頭，伯格遭到的譴責就是，他提出要把神祕色彩抽離藝術品的藝術願景，這是將藝術貶低為政治工具。而因為《G.》他被指控搞神祕。

　　感到困惑不一定是件壞事。這往往會讓人謙卑，讓人狂喜，讓人

暫時看見另一種未來，讓人驚異的目睹奇蹟：**黑人和白人驚奇地盼望彼此是潛在平等對手而互相接近**。布克演講核心的平等主義意象不只是政治夢想，也是一則寓言和折射的自畫像。在皇家咖啡館酒店的舞台上，藝術家和革命家照著鏡子互相敬酒。如伯格在書出版那年向他的朋友伊娃・菲格斯（Eva Figes）吐露的：「《*G.*》不是政治書；我想要相信的是，寫這本書是一位作家的政治作為。不過或許那是另一種唯我論（solipsism）。」[61]

6. 友誼的產物

我們每個人都必須選擇什麼是我們難以構想的。身為藝術家——這是在我們頭上的詛咒——我們必須獨自想像自己的城市，我們就是城市的中心。要我承認這點很苦澀，我，身為人，相信集體，相信革命階級而不是革命個體。[1]

伯格寫（前頁）這幾行字的時候三十歲。所有的文化戰爭都會產生扭曲，但是有些比較傷痛。多年來他呼籲英國藝術界的交流，但是往往是孤單的聲音。跟他唱反調，一個組織完善（而且資金充裕）的自由派合唱團高歌個人至上。這點特別反諷，揭示了較為廣泛的弔詭。崇尚社會主義的作家相信集體，但是在書桌前他孤軍奮戰。他的訊息是傳達給同輩之人，但是他的成功屬於個人。

一九六〇年代離開英國之後，伯格著手一系列的著作，都是關於孤單的男子：一名醫生、一名畫家、一名唐璜。在為自己建立新生活的同時，他反覆出現的焦點是放在人物和命運的關係。「這部小說如此重要的原因是，」他在布克獎的演說中表示，「小說問了沒有其他文學形式可以問的問題：關於個人為自己的命運努力的問題；我們可以把生命用在什麼地方的問題——包括自己的生命。」[2]

一九七一年，在紮紮實實花了五年撰寫《G.》之後，伯格把自己投入大量的新夥伴關係。與 BBC 的藝術節目製作人邁克・迪柏合作，他完成了《觀看的方式》。一九七二年，他前往德比郡（Derbyshire）的礦場，跟「開放大學」（the Open University，譯註：英國的遠距教育大學）共同製作了一部短片。一九七三年，他與尚・摩爾合作《第七人》。同一年他花了一個月與杜尚・馬卡維耶夫撰寫電影劇本。在小說的孤船內待了五年之後，彷彿他**浮出表面**了。他終於獲得官方認可是小說家（此後多年他一直都是），同時以《觀看的方式》聞名國際。不過《G.》是某種總結，而《觀看的方式》是評論的**巔峰**。

年屆四十五，而且遭逢精神危機，他開始經歷一連串的蛻變。

他因為一位美國人貝芙莉‧班克勞馥離開安娜‧巴斯塔克。班克勞馥當時是企鵝出版公司的助理，負責在法蘭克福書展緊跟著伯格。這一對很快搬到日內瓦外圍的山谷，他們在那裡生了個兒子，共度餘生。享有這麼高的個人名聲後，伯格追尋那些讓人接地的依附：肯定自我的關係網絡。一九七四年他申請成為「跨國學院」（Transnational Institute）的研究員。跨國學院是總部位於華府的進步派智庫在阿姆斯特丹新組的分支機構。大半生避開體制生活，現在伯格發現學院網絡的前景很吸引人，或者至少有利益。「這是個弔詭。」他在申請書上寫著，「今日我們的關心越趨向全球，就越受到孤立的威脅。」[3]

　　大約在這個時候（一九七〇年代初期）伯格不再把自己想成是小說家。他成為「**說故事的人**」，此外，是「**合作者**」。合作同時是一種方法、一項理念和一個強力的隱喻。在非常人性的尺度內，合作在小宇宙裡解決了集體性的問題：理念的分享、工作的分配、從爭論過渡到共識。任何認可都是共享的。合作絕非單兵作戰。

　　就本質來說，團隊合作的要求不是什麼新鮮事——在電視方面，合作是工作的一部分，不過在四十幾歲的年紀，伯格比較用心去尋求那些連繫。由於在他的工作上讓群體取代了個人，作品變得比較是共有的。接下來幾十年，他讓自己聲名遠播，是歐洲最慷慨——寬宏大度不過也固執——的合作者之一。他跟劇作家、電影製作人、攝影家、畫家、雕塑家、詩人、音樂家和舞蹈家一起工作。幾乎歐洲左翼的每一位藝術家都透過伯格某個程度連結在一起。從他在法國的山谷，與外界積極通信：非常多的手寫鼓勵便箋、非常多的朋友。

在他轉型為合作者的核心過程中，有一項合作特別突出。

一九七一年，他完成《*G.*》的同一年，伯格同意協助老朋友，瑞士電影製作人艾倫‧譚納，撰寫電影劇本。完成的影片《蠑螈》（*La Salamandre*）在坎城首演，之後四處巡演。在紐約現代藝術博物館入選為新導演系列上映，獲得潘妮洛普‧吉莉雅特（Penelope Gilliatt）在《紐約客》（*New Yorker*）上面不吝讚美的長篇影評。[4] 一部喜劇，講述一名反骨的勞工階級婦女不受控的奇想和為她著迷的兩位男性，影片為觀眾引介了很快就以「瑞士新電影」（Nouveau Cinéma Suisse）聞名的粗礪魅力。成功之後，譚納緊接著在伯格的間接影響下拍了另一部電影，《從非洲歸來》（*Le retour d'Afrique*，一九七三年），然後在正式的夥伴關係下，又連續完成兩部電影：《世界的中央》（*Le milieu du monde*，一九七四年）和《千禧年約拿就二十五歲了》（*Jonas qui aura 25 ans en l'an 2000*，一九七六年）。這是匯聚的合作能量大爆發。伯格後來談到這樣的創作是發展性的：「我很難用非常精準的詞彙來界定那樣的發展。」他說，「不過我想從每部影片中我們都學到一些事，試著運用到下一部。」[5] 在歐洲左翼似乎亂七八糟的時候，伯格和譚納合作的影片就像是圖上的一個點：你可以到這個地方來看看，運動可能會走向何處，那些衝突的熱情會朝向何處。

影片往往見證了它們是在什麼樣的條件下拍成的。而伯格和譚納的第一部電影《蠑螈》，本身是關於兩位朋友，儘管是姑且一試，決定展開合作計畫。因為需要錢，非全職的新聞記者皮耶開始撰寫當地一樁社會新聞的電視腳本：一名年輕女子遭指控射傷她叔叔。不曉得

該如何進行，他找來朋友保羅幫忙。保羅跟他不同類，是波西米亞作風。皮耶（如同譚納）說話大聲且粗暴，而保羅（像伯格）雖然為人比較溫和但是比較激烈地堅持自己的理想。皮耶跟朋友解釋計畫，詢問他是否有興趣。保羅思考了一下。這取決於我們如何工作，他說：「工作一分為二並不容易。」

這句台詞本身並不是裝模作樣的宣告，不過放在伯格－譚納夥伴關係的開頭就像是寓言式的卷首語。搭檔工作並不容易，正是因為如此才重要。隨著兩位朋友學會分享他們的天賦——一位分享他的反諷，另一位分享他的同理心——在《蟻螋》拍攝過程中行得通的就是成功的合作模式：合作就是分工；合作就是統合各種對立；合作就是音調互補；合作就是友誼。

在最近的一本專著中，藝評家賽巴斯欽·斯密（Sebastian Smee）談到了藝術搭檔之間隱含的建設性敵對關係：「不是死敵這種男人氣概的陳腔濫調」，而是比較多孔隙和多變化，有限時間內的互相交流、「讓步、親密和開放而產生影響」。[6] 當兩位朋友同意一起工作時，交流變得更加密集，風險也提高了。伯格當然在整個生涯中跟無數藝術家一起工作過，不過與譚納的夥伴關係是獨一無二的。有一次有人請他描述合作過程中他的角色，他給了一個比喻：「當兩個人已經合作了，比如說，三部半影片，除了是非常老的朋友，這個問題也有點像問一對夫妻：『在你們的婚姻中你是什麼角色？』是可以回答的，或許在你離婚之後，儘管即使在那時候說的也可能不是實話。」[7]

這個隱喻的確發人深省，不過橫跨了好幾個層面，呈現在這對

搭檔共同製作的影片內部和外圍，而且是他們歸屬的較大歷史局勢的一部分。在新左派的尾聲，當嬉皮和激進派掙扎著要留在聯盟裡的時候，兩位強大然而性情迥異的男士攜手創作了一系列影片，他們本身是汞合金。不僅影片是合作的產物，每一部影片都將如何建立聯盟的問題搬上了螢幕。他們看待共同體是團隊合作，而友誼是辯證法。「馬克思是對的。」美國劇作家東尼‧庫許納（Tony Kushner）說過，「最小的不可分割單位是兩個人，不是一個人；一是一個虛數。從靈魂社會組成的這種網絡，社交的世界，迸發了人類生活。」[8]

在二、三十歲時，伯格維繫親密的朋友關係，尤其是和畫家。當他從紐蘭德（Newland，他的第二任妻子在那裡有個家）造訪倫敦時，他會住在左翼歷史油畫家彼得‧德‧法蘭西亞在漢普斯特德的家。德‧法蘭西亞曾經在羅馬為雷納托‧古圖索工作過一段時間，伯格就是透過這位朋友吸收義大利新寫實主義的影響，認識了好幾位重要的義大利藝術家，而且能夠以自己的方式闡述自身在寫實主義方面的介入。（兩人的交流不僅限於理念：在從一位朋友轉移到另一位朋友之前，安娜‧巴斯塔克跟德‧法蘭西亞在一起將近十年。）德‧法蘭西亞一九五七年在拉柯斯特買房子時，伯格也在他東邊的奔牛村買了房子。兩人一直維持朋友關係直到一九七〇年代，不過在一九五〇年代，有一段時間德‧法蘭西亞不只是朋友：他是信使、影響的來源和知己。

接著，在整個一九六〇和一九七〇年代，伯格和另一位畫家史文‧布洛伯格特別親近。布洛伯格是高大的瑞典人，他在一九四〇年

代離開斯德哥爾摩前往巴黎，之後遷居沃克呂茲的拉柯斯特，自耕自食。伯格和巴斯塔克會跟布洛伯格以及他當時的太太，雕塑家羅蔓・洛爾凱（Romaine Lorquet），廝混好幾個星期，這兩對夫妻種植、畫畫、修補屋頂、做飯，還有光著身體四處走動。跟德・法蘭西亞不一樣，布洛伯格從來沒有建立起自己的名聲（德・法蘭西亞後來在皇家藝術學院教書），不過他一直跟巴黎的哲學界和藝術圈保持聯繫，尤其是加洛蒂和梅洛－龐帝身邊的人。伯格許多論文是獻給這位朋友，甚至在《觀看的方式》和《第七人》裡，把布洛伯格帶進來貢獻局外人的眼光。（性情喜怒無常而且執拗，他顯然會飛快重新擺放桌上的飯菜，然後氣呼呼走出房間。）

　　當然還有尚・摩爾。在他們第一次合作之後，伯格和莫爾成為終生朋友，又共同創作了兩本書。不過工作關係能長久維持，似乎前提是明確分工、各自有自己的媒介，以及創作間隔；每本書相距十年。天性客氣、莊重和內斂——也就是「謙遜本身」，如伯格所說——莫爾是喜怒無常的相反。[9] 他的照片擁有安靜的力量，不過並不是氣勢雄渾。如果他們的書是影片，莫爾就會是攝影指導，伯格是編劇和導演。

　　和譚納的工作關係不同——從一開始就更為相互吸引和變化莫測。他和伯格都是左派，但是各自有著獨特的意識形態輪廓。伯格的同情放在工人身上，譚納是年輕人。伯格的根基來自戰後人文主義的傳統；譚納的世界觀是一九六八年的產物，顯然比較是無政府主義者。兩人的對比反映在不同的基調上。伯格的修辭是精準和嚴肅的；譚納是隨心所欲。伯格從來不喜歡把自己想成是波西米亞；譚納

留著一頭亂髮和鬍子。但是兩人都擁有可以填補對方空缺的東西。譚納為人一派輕鬆，有著年輕人特別擅長的不動聲色的反諷。伯格帶著深厚的文化知識和超乎尋常的分析能力。譚納會說「挖一挖約翰的大腦」，彷彿是在挖礦。至於伯格則會談起譚納的品味。

這就像是即興的舞蹈，在那幾年兩人以協調的步伐移動，影響的重心不斷轉移從來沒有完全定下來。舉例來說，雖然是譚納首先請求他的朋友來協助《蠑螈》的創作，兩年後，他已經獲得國際上的成功，兩人的角色倒過來。電影，尤其是法國電影，是令人神往的殿堂，在一九七三年年尾，是伯格主動接近。作者的指紋總是會漸漸模糊。他們的影片在瑞士、在法國拍攝——身為導演，譚納必定擁有比較強的主導地位，無論他是多麼感激（往往是受惠）他的朋友。不過身為共同編劇，伯格的個人痕跡也是明顯可見。他的作用有點像是組織內部的哲學家，是文化專員，把每部電影跟歷史和理念連結起來。

他們共同製作的影片依舊是七〇年代的先知遺物。重新觀賞就像是參觀一棟房子四處閒逛，而這棟房子由兩位截然不同的朋友共有，他們的友誼本身就具有重要意義。一間房間掛著列寧的海報；另一間房間，則是吉米・罕醉克斯（Jimi Hendrix）。

伯格和譚納似乎註定要成為朋友。兩人最先認識並不是在日內瓦，而是在倫敦。二十幾歲時在海上工作一段時間之後，譚納在一九五五年抵達倫敦，身無分文，在電影導演林賽・安德森（Lindsay Anderson）的房子租了一個房間。這是偶然的安排。安德森定期主持星期日的沙龍，即使譚納是不知名的房客，做一些奇怪的工作（包括

在哈洛德百貨公司賣襯衫），他跟英國戰後文化復興的許多核心人物交上了朋友，包括伯格。

譚納在倫敦拍攝了他的第一部短片，《好時光》（*Nice Time*），跟他的瑞士朋友克勞德・高黑塔（Claude Goretta，譯註：《編織的女孩》〔*La Dentellière*〕導演）共同執導，資金是英國電影協會給的一小筆補助。當這部記錄皮卡迪利圓環廣場（Piccadilly Circus）周遭蓬勃發展的夜生活的影片，納入一九五七年自由電影運動的放映片單時，伯格注意到了。他讚美在影片態度上他看到「抗議的可能性」，不過補充說「重點是那樣的抗議不是超然的、管控的或高傲的。它是代表我們看見的人們展現的抗議，這些人每天晚上在愛神雕像方圓四百碼之內追求他們的愉悅或他們的生計」。[10] 伯格曾經用相似的措辭來寫古圖索一九五三年的油畫《布基烏基》（*Boogie Woogie*）中的青少年。吊詭是——譚納似乎準備好去解決這種弔詭——如何避免擺出優越姿態對待喝可口可樂長大的一代，又不會反而在他們充滿糖精的文化產品面前投降。換句話說，這個問題是如何駕馭年輕人的慾望，同時拒絕譚納後續影片中某個人物所說的「雜誌封面上的虛假幸福」。

《好時光》總結了譚納在倫敦的努力。待在英國三年之後，他途經巴黎（他在那裡與新浪潮成員密切交往），回到日內瓦——他的回歸機緣巧合遇上伯格在一九六二年抵達。在日內瓦兩人成為比較親密的朋友，雖然仍未完全旗鼓相當。伯格只年長三歲，但是在英國已經建立起全國性聲望——叫得出名字，認得出面孔——而譚納只是開始起步為法語的瑞士電視網（SSR）製作節目。譚納在一九六六年找上

伯格，請他為自己拍攝的紀錄片《昌迪加爾的一座城市》（*Une ville à Chandigarh*）寫旁白；這部紀錄片的主角是建築師勒‧柯比意（Le Corbusier）。當時基本上就是，他是比較年輕、比較不知名的藝術家，去請求地位比較穩固的年長藝術家幫忙。

另一方面，譚納是瑞士本地人，而伯格是外國人。在伯格和巴斯塔克搬到梅蘭（Meyrin）附近、日內瓦機場外圍的同一年，譚納協助成立了「瑞士電影導演協會」（Swiss Film Directors' Association）。他與法國－瑞士文化圈的小世界密切聯繫，而且是透過他，伯格與尚‧摩爾初次見面。整個一九六〇年代，譚納相對地年輕——年紀和精神上——也發揮了一些作用。他似乎跟孩子打成一片，結果孩子開始為自己思考和發言。

一九六八年的各種事件觸動了每一位左翼人士。對伯格來說，這些事件是轉折點；在譚納看來，是引信。在五月抗議活動如火如荼期間，譚納帶著一小組電視工作人員到巴黎，他在那裡拍攝了新聞短片《街頭力量》（*Le Pouvoir dans la rue*）。然而是他下一部影片《夏爾的生死》（*Charles mort ou vif*，一九六九年），他的第一部虛構作品，才讓國際觀眾見識了他的電影。許多文化界領頭羊認為（而且部分是因為與伯格的對話獲得啟示），《夏爾的生死》敘述了一名受尊敬的商人的自我否定，於是重生為波西米亞作風的嬉皮。在經歷了精神崩潰之後，中年的夏爾重新命名自己卡洛（Carlo），跟一對年輕的開放關係伴侶交上朋友，住在他們搖搖欲墜、私自占用的房子裡，並且贊同地注視著他們開車衝下懸崖。他和他的年輕朋友一起繪製巨大的看板，上面寫著革命箴言（「追求犯禁」）讓人反覆思索如同佛

教的公案。

在盧卡諾影展（Locarno Festival）獲得大獎，《夏爾的生死》是譚納的突破，同時打到痛處和笑穴。在影片的最後場景，夏爾遭到逮補並且送往精神機構，他順服了，表現出嘲弄的接受態度。在救護車裡，他大聲的思索一段哲學文字——這段文字承載了伯格思想中所有揭開真相的終曲：「聖茹斯特（Saint-Just，譯註：法國大革命時期雅各賓黨的領導人之一，羅伯斯比的親密戰友）說過，幸福的概念在法國和全世界都是新鮮事。我們可以說不幸福也一樣。覺察到不幸福就預設了不一樣的事是有可能的。或許今日幸福—不幸福的衝突，或者覺察到可能的幸福和真實的不幸福，已經取代了古老的命運概念。這不是我們全身不舒服的祕密嗎？」兩位駕駛惱怒地互看一眼，打開警笛，在公路上加速離去。劇終。

這是譚納的風格：粗礪而且生猛，帶有哲學意味但是絕對不會太過嚴肅。《夏爾的生死》是單獨一人的努力，在很快就會變成雙人合作的辯證中，界定了其中一端。這一端充滿了那種蠻不在乎的態度，是伯格沒有的本領——而且在正常情況下，是不欣賞的。但是一九六九年不太正常。法國一九六八年的五月風暴對左翼的完整意義是，它代表徹底脫離了平常的政治。青年運動不只忙於摧毀布爾喬亞規範，也要拆解馬克思主義者的確信。傳統的政治目的消失在窗外。巴黎的塗鴉清楚地說明了：

　　自從一九三六年我為了加薪戰鬥

　　我父親在我之前為了加薪戰鬥

現在我有了電視、冰箱、國民車
然而我整個人生就是件苦差事
不要和老闆協商。打倒他們！

　　這場鬥爭是要改變社會還是改變人生？革命是在街頭還是腦袋裡？烏托邦是個新國家還是消逝的時刻？幾年來新左派不只力圖保持兩者的結盟，而且斷定兩者不可分割。「談論革命和階級鬥爭的人，」拉烏爾‧范內格姆（Raoul Vaneigem，譯註：「情境主義國際」〔Internationale situationniste〕的成員，代表作《日常生活的革命》〔*The Revolution of Everyday Life*〕）說，「如果沒有明確指涉日常生活，不了解愛的顛覆作用和拒絕束縛的積極意義，這樣的人說的是死人話。」[11] 那個時期源自女性主義但是意涵更廣泛的咒語是：個人即政治。而有什麼比慾望更個人呢？

　　「個人－即－政治」（personal-as-political）是伯格－譚納夥伴關係的核心，也是他們第一部聯合作品《蠑螈》的中心思想。《蠑螈》是關於一名年輕女性，她每一根纖維都專注在拒絕規範。

　　羅絲蒙德（Rosemonde），由在希維特（Rivette）電影《瘋狂之愛》（*L'Amour fou*）嶄露頭角的布露‧歐吉爾（Bulle Ogier）扮演，年輕又迷人，但是真正的神祕似乎是她生活完全沒有目標。她究竟有沒有開槍射擊壓迫她的叔叔這個問題（最初把保羅和皮耶拉在一起的新聞故事）比較是個藉口，甚至談不上是情節設計。很快地這部電影，就像兩位男士，轉向比較持久的興趣——羅絲蒙德本人。世代的

諷刺是慧詰的：她利用自動點唱機假裝吉他獨奏；點可樂喝；有一張披頭四的海報；穿迷你裙；嚼口香糖。如果她擁有什麼意志力只會運用在負面的地方，表現得桀驁不馴。她的整個使命似乎是盡可能地散漫沒有目的，並且在她的空閒時間隨著搖滾樂搖頭晃腦。捕捉住她整個情緒面貌的兩種表達是：「我不在乎。」和「我受夠了！」

最重要的是，她痛恨工作。（索邦大學的牆上一再出現的塗鴉是：永遠不要工作！）影片主打幾處令人不舒服的長鏡頭，呈現出羅絲蒙德在肉品工廠的工作：用像保險套的塑膠套膜包覆金屬陰莖形象的管狀香腸。「下班後我總是想要大吼大叫或打破什麼東西。」她告訴皮耶。（「耐心點。」他不帶情緒地說，「再四十年你就可以退休。」）劇本上的註記說明羅絲蒙德這個人「生理上無法適應每天工作的狀況」，不過對勞動沒有興趣（否則就太不像伯格了）滲透了整部電影。皮耶談到他夢想成為永遠領補助金的人。當保羅應該去寫作時，他跟女兒玩遊戲。最終兩人撰寫電視腳本的計畫，被他們放棄了。本來應該是一項社會學研究反而變成結交一群朋友。另一句來自巴黎的口號：打倒抽象，朝生暮死萬歲！

在《蠑螈》中我們看到最終拼湊起來界定伯格－譚納夥伴關係的各種技巧、主題、象徵和語體風格剛剛萌芽。許多元素——演員、背景、情境——反覆出現。其中之一是瑞士。一名不起眼的男子在皮耶住家附近分發的「小紅書」是當時真實的文件：精神防護委員會（the Committee of Spiritual Defence）好幾百頁的巨著。就好像中產階級給了嬉皮和激進人士共同敵人，瑞士比較是個象徵而不只是地方。**誰想要一個保證我們不會死於飢餓卻附帶著死於無聊的風險的世界？這**

段情境主義者的著名悲嘆幾乎是無違和地適用於七〇年代初期的瑞士。日內瓦就是那個世界——既富裕同時生活又爛透了。（同時也是極度父權：一直要到一九七一年，《蠑螈》拍攝的同一年，瑞士女性才獲得投票權。）

存在主義本質的謎樣金髮女郎是歐洲藝術電影常見的比喻，但是對伯格和譚納來說，如同對於皮耶和保羅，羅絲蒙德也是政治的可能性，儘管尚未發展成熟。就是在此處他們合作關係的辯證式競逐浮現出最尖銳的圖像。遊戲或工作？解放或韌性？就如同劇本偶爾想長篇大論的衝動（伯格）會受到反諷（譚納）的調節和軟化，反過來也是如此：譚納的譏諷，體現在皮耶身上（由體型壯碩擅長諷刺表演的尚‧盧克‧比多〔Jean-Luc Bideau〕扮演），會慢慢讓渡給伯格的智慧，體現在保羅身上（由詩意的雅克‧丹尼〔Jacques Denis〕扮演）。當保羅和羅絲蒙德搭乘電車穿越城市時，他說了影片中最接近論題的一句話：「有太多人遭到系統性地否認，否認你有成為自己的自由。」他說，並握著拳頭。《蠑螈》不是理論化的煽動宣傳，不過它的姿態總是朝向政治的。彷彿永遠在政治**邊緣**。

在一九七一年這樣的前景或許已經足夠：伯格和譚納的第一次合作是一曲友誼、青春和反叛的頌歌，在這些特質似乎預卜了他們身上某些東西的時候完成。不過這次合作也是心照不宣同時比較不自在地拒絕了目標。這部影片，就像它的女主角，幸福的維持無舵狀態——英國批評家喬治‧梅利（George Melly）從意識型態的角度表達了這個矛盾。「她有著靈光一閃的洞見然後頑固地遂行心血來潮；她遊走在犯罪邊緣；她有著神經質的混亂。」他評論羅絲蒙德，「在左翼比

較嚴苛的官僚體制下，她如何得以苟活？在馬克思主義者整潔的床上有野性難馴的小小無政府主義者的空間嗎？在實踐上從來沒有出現過任何跡象。」[12]

一九七三年年末，當伯格去找譚納看看能否展開另一項計畫時，他正處於離婚的過程。他們的第二次合作，《世界的中央》，反過來是關於一名男子無法離開他的婚姻。也是一部影片，維持寓言的形式，關於兩名不同國籍的人聚在一起享受各種對立的短暫和諧。

跟《蠑螈》大相逕庭，《世界的中央》有著伯格的印記。影片記錄了一名瑞士地方政客保羅和義大利移民女侍安德莉娜之間，破壞性然而有解放潛能的外遇，一百二十二天的起伏發展。譚納最初那些電影的波西米亞氛圍消失了。現在我們處於侏羅（Jura）的鄉間山丘上，這個地方有著平淡無奇的咖啡館、加油站和辦公室。《夏爾的生死》和《蠑螈》都是喧囂和騷亂的，然而《世界的中央》情緒色彩是陰沉的。溫度是冷的（在冬天拍攝），反映了創作者氣質的改變。結合了不帶感情的現代主義、歷史分析和性愛，這部影片的美學策略根本上源自伯格新近完成的小說。就如同《G.》，始於後設小說的一個註記，《世界的中央》一開頭是自己的電影團隊在工作的鏡頭，接下來是回到自身的敘述，關於電影和影片拍攝時刻的歷史性質。

電影告訴我們，安德莉娜和保羅的故事發生在「正常化」時期，定義是這個時期允許貨物自由交換，**只要沒有任何事物根本改變了**。「希望仍在。」敘述者說，「但是它們回復正常狀態的老舊刻板態度……唯有語言、日期和季節變換。」（任何人熟悉伯格那個時期的知

性散文就會立刻聽出他的聲音。）影片接下來剖析令人挫折的外遇，讓人想起安東尼奧尼（Antonioni，譯註：義大利現代主義電影導演）與莫妮卡・維蒂（Monica Vitti）合作的三部曲（譯註：《情事》（*La Notte*）、《夜》（*L'Eclisse*）、《慾海含羞花》（*L'Avventura*）），把政治一灘死水的理論轉置到性愛親密的領域。安德莉娜希望保羅離開他的妻子和小孩，但是要競選地方公職，他似乎無法採取行動。他無能完全忠於自己的熱情——他的心理需求是劃分和掌控熱情——象徵了管理－政治階層的自我否認。這裡隱含著技術官僚的衝動，無論是政治上和性愛上，必然會阻撓任何真正的革新。

伯格對於《世界的中央》最初的貢獻是兩封為了主要演員（甚至在選角確定之前）寫的長信——實際上是知性散文——關於他們將要扮演的人物。齊克果式的哲學沉思多過於人物側寫，這些思索性的文本讓伯格可以梳理自己的問題。寫給保羅的信長了許多。他寫著，熱情是涵蓋一切的，因此一個男人內在分裂就無法完全吸納熱情的潛能。他說，拒絕熱情就是拒絕一個**整體**——這個整體不只把自我跟他所愛連結起來，還連結了全世界，全世界的奇蹟還有神祕。否認熱情，如保羅的行為，就是害怕未知進入自我，試圖維持假象，假裝混亂的和狂野的只停留在**外面**。「如果一個人被制約了，或者制約自己對待未知如同未知外在於自己，」伯格說，「那麼要抵抗未知就必須不斷採取措施並且時時戒備，這個人就很可能拒絕熱情……如果定位未知是在外面，那就跟熱情不相容。熱情要求承認未知是在裡面。」[13]

伯格於一九七三年在史特拉斯堡（Strasbourg）一家咖啡館撰寫

他給保羅的信。他心裡有好多話。差不多同一段時間，幾乎可以肯定
是同一趟旅程，他造訪了位於阿爾薩斯（Alsace）的另一座小鎮，去
參觀格呂內瓦德的祭壇畫（Grünewald Altarpiece）。他十年前到過
科爾馬（Colmar），那是一九六三年，就在他搬到瑞士開始一個新
家庭後不久。這趟足跡在他最終書寫這段經驗的知性散文中省略掉
了，不過它還是像半影那樣存在，那是他政治上的私人傾向。從第一
次造訪後的十年間，太多事情改變了。他說：

> 不是在科爾馬，而是普遍的整個世界，還有我的人生。改變的
> 戲劇性轉折點恰巧落在這十年中間。一九六八年，希望，多年來
> 多多少少在地下滋養著的希望，在世界上好幾個地方誕生了，而
> 且獲得名字：同一年這些希望毫無疑義地挫敗了。事後來看變得
> 更加清晰。當時我們許多人試圖掩護自己，擋住真相的嚴酷。舉
> 個例子，在一九六九年的初始，我們仍然從第二次的一九六八可
> 能再臨的角度來思考。
>
> 這裡並不是要分析在全世界的規模上政治強權的列隊有什麼改
> 變。道路已經為往後稱之為「正常化」的世界清理好了。這麼說
> 就足夠了。千千萬萬的生命也改變了。不過我們不會在歷史書中
> 讀到。[14]

由於對歷史的失望是如此深沉，祭壇畫的意義——畫在木板上的
耶穌受難圖，最初是受託為臨終安養院作畫——有了新的重要涵義。
畫作依舊是關於痛苦，但是痛苦的**意義**，以及可能舒緩痛苦的希望和

愛的意義，已經轉變，經歷了某種質變。重新評價迫使伯格脫離思維進入感受。「我們不能豁免於歷史。」在文章結尾他寫著，「我第一次見到格呂內瓦德（Grünewald）時，焦急著要把**它**放在歷史裡……現在我已經被迫把自己放在歷史裡。在期待革命的階段，我看見一件藝術品存留下來成為舊日絕望的證據；在必須堅忍的階段，我看見相同的作品，奇蹟地提供了跨越絕望的狹窄通道。」[15]

歲月悠悠，對於無數詩人和作家，重新探訪的經驗一直是深刻感受的現場。當華茲華斯回到丁騰修道院（Tintern Abbey），他也是處於十字路口，被迫盤點他的人生。跟華茲華斯一樣，伯格位於新依戀的懸崖。一九六○年代初期似乎突然遠去。十年後問題不再是如何透過冷靜和雪亮的眼睛看這世界，像往日那樣，而是如何透過他所說的「愛的同理心」看這世界。個人和歷史交織在悲劇裡，但是藝術品，以及它通過時間考驗而長存，散發出希望。由於他自己驚人的天賦——對自己以及對他人來說——伯格可以追隨那份希望，藉由書寫找回平安。

如同參訪祭壇畫，當未來光明時，戀愛—成家——是一回事，當未來不光明時就大為不同了。不是比較糟，只是不一樣。或許比較是救贖，因此可以持久。

伯格和譚納的第三部和最後一部電影，《千禧年約拿就二十五歲了》，成為他們最心愛的作品，他們的能量最同步。伯格在構思這個故事時——關於一群朋友，一座集體農莊，以及決定生個小孩——他和他的新太太貝芙莉已遷居鄉下，而且也在期待小孩誕生。正如同約

拿，這名男孩在影片結尾誕生，伯格自己的兒子伊夫（Yves）會在二
○○○年滿二十五歲。

伯格稱《約拿》「是齣喜劇，有時候彩色有時候黑白，關於準備
告別二十世紀」。[16] 敘述八名日內瓦人從房地產開發商手上搶救了一
座有機農場的群戲，影片事實上比較不是故事，而是拼貼；前提不是
環繞著衝突建立而是**匯流**：理念相合（食物、動物和時間的主導動機
反覆出現），朋友也聚在一起。甚至在他寫好劇本之前，譚納已經找
好了參演的演員，拿著他們照片開車去伯格在上薩瓦的新家。環繞著
一系列問題，他們開始共同規劃每一個人物（每人的名字都以「馬」
開頭）。一九六八的世代在接下來嚴酷的十年發生了什麼事？如何在
政治上的失敗後活著？左翼「偉大的綜合預言」還剩下什麼？

編排群戲時，伯格和譚納指出每一位人物是「小的－表意符號－
詩意」（petite-idéogramme-poétique）：每一種氣質有一小場戲，每
一場戲都是對後烏托邦狀態的可能反應。有園丁、老師、性探索者和
犬儒。彷彿立體派畫作各種透視的網絡變成各種性情的網絡，每一位
演員具現一種**觀點**，每個人在理念劇中扮演一個角色。「人的氣質有
部分是社會制約的結果。」伯格十年前寫著，在他關於畢卡索的專著
裡：

　　不過作家不夠關注，如何主觀地積極運用歷史在人物的創造
　上。我說**主觀**，因為我不是在討論歷史事件或潮流的直接影響，
　而是關於留駐在特定的人物—特徵、習慣、情緒態度和信念上
　的歷史內涵。以及這個歷史內涵（從客觀角度來看，可能非常不

一致）是如何透過特定人物的形塑來表達。在通俗的語言裡，當
人們思索傑出的例子，這項事實就獲得認可：「他超越他的時
代。」「他屬於另一個時期。」「他應該出生在文藝復興的年
代。」等等。然而事實上，同樣的道理適用於每一個人物。歷史
的整體是現實的一部分，而現實是意識映照出來的。不過一名人
物、一種氣質的維持是靠著強調特定的現實層面——所以就是歷
史——犧牲掉其他層面。[17]

　　《約拿》裡面所有的人物一方面屬於他們的時代——一九七〇
年代的停滯——同時曖昧不清地超前或落後他們的時代。在接近三十
或三十幾歲的年紀，在已經回復正常的世界裡，他們全都試圖要挽救
某種革命精神。每個人，用伯格的詞彙來說，彰顯了可能的未來「某
一個面相」。除了唯一的例外馬克思，影片裡代表托洛斯基主義者
（Trotskyist），性情乖戾得可愛（再度由尚－盧克・比多扮演），其
他人都決定成為樂觀主義者。他們不根據理論思考政治，而是思考政
治跟他們自己小小的行動和夢想的關係。收銀台女孩少收退休人士的
錢；工會主義者創辦進步學校；高中老師用香腸闡述革命史。（這場
戲仍然是譚納和伯格截然不同的氣質綜合出來的最反諷場景：小孩嘲
笑老師的噱頭，不過他們因此上了一課。）
　　《約拿》在彩色與黑白之間轉換，強調想像和事實之間的移動。
一黑白場景幻想銀行家變成豬；另一場景呈現馬克思舉槍對準鏡中的
自己，結果只是朝滴答作響的時鐘開槍。穿插其中的是用字幕呈現的
引言（盧梭、帕茲〔Octavio Paz，譯註：墨西哥詩人、小說家、外

交官等，曾獲諾貝爾文學獎〕、皮亞傑）和歷史事件的檔案影片。在規模上可能聽起來很龐大，但其實比較像是拼綴而成的作品。背景是本土。盧梭是日內瓦人，被召喚出來只是因為電影人物坐在電車上經過他的塑像。關於影片的一切都是向著中心的。高潮的場景把所有角色都聚集在一起，在農場享用節慶大餐。在配音中我們聽到歌聲和歡笑聲。影片結束的畫面是公社裡的孩子畫的壁畫，他們畫大人、畫約拿，這個孩子誕生了，是這八位朋友和戀人的集體預言。

　　對於共同體懷抱著烏托邦式的興趣貫串了伯格後期的小說，到了我們可以視為理所當然的程度，不過在一九七〇年代，出現這樣的關懷還是讓人意外。他在《約拿》之前的作品對於個人的探索遠超過群體。這部電影是個轉折點，不過也是好壞參半。一方面《約拿》在四分五裂的時代強調共同體的力量；另一方面，影片顯示烏托邦式的渴望從整體的社會轉型收縮到日常生活的肌理。「因此現在蔬菜就是政治！」馬克思呼喊——預卜先知的時刻，遠遠早於有機或慢食運動之前。

　　在地主義（localism）是對政治的背叛嗎？或者是明智地修正了輕率的進步理念？

　　在《約拿》之前兩年，譚納拍攝了一部小規模的影片《從非洲歸來》，正面處理上述兩難。引用艾梅・塞澤爾（Aimé Césaire，譯註：出生於馬提尼克島的法國黑人詩人和政治家，法國共產黨黨員）的回家史詩《歸鄉筆記》中（*Cahier d'un retour au pays natal*，伯格和巴斯塔克剛剛翻譯好的詩）反覆出現的疊句，同時以伯格告訴他

的故事為基礎（關於兩位朋友計畫到世界各地旅行卻從來沒有離開他們的公寓），譚納的影片──「某種未經指認和沒有套進公式的合作」──也是一則政治寓言。一對倦怠的瑞士夫妻在計畫搬到阿爾及利亞之前舉辦了「散財宴」（「歐洲強迫餵食我們謊言。」其中一位表示），卻發現自己意料之外地卡在不上不下的地方。他們得等待消息看看是不是能夠出發，然而又太尷尬不好意思告訴任何人他們尚未離開，這對夫妻待在他們空蕩蕩的公寓，在自己的城市裡流亡。在床墊上百無聊賴，聽聽收音機，哭哭笑笑，大概是可以預期的，這趟旅程變成是向內而不是出外。到最後他們終於領悟：他們為自己想像的阿爾及利亞生活將會是逃避，比較是逃跑而不是戰鬥。

按照今日的標準來看往往是笨拙的，《從非洲歸來》真誠為中產階級的政治嚮往做見證，而這個主題現在處理的方式若不是輕蔑就是諷刺。譚納和伯格則嚴肅對待。從這種感受上的曖昧他們打造了一則再生的寓言，政治和欲力的再生，透過能量集中於焦點。有時候在美學上是混亂的，然而影片的意識形態軌跡驚人地清晰。電影從第三世界主義迴旋回來，回到最在地的問題：房客的安排和養兒育女。雖然有些批評者發現整個劇情是地方性的──文森・坎比（Vincent Canby，譯註：美國戲劇和電影評論家，曾經擔任《紐約時報》首席影評）稱之為「聰明、有人味，只是有一點點不相干，至少對那些沒有共感，不覺得自己被今日在瑞士的生活壓垮的人來說。」──電影「全球思考，在地行動」的訊息引發其他影評人共鳴，尤其是年輕的第一世界行動主義者。[18] 一份在美國左翼界有影響力的新期刊《跳接》，特別推出一篇熱情洋溢的評論，指出電影名稱《從非洲歸來》

也可以解讀為一種訴求——譚納似乎是在對他那些年輕、白人、半嬉皮的布爾喬亞觀眾說：「雖然我們可以從沉浸在第三世界的政治中學習，並且對革命有所貢獻，真正的戰鬥是你在哪裡，以及你是誰。從你可以發揮最大效能的地方開始。」[19]

這項處方，清醒而且帶有希望，是適切的。但是很難維持。隨著七〇年代慢慢過去，所有「捲起你的袖子」的幹勁變得越來越難集結。人們被丟回到自己的生活裡。心情是陰鬱的。苦澀經常悄悄滲入。許多人精疲力盡。「或許我會去造訪一些中型城市。」在羅伯·克拉瑪（Robert Kramer，譯註：具有強烈社會參與意識的美國導演）的《里程碑》（Milestones）中，一名前激進人士含糊地說著。這部電影跟《約拿》屬於同一個歷史時刻，在許多方面是《約拿》比較粗獷、比較荒涼的美國雙胞胎。「革命不只是一連串的事件。」另一人說，「那是全部的人生。」

一旦願景的閃光消逝了，任何一點光亮都會成為信號燈。

一九七六年上演，《約拿》大受歡迎。寶琳·凱爾（Pauline Kael，譯註：《紐約客》影評人，文字辛辣、眼光犀利，觀點時常與眾不同，有「影評教母」的美稱）和塞爾日·丹尼（Serge Daney，譯註：法國影評人，《電影筆記》主要成員，也為《解放報》〔Libération〕撰寫文章）讚美影片的活力和自由。大衛·丹比（David Denby，譯註：美國新聞記者，也為《紐約客》撰寫影評）把曾經公認為小高達（Godard）的譚納比擬為七〇年代的尚雷諾（Jean Renoir，譯註：法國詩意寫實主義電影的代表人物，畫家雷諾瓦的次

子，重要作品有《遊戲規則》〔*La Règle du jeu*〕、《大幻影》〔*La Grande illusion*〕等）。電影在全歐洲和北美的上映期令人意外地長。伯格和譚納似乎完成了不可能的事：把一個世代殘留的憂鬱和遺憾轉化成安靜的肯定和決心。

不過這部電影也是在左翼人士幾乎笑不出來的時刻拍攝的喜劇。儘管主流媒體的文章恭維譚納的「歡樂馬克思主義游擊隊」，強硬派看到了矛盾的激化。顯然，曾經讚美他們作品的《跳接》，跟譚納和伯格鬧翻了。以《約拿》的劇照為封面，這一期雜誌直接把問題攤開：「顛覆的魅力或反動的鄉愁？」

關於這部電影左翼立場分裂。在一篇強勁有力的辯護文中，羅伯・史坦（Robert Stam，譯註：美國電影理論學者，專研電影符號學，熟悉法國文學和新浪潮）稱這部影片是「理念辯證的音樂」，拿它跟尚・維果（Vigo）的《操行零分》（*Zero de conduite*）、高達和布萊希特相比。跟許許多多表態的政治電影不一樣，他說，《約拿》不是需要硬吞的苦藥，而是讚頌溫暖、社群和遊戲──除了其他因素，上述都會引發衝動把人們帶到電影院。[20] 影片「不是為左派拍攝的」，史坦指出，「而是拍給一般大眾看的。影片試圖訴求的是在大多數人身上發生的革命，至少，在那些沒有直接參與到壓迫的人身上。」[21]

一篇合寫的反駁採取不同觀點。在尖酸的標題下，〈的確是顛覆的魅力〉（'Subversive Charm Indeed'）為比較嚴苛的陣營代言。伯格和譚納，他們說，摒棄了馬克思偏向盧梭，奉上了模糊的保證，「退出是沒有問題的，同時把你的希望放在你的孩子身上。」人們大

為光火。「在衰敗的資本主義似乎一心想要盡可能摧毀最多的人命時，要對任何事感覺非常美好真是天殺的困難。」[22]

撇開自以為是，這篇文章推進了兩個主要論證，值得思考。第一點是，《約拿》的樂觀主義掩蓋了隱密的協議，透過儘管審慎卻自鳴得意地跳過階級，吹捧理想幻滅的觀眾對自我的心滿意足。從這方面來看，《約拿》不過是「輕飄飄，稍微進步一點地」運用了文化觀光（或者說挪用），中產階級藝術家扮裝成農夫和鄉下人；第二點批判是關於他們在影片中看到的「明目張膽、無可辯解的性別歧視」。[23]這很難否認：證據明擺在螢幕上。女性脫衣服和表現情緒；男性思考和討論。「譚納可以宣稱他想要的任何藉口。」文章下結論，「不過他拍了一部顯示出對女性過去十到十五年的奮鬥完全無知的電影。」[24]

遠遠多過伯格，譚納代表這部影片出席公眾場合。在採訪中他採取不可知論的立場。「這裡面沒有真正的訊息。」他說，「我並沒有試圖告訴人們要做什麼或如何思考。我不是傳教士或政治人物。《約拿》只是關於一九六八年之後人們發生了什麼事。影片中有一些希望，因為那些人物不只是袖手旁觀，他們想要歸屬於沉默的大眾。他們希望向前行，一步一腳印。」[25] 伯格沒有牽扯進辯論，不過他是畫出這部影片藍圖的人。在初步的筆記中，他透過一則隱喻勾勒出他和譚納的企圖。影片中的人物從來就沒有設定為左派的模範：

　　在鯨魚肚子裡（這是歷史），有八位人物，就像八名約拿。他們全都是**可笑的**。我們絕對不能忘記這點。他們是可笑的，有時

候愚蠢，有時候盲目，經常不誠實，而且在自己執著的事情上很小心眼。我們必須讓他們立刻從遭到布爾喬亞排斥的這一面完全呈現出來。不過就是在他們的可笑中隱含了他們小小的預言。關於他們的未來預言拯救他們免於一些他們所屬社會充斥的自我毀滅和殺人罪疚。然而他們不是攜手在一起的同志。他們太個人主義了。他們爭吵，意見不合。他們唯一承認的共通點是某種程度的脫離正軌。[26]

這裡面有著揭示真相儘管可預測的反諷。伯格預期會遭中產階級排斥的特質正是讓他比較記仇的同志不安的地方。**他們太放縱了！太不負責任！**用伯格自己的話來說：**他們是可笑的！**

這是影片一再思索的矛盾。有一場戲，馬克思、馬可和馬修在為晚餐切菜。「因為你回去的是個幻滅的時代。」馬克思說，「每個人都在尋求逃避：身體、自然、性愛、洋蔥、蓮花。在據說無法改變的世界尋找小小的安慰。」

「你不允許小小的愉悅？」馬可問。

「小小的愉悅？每一件事都是小小的。小花招。小把戲。」

「我們必須為未來犧牲。屁話！」馬可說，「這是革命的老把戲。這是資本主義一直在傳教的。活在過去的是你。你想要一個新的一九〇五、一九一七，或是一九六八。」

揉著麵團，一直在旁聽，馬修突然開口：「你們說的這一大堆都讓我噁心。事情非常簡單。我們工作為了謀生。靠著我們工作，他們獲利。用剩下來的精力我們試著擊敗這個體系。」

因此《約拿》留下的獻身難題並沒有解決，即使它的調性是傾向謙遜、作樂的樂觀主義。往往讓一則玩笑或一首歌成為矛盾合乎邏輯的終局，而不是任何辯證後的綜合結論。運用玩笑或歌曲的效果是，可能鼓舞了一些人，卻冒犯了另一群人。對於那些認為政治藝術應該用理論闡明革命或描繪壓迫的觀眾，這部電影背叛了自己擁有的優勢。對於那些厭煩做作口號的觀眾，這部電影是**天真**的證明——拒絕屈從於過度知識分子化的苦澀。大多數電影產生的深刻心理影響是無法衡量的，對於《約拿》我們可能有線索去探查。在一九七○年代晚期，有驚人數字的父母，包括未來的電影導演阿方索·柯朗（Alfonso Cuarón）和佛南多·楚巴（Fernando Trueba，譯註：西班牙導演，著名作品有《四千金的情人》〔*Belle Époque*〕、《夢中的女孩》〔*La niña de tus ojos*〕等）把他們的兒子命名為——還會有別的名字嗎？

伯格—譚納電影「公開的祕密」，根據陶德·季特林（Todd Gitlin，譯註：美國社會學家、小說家和文化評論家，著有《給青年行動者的信》〔*Letters to a Young Activist*〕）的說法，就是他們的真誠。電影中的人物一切坦蕩蕩：他們「沒有罪孽也沒有詭計」。大部分關於政治挫敗的戲劇停留在罪咎或**憤怒**，《約拿》則邀請觀眾參與。「他們提出議題。」季特林說，「假設你真心決定要活得高尚，活得用心，而且擁有徹底的自由，在一九六八之後，在越戰之後，在尼克森之後——然後呢？」[27]

隨著電影在紐約、柏克萊、倫敦、馬德里的藝術電影院巡迴上演，政治的指標意義逐漸模糊。通往未來的道路走入一片迷霧之中。再也無法如此輕易將道德上的二元論套用在事件上。「你把事情弄複

雜了。」瑪德琳告訴馬克思，「把每件事情一分為二：好的，壞的；有用的、有害的。你像法庭那樣思考，永遠有法官和律師。」人們說，政治不再是關於組織。政治是關於自我表達、身體、身分認同、我們每一天的選擇和生活風格。

《約拿》是兩個政治時代之間的合葉。影片具體化了當今的斷層線畫出來時左派的心情。愉悅可以政治化嗎？什麼是解放什麼是放縱？什麼是鴉片什麼是激勵？什麼時候在地只是避難？

問題依舊存在，持續困擾任何個人對烏托邦的追求：從特意建構的共同體到山區的迷幻體驗，以及愛的經驗、友誼，或者決定生孩子，這是在最親密的尺度裡一個烏托邦的賭注。理所當然，問題依舊開放。「我們可以把生命用在什麼地方」，如伯格所寫，需要我們去發現和演繹。相同的不確定性適用於《約拿》。影片留給我們一幅男嬰的定格。我們不知道他會成為什麼樣的人。

「誰沒有自己的藍色西裝？」塞薩爾・瓦烈赫（César Vallejo，譯註：祕魯詩人，有印地安人血統，曾經參與共產黨活動，被譽為二十世紀最有開創性的詩人。台灣出版有《白石上的黑石：瓦烈赫詩選》〔*Piedra negra sobre una piedra blanca*〕）詢問，「誰沒有吃了午餐爬上街車／他的香菸點上了，他的痛苦口袋般大小？」

雖然伯格和譚納一直是朋友，《約拿》是他們最後一次合作。這部電影標記了他們夥伴關係的巔峰和最後一步——融合的行為，也是死巷。伯格首先意識到這一點。他說得很優雅，決定是「彼此同意下」達成的，「儘管我認為實際上是我首先清楚闡述了這個想法，我

們暫時不要一起工作大概會比較好。」

在接下來幾年，譚納陷入憂鬱。他以《收穫月》（Messidor，一九七九年）復出，一部苦澀得沒有慰藉的電影，敘述兩名女同志的逃跑（後來啟發了《末路狂花》〔Thelma and Louise〕）。在影片不斷的反父權嚴厲責難中，《收穫月》盡可能直接回覆女性主義者曾經針對《約拿》的批判。而且回覆一直持續。無論他是否以此來思考自己的創作，我們可以看見譚納整個後續的軌道是一場持久戰，一直在努力對付性別歧視和天真的控訴，探索毀滅性的女性反英雄和無法感到快樂、迷失方向的男性。疏離的預言取代了他年輕時歡快的不恭敬。「我認識那些人物。」塞爾日·丹尼評述譚納最近的電影，「看著他們來來去去：在一九六八年他們有缺陷而且壞，接著是空談的理想主義者，然後在一九八五年，怨懟、不滿足的嬉皮，就這樣了。」[28] 這樣的評價很嚴苛，不過的確說明了創作力的衰退，不只比不上他先前合作的電影，而且無法恢復他在這之前自個拍電影時的精力和靈感。

在伯格這方面，擺脫《約拿》之後朝不同的方向前行。他開始跟他的新鄰居學習，他和貝芙莉·班克勞馥定居的山谷中那些逐漸衰老的農夫。在對談中他後來會貶低自己在《約拿》的創作中扮演的角色，然而標舉同一時期他跟尚·摩爾合作的《第七人》是他最驕傲的一本書。

不過有些合作不能維持穩定，正如同婚姻或社會運動，可能是合作之所以美好的一部分。在短暫的時光裡，譚納和伯格的目的重疊了。他們所拍攝的影片在精神、理念和調性上是獨一無二的。在一起他們彈出新的和弦，既溫柔又明亮：大七和弦。

7. 超越意識型態

我坐著聽那天文學家在演講
演講廳裡博得眾多掌聲，
多麼快我就變得疲累和厭煩，無以名狀，
直到起身開溜我獨自遊蕩，
在神祕的潮濕的夜氣裡，時不時
在純然的靜謐中仰望星辰。

——華特・惠特曼

在伯格為《新政治家》撰寫的最後幾篇文章的其中一篇，他把讀者帶到一棵山毛櫸下面，邀請她抬頭看樹葉。那是陽光燦爛的下午，微風吹動較輕的枝椏。他邀請讀者專注在她看見的景象。「透過半閉的眼睛你凝視上方。眼睛半閉因為你專心在注視。」[1]

然而注視的目的可能不一樣。隨著文章的進展——他三十二歲時撰寫，一九五九年春天發表——伯格思索了五種不同的「觀看方式」來凝視上方景象：以哲學家、工程師、詩人、戀人和畫家的眼光來看。每一種觀看的方式帶出物理世界的不同層面，讓觀者處於和那個世界不同的關係之中。工程師開始測量和計數；戀人沉溺於享受；哲學家進行推斷；畫家研究色彩的純粹以及樹枝的角度，「像裝配工人那樣，而不是像數學家」。每一種取向遵循感知的心智不同的運行方式，因此觀看應該理解為一種活動——幾乎是一種**技藝**。可以修正和訓練。我們對於周遭的感知，在動態和持續的交互作用下，跟我們其餘的存在融合在一起。「世界與主體是不可分割的。」梅洛－龐帝說，「但是這個主體不過是世界的投射。」[2]

主客易位的交叉修辭說明了貫串伯格人生計劃的一系列辯證：內在與外在之間；身體與自然之間；自我和歷史之間。他擁有罕見的天賦。儘管不是受過專業訓練的哲學家，他承受住這些根本矛盾沒有被打敗，試圖透過不同的方法保持統整——有時純粹是透過修辭發揮意志力；有時是透過比較安靜的肯定信念；有時是透過自我定義的激進姿態；有時則是透過精心創作的藝術品。

伯格的寫作有許多方式。他是批評家、參與論戰者、理論家、合作者、小說家和詩人，各種身分交替出現。是這樣的多樣性界定了他

的軌道，如同界定了某些個人作品。伯格就是拒絕接受他那一代許許多多人認為無可否認的分工。工作的多樣性不應該只是看成不安分的標記。比較像是進行中的哲學賭注。如何連結我們的經驗中幾乎總是保持區隔的各種領域和區域？

〈五種觀看樹的方式〉（'Five Ways of Looking at a Tree'）依舊是因為論辯充斥著抽象思維而顯得太沉重的階段，但仍為伯格最抒情的知性散文之一。或許是這項理由，這篇也是他最具先見的文章之一。每個人根深蒂固有一種「觀看的方式」——理解為態度、取向或世界觀——以至於影響了感知，幾乎成為一種**存有**的方式，這是伯格擴大對政治以及政治和美學之交流的理解時，最重要的核心思想。「每一種觀看世界的方式，」他之後在一九五九年寫著，「蘊含著跟那個世界的特定關係，而且每一種關係蘊含著行動。」[3]

一種方式可以同時指涉方法和路徑。他的框架具有的彈性讓伯格在一九六〇年代盡其所能走到最遠。「感知－取向－行動」（percetion-orientation-action）的根本三角具有靈活的關節。這個三角在形式與內容、願景與信仰之間斡旋。不過它也是脆弱的建構，如同它是柔韌的。而且它位於一條哲學的斷層線上，在接下來十年不斷加寬，與激進的行動政治崩潰成正比。新的術語——**意識形態**——占據了主導地位。伯格花了好大力氣超越的過往戰後論戰轉變成新的論戰，在馬克思主義陣營內，結構與經驗交鋒。

有一段時間伯格是一九七〇年代意識形態批判的核心參與者。或許反諷的是，這是讓他如此出名的原因。他的四集電視節目《觀看的方式》，於一九七二年年初在 BBC 首播，成為那個世代最具影響力

的藝術節目。每一集三十分鐘，伯格讓藝術的紳士傳統，像帝王雕像那樣，接受歷史唯物主義者連續不斷的攻擊。油畫的形式，他說，具現的不是觸覺的美德，而是商業資本主義的占有欲；裸體不是人文主義者對身體的頌揚，而是男性偷窺癖的產物；視覺廣告的語言，無論內容是什麼，強化了由羨慕驅動的體系以及遭社會放逐的恐懼；還有最最根本的，對藝術的愛好不過是歐洲統治階層用文化當做犯罪的不在場證明。

這一切都是放大版的意識形態。他的論證是人類學取向而且一概而論。伯格談到剝除藝術「虛假的神祕」和「虛假的宗教性」。如今聲名狼籍的開場，實際上是褻瀆神聖的圖像符號。在看起來像是國家美術館的地方，伯格拿著解剖刀劃向波提切利（Botticelli）的《戰神與維納斯》（Venus and Mars）。他穿著長褲和七〇年代的襯衫。切口用配音呈現出來——那是節目的第一個聲響——然後淡入旁白裡。「利用這些節目我想質疑關於歐洲繪畫傳統通常會有的一些假設。」伯格說，「那個傳統在一四〇〇年左右誕生，一九〇〇年左右死亡。」這個隱喻簡單明白。質疑就是剖析：看到底下以及之外的東西。

伯格逐一切開鑑賞家了無新意的老梗，揭露了一項大毛病的各種症狀：這毛病就是父權制的歐洲資本主義。他著名地（而且令人信服地）解讀了霍爾拜（Holbein，譯註：德國畫家，公認為十六世紀偉大的肖像畫家，屬於歐洲北方文藝復興的風格）的《大使》（The Ambassadors）和根茲巴羅的《安德魯夫婦》（Mr and Mrs Andrews），批評它們不過是視覺上的吹噓之作。或者《帕里斯的評

判》（*The Judgement of Paris*）是古早的環球小姐選美。「歐洲的再現手法，」他在一篇後來改寫為腳本的文章中寫著：「指的是取得所有權的經驗。正如同畫作的透視聚集了一切的延伸，提供給個別的眼睛，因此畫作的再現手法把描繪的一切交到個別的擁有者－觀賞者手上。繪畫成為隱喻的挪用行為。⁴」節目中切割和黏貼當場製作出一幅拼貼，用來支持論證。這項技巧或許現在廣為流傳，在當時是大膽莽撞的。曾經參與建構繪畫傳統的作品，一旦那個傳統遭到肢解，就變成孤兒了，同時因為結盟被判有罪。在節目播放之前，無論美術課程保留了些什麼內容，之後差不多只有一個底座還留下來。

　　這次的顛覆是分水嶺。馬丁・傑（Martin Jay）說《觀看的方式》是邀請決鬥扔下的「手套」，在這之後「視覺文化的研究再也不一樣了」。[5] 格里塞爾達・波洛克（Griselda Pollock）指出伯格介入的「時刻」──一九七二年──是某種方法論的原初場景：人文學科掙脫了形式主義的氛圍轉向不久就會引領風騷的主宰模式，也就是「分析權力，同時解構隱含階級、種族和性別意涵的意義」。[6] 幾年之內，《銀幕》（*Screen*）、《藝術論壇》（*Art Forum*）、《批評探索》（*Critical Inquiry*）之類的期刊和其他出版品就接棒伯格，闡述、修正，並且迅速超越伯格誇大其詞還往往過分簡化的論證方法。（例如：蘿拉・莫薇〔Laura Mulvey，譯註：英國女性主義電影理論學者〕發表於一九七五年關於男性凝視的著名論文，就可以用這樣的方式來閱讀──運用伯格的女性主義論點，分析典型好萊塢電影隱含性別意涵的觀看方式。）[7] 同時間，在全英國和全美國的教室裡，如一位教授所說，《觀看的方式》成為「立刻納入教學大綱的閱讀材

料」。[8] 節目證實效果驚人：只要兩個小時，藝術入門程度的學生就可以文化排毒，將他們的心智白板擦拭乾淨，為接受比較複雜的批評方法做好準備。在這層意義上，電視節目一個學期又一個學期重新活過自己的「時刻」。女性主義媒體學者珍·蓋恩斯（Jane Gaines）在自承伯格的養成影響時，不只是為一個世代的學院派也是為他們許許多多學生代言。「我們從他身上學習到，」她說，「關於一切——工作、玩樂、藝術、商業——的基本假設隱藏在周遭的圖像文化裡……它們不是它們最初看起來的樣子，但是可以讓它們揭露自己的祕密。」[9] 研究藝術再也不是關於點頭稱賞，而是尋找蓋恩斯稱呼的「破解符碼的政治鑰匙」。這是一種揭穿真面目的行動。取代正典崇拜，伯格教導後來在教學上以「**批派性觀看**」為人所知的方法。圖像如何隱藏自己比較深層的意義？社會關係如何銘記在一個題材的各種處理形式上？藝術，或者愛藝術這種觀念在更廣泛的力量傳播上，扮演什麼角色？

　　伯格的答案比較是用範例而不是其他什麼來引導。這些答案具有影響力當然不是因為嚴謹，或是任何分析的具體內容。確切地說，集體來看時，這些答案預示了新的**心境**，新的思考風格。加上同時吸收法蘭克福學派、傅科和其他人的思想，《觀看的方式》協助將一特定的知識立場引進學院，那就是**批判**的立場。記住，伯格在第一集結束時說：「我為了自己的目的控制和運用這些節目需要的複製方法。我希望你們會思考我的安排——**但是要懷疑**。」當然，這是修辭手法，如其他人指出的，不過這也是一道律令，適合很快就會取得主導地位的批判學派。這一系列，以及後來改寫而成的書，發揮了手榴彈的作

用。它們共同幫忙掃除了障礙，讓視覺研究、文化研究、媒體研究等等在學院中相繼興起。

再一次，伯格在正確的時刻抵達。他敏捷地掌握了時機。新的選民帶給博物館和大學新的壓力。體制的改造已經成熟。不過再一次，伯格不會長久停留。反諷是雙重的：第一，激進的顛覆很快就會成為學院正統；第二，最初的顛覆者之一永遠不會在藝術史協會（Association for Art History）發表主題演講。伯格向來厭惡體制生活，然而透過自己上電視的絕對魅力——深沉的睥睨、挑動的眉頭、著名的凝視——他成為同儕審查宴會出席的第一人和司儀，然而他很快就抬腳離開了。丟出手榴彈，他讓其他人清理瓦礫。

《觀看的方式》肯定是一九七〇年代，甚至可以說是整個戰後時期，影響最深遠的藝術—批判計劃。但是對作者來說，多少是偶然。《觀看的方式》代表了他風格中好戰和結構主義傾向的那個極端。伯格本人從來沒有認為這是他的主要作品。這是他論戰模式中最後一次認真的行動。在整個節目中不只處處暗示他的法則有例外（藝術傳統中的傑出大師），而且或許藝術整個「存在的理由」就是因為這些例外。

這是被節目的各種挑釁淹沒的一條思路。不過到了這個十年結束時，這條思路在伯格身上變得更加明顯。在這層意義上，七〇年代是澄清的階段。一種觀看的方式這個概念，以辯證的方式如此精巧和刻意地宣揚，慢慢轉變成一種選擇：選擇意識形態或經驗；選擇泰瑞·伊格頓（Terry Eagleton）或雷蒙·威廉斯；選擇湯普森或路易·阿

圖塞（Louis Althusser）。無論在伯格拍攝《觀看的方式》時知識界的思想樣貌是多麼混亂——我不認為他當時能夠想像，除了透過人文主義有誰可以真正抵達馬克思主義——結構主義和後結構主義相繼興起，無疑讓人明白了新左派過氣的程度。

兩篇知性散文特別揭示了這種重大改變。第一篇〈藝術創作〉（'The *Work* of Art'），評論尼可斯・哈金尼可勞（Nicos Hadjinicolaou）一九七八年在英國出版的《藝術史和階級鬥爭》（*Art History and Class Struggle*）。這是伯格和崇信阿圖塞方法的著作第一次真正的相遇。他一時不知如何反應。由於他早在五〇年代中期就不甩黨的意見，伯格一開始就表達了他的反應很複雜——私人的和理論上的。

這些反應根本上是敵對的。他把視覺意識形態這個工具描述為「優雅即使抽象的處方」，不過他無法投身與此。根據這項準則，一旦它變成是絕對真理，伯格說，我們就「像是盲人，必須學習接納和克服我們的眼盲，但是階級社會延續的同時，視覺本身是無法賦予盲人的。」[10] 結果就是這種理論清除了創作或觀賞藝術的經驗——藝術行為本身和藝術的奧祕。

伯格承認，在視覺意識形態工具失敗的這個點上——例外的傑出作品——他自己在《觀看的方式》中的論證也是薄弱的。偉大的藝術作品幾乎可以定義為：任何純粹的意識形態分析都無法充分解釋它們的力量。「對我而言，」伯格跟當時的一位朋友透露：「有一些藝術作品一直保持神祕，而且這些作品是僅有持續吸引我的。這些作品在本質上是超越任何解釋的。」[11]（或者如布拉克所說，「藝術中唯

一要緊的事是那些無法解釋的。」）[12] 當然，伯格了解這有可能是套套邏輯（tautology），以及這一切說法的主觀性，但是他依舊堅持。「我會乞求哈金尼可勞和他的同儕，」他以此結束他的評論，「考慮他們的取向導致自我挫敗和倒退的可能性，退回到一種化約主義，在程度上跟日丹諾夫和史達林的化約主義沒什麼兩樣。」[13]

對伯格以及其他許多人來說，**理論**的出現事實上是政治結束的徵兆。理論專注於限制而不是活動，執迷於封閉系統而不是過程，固著於虛假意識而不是啟示。流行的態度結合了一種時髦、略微傲慢的警戒和自我指涉的追逐尾巴。在這方面有強烈的既視感。伯格曾經恐懼過發生在一九五〇年代繪畫上的事——繪畫閉關自守、繪畫採取自殺行為、繪畫關在實驗室失掉全世界——正是一九七〇年代晚期他看見發生在馬克思主義身上的事。無論是理解成「為了理論而理論」，還是比較廣泛的「懷疑的詮釋學」一部分，伯格迅速直覺到的，其他人也會很快發現：光是批判終究會失去動力。[14]

第二篇知性散文顯示，來到一九八三年的短短幾年間伯格已經前進了多遠。標題是〈世界的生成〉（'The Production of the World'），這篇知性散文敘述他在參加阿姆斯特丹「跨國學院」半年一次的會議之前心裡的遲疑。一九七四年，伯格成為他們最早的成員之一。不過到了一九八〇年代初期，反殖民鬥爭的日子似乎已經遠去。人們精疲力盡了：

> 我幾乎決定不去了。我感到太疲憊了。我的疲憊，如果我可以這麼說，是生理上的也是形而上的。我再也無法維持意義的完

整。光是想到要去建立聯繫就讓我焦慮痛苦不已。唯一的希望是按兵不動。儘管如此在最後一刻我去了。

那是個錯誤。我幾乎無法理解任何事。語詞和它們的指涉之間的連結斷裂了。我似乎迷失了；人類最初的力量——命名的權力——正在喪失，或者從來就是幻覺。一切都消解了。我試著開玩笑、躺下來、用冷水淋浴、喝咖啡、不喝咖啡、自言自語、想像遠方——沒有一件事有幫助。[15]

在失序的狀態下，伯格離開會場去對街的梵谷美術館與朋友見面。他去那裡不是要觀賞畫作——「我告訴自己，此刻你對梵谷的需要就像是你需要頭上有個洞。」——只是因為那位能夠帶他回家的朋友會在那裡。[16]

這是這篇知性論文的前提。在他通過美術館的「夾擊」時，他找到意料之外的療方。在梵谷的畫作中「現實獲得確認」。他在會議廳如此可怕經驗到的痛苦焦慮，他「因空無引起的暈眩」消失了。效果是如此即時，他說，彷彿他接受了靜脈注射。[17]

梵谷為伯格揭示的不只是世界**就在那裡**，還有持續進行的工作——身體的、美學的、精神的、熱情的——維持世界存在需要的工作；眼前的工作；讓自己埋首的工作。這點顯現在油畫本身撲面而來的物質性上，因為梵谷試著盡可能接近畫作所描繪的事物：《吃馬鈴薯的人》（*The Potato Eaters*）、《一隻雲雀飛過的玉米田》（*The Cornfield with a Lark*）、《在奧維犁過的田》（*The Ploughed Field at Auvers*）、《梨樹》（*The Pear Tree*）。這位荷蘭畫家提供的是關於宇

宙濃墨重彩的描繪，充滿同情。他的作品，如伯格後來所說，是「不折不扣存在主義傾向的，剝離了所有意識形態」。[18] 同一雙手農民用來吃東西，他們也用來栽種他們吃的東西。同樣的能量從太陽移動到梵谷意圖透過他油彩的能量帶出來的一朵花。因此，不是意識形態的螢幕，而是這個世界正在抽芽成長、發自肺腑的活動。現實本身就是一種創造的形式，伯格下結論，所以要趨近現實，最好的取徑是透過他所稱呼的「存有的勞動」。

　　如果一九七八年的知性散文代表他最終拒絕了意識形態，一九八三年的文章指出新的轉向——新的形上學——朝著他已經轉過去的地方。在伯格往後的人生，工作是主導的主題，他投入許多工作，從來沒有真正停下來，直到過世。「自然是能量和鬥爭。」他寫著，「看得見是一種成長。」[19] 在新左派長期的宿醉之後，工作不是意味著革命或批判，而是參與持續進行的生產，生產出實體。「一旦一個人投入生產過程，」他在探討里奧帕蒂（Leopardi，譯註：十九世紀義大利最重要詩人，浪漫主義文學的代表人物）的知性散文中寫著，「完全的悲觀主義就變得不可能。這跟勞動的尊嚴或其他之類的廢話無關；跟人類身心能量的本質有關。這股能量的消耗創造出食物、睡眠和短暫喘息的需求。」[20] 無論多麼漸進，這裡面的新陳代謝會導向更新。「勢所必然，」伯格說，「工作，因為具有生產力，在人們身上製造出有生產力的希望。」[21]

　　阿姆斯特丹之行的知性散文可以從許多方面來解讀。它同時是焦慮和接地的寓言故事、關於後結構噁心想吐的私人記述、對於繪畫親密力量的肯定——也是伯格自己從大都會辯論的大廳堂退場的寓言。

　　結果顯示，《觀看的方式》不只是介入，也是告別。到了一九
八〇年代初期，他大致上開脫了自己，退出知識界討論的中心。很
快的，教授們就會幾乎沒什麼需要從他身上學習，而伯格從他們身
上也學習不到什麼。每隔一段時間會有一篇知性散文進入新的分支
領域——例如，〈為什麼觀看動物〉（‘Why Look at Animals’）吸引
動物研究的注意——不過大體上他沒什麼用處了。他太令人難堪的認
真，太沒有批判性的誠懇，還有對許多人來說，太沒有自覺的男性中
心。因此在一整個世代的理論家忙著論述符號和意指時，伯格自個遊
蕩去了。

　　他幾乎放棄批判模式。他的志向現在比較不是透過任何單一的創
作來表達，而是表現在一項人生計畫裡，從這項計畫中，幾乎像是副
產品，產生了形形色色的故事、詩篇、信函和素描。基調漸漸親密和
關愛。天平迅速從自然或動物世界最微細的觀察切換到形上學。

　　一九五九年，伯格寫下，他評判一件藝術品是看「它是否幫助人
們在現代世界索取他們的社會權利」。[22] 一九八五年，在一本選集的
導言裡，他重複這項聲明。不過他加了新的主張：「藝術另一張先驗
的面孔提出了人們本體權利的問題……藝術的先驗面孔永遠是一種禱
告的形式。」[23]

　　在一九七〇年代中期，伯格開啟新的生活——以及新的家庭——
在上薩瓦的一個小山村，位於日內瓦外圍。他將近五十歲。就是在這
個吉夫里河谷（Giffre River Valley）他開始了他所說的自己的「二度
教育」。他有許多年長的鄰居一直務農為生，這個耕作傳統基本上好

幾個世紀沒有中斷過。伯格開始跟他們一起工作。他們成為他的老
師。「這裡就好像是我的大學。」他說，「我學習揮舞長柄大鐮刀，
而且我學習一整套關於生活的意義和價值。」[24] 接下來十六年他書寫
的三部曲總標題來自聖經：「別人勞苦，你們享受他們所勞苦的。」
這一系列混雜了故事、詩篇和知性散文，講述農民的消失。不過這個
書名也是人類學的署名，表達了他自己的方法和形上學——幾乎是神
學。

　　起初伯格和貝芙莉‧班克勞馥並沒有住在昆西（Quincy）本村，
而是路上的一棟老農舍。一樓是沒有使用的牛舍；廚房有座燒煤和木
頭的鐵爐。即使如此，房子在冬天還是冷冰冰。有自來水，但是除了
放在爐子上沒法子加熱。廁所是在車道對面的小屋。沒有電話。樓上
伯格保留了一間書房，有一張桌子、打字機和書籍，從窗戶可以看見
遠方白朗峰的山嶽。走路到村莊很近，不過那裡沒有商業活動。最近
的雜貨店和郵局在沿著河流的主要道路往下走幾英哩處。

　　對有些人來說，這樣的移居是隱退。許多人認為是唐吉訶德式
的舉動——托爾斯泰的信徒。英國最著名的左翼人士之一住在法國鄉
間，在柴契爾掌權、福利國家崩解以及礦工罷工之時。無論他何時造
訪倫敦，大約每年一次，總是有個逃避不了的問題等著他。「**你在那
裡做什麼？**」一位朋友的改述：「對於農民抱著浪漫想法，你什麼時
候會回到這裡，站在階級鬥爭的尖端？」[25]

　　對別人來說這是美學的投降，一種鄉愁式的回歸，背棄了他小說
中嚴謹的現代主義。在一場精彩非凡的對話中——精彩非凡是因為對
話的親密和坦白——由「第四頻道」（Channel 4）於一九八三年委

託製作，帶著王者風範且有幾縷白髮的蘇珊・桑塔格，隔著一張小桌子坐在伯格對面，持續地在這點上施壓她的朋友。「然而你不是改變了嗎，約翰。」她一次又一次地說。伯格似乎有點吃驚。「嗯，我必須重新學習如何書寫。」他承認，心裡半是不情願半是頑強的傲氣。

　　無論在阿爾卑斯山的山腳下他可以多麼融入當地，他當然永遠有離開的特權，去旅行的特權，享有他的教育帶來的優勢，以及和重要的藝術家和出版人為友的優勢。因為這樣的緣故，伯格的法文始終不流暢而且口音很重。他從來沒有到離開日內瓦超過一小時車程的地方。日內瓦是歐洲最國際化的城市之一，他的前妻和兩名成年的孩子住在那裡。到了一九八〇年代中期，他的時間分配在上薩瓦和巴黎一處郊區。他在巴黎郊區有新伴侶，出生於烏克蘭的作家內拉・別爾斯基（Nella Bielski），貝芙莉和這位女士共享伯格的情愛。

　　儘管上述種種，搬家到鄉下絕對不是一時任性。即使是那些有資格懷疑的朋友——他們可能一開始冷眼旁觀他們視為農村仕紳化或時髦的下鄉蹲點舉動——一旦他們造訪了，也必須承認伯格的確是找到一個合適的新家。伯格享受村莊的生活。他在收割時幫忙製作乾草；牛要放牧的時候去造訪比較高的牧場；陪同伐木工人砍樹；摘蘋果讓它們壓榨成汁；飲用當地慶典時傳遞的燒酒。他參與談論八卦同時是八卦內容的一部分。八卦構成了山谷的社會肌理。起初他沒有自己的土地，而是選擇跟附近的農夫租房子，他們成為朋友。「我在這裡很自在，某種程度上是我在其他地方都沒有感覺過的自在。」他告訴一位美國記者。這位記者一九八一年到此朝聖。「當然不是在英國。在法國我沒有特別感覺，但是我的確在這個村莊感到自在，因為我真實

的樣子獲得接納。」[26]

隱退意味著逃避——要不是投降就是休兵。伯格兩者都不是。如果要說的話，擔憂指責讓他更努力工作：不只是寫作更努力，還有他不是在書桌上進行的所有事情。「我並沒有逃離的願望。」他說，「我期盼遇見什麼事。是的，我的願望是遇見和認識更多的農村生活。不是去對比都市生活，或者是都市生活的緩解。」[27] 問題不是遠離一件事而是親近另一件事。而農村必然是**逃離**的想法說明了他所看到的都市專業階層的歷史唯我主義。

伯格確保他在昆西的生活是沉浸式而不是走馬看花。他在米勒（Millet）畫中找到的主題清單——他決定捍衛他的聲譽——構成了他自己新選擇的雜務：用長柄大鐮刀割草、剪羊毛、劈開木頭、挖馬鈴薯、掘土、牧羊、製作堆肥、修枝。[28] 這位法國畫家不是感傷主義者，他主張，而是困在布爾喬亞形式的煽動者。他想要將關於農民「先前無人畫下的經驗」帶入金碧輝煌的油畫傳統之中，他的渴望是如此具有破壞力，他的任何失敗只是闡明了這項任務的艱鉅。[29] 如何再現對某個階級的人如此切身而對另一個階級的人如此陌生的經驗呢？觀看的人永遠是站在風景**前面**，而農夫生活在風景**之中**。

要從優美的風景中掙脫出來，在能夠看見勞動的身體之前，更不要說描繪了，必須實際以身體去生活並且感受到勞動的身體。這是真實性的問題。任何人手上沒有繭就無法敘述為一大片田野割草的經驗。任何人不曾在山區生活過一整個冬天就無法描寫寒冷。當然伯格的收入來自他的著作，不過他白天的時間待在戶外，無論日曬雨淋下田工作，跟他的鄰居一起按照四季生活。他尋求的那種雙生的情感，

跟日和夜一樣古老，是努力和精疲力盡的身體感覺。

　　在對談中伯格總是說《第七人》是轉折的關鍵。為這本書進行研究時，他跟數百名來自歐洲南方邊陲（葡萄牙、西班牙、希臘、土耳其）的移民談過話。差不多所有人都是來為工廠、礦場或是公共工程工作。他們住在城市的邊緣。這種新生活的細節，伯格說他能夠描繪。但是他們留在身後的，他們的父母和他們的村莊生活，他說他無法描繪。幾乎所有人都是農民之子。「在他們說話時，我發現他們所感受到的一大堆東西我無法具體掌握。」他說，「我是無知的。我想要去克服那種無知。」[30]

　　在這則例子中，知識意味著經驗──不只是農業勞動的經驗，還要跟社會平民整合在一起。兩者是搭配的，而且它們共同構成了村莊生活。「要認識農民最好的方式不是靠講話，而是靠做事情，一起工作。」他說，「如果你跟我一樣，準備跟他們一起幹活把自己搞得髒兮兮，清理馬廄以及下田工作等等，而且做得很糟糕很可笑，因此他們是大師而你是白癡。如果你能這樣做，就能克服距離，感覺到親近。」[31]（早他一個世代，法國哲學家和神祕主義者西蒙娜‧韋伊（Simone Weil）提出類似建議：唯有靠著「整天跟農民肩並肩做著讓人精疲力竭的工作」，她說，他們才會打開自己，「談心」才變得有可能。）[32] 在他國際聲譽達到巔峰的時候；在《觀看的方式》和布克獎之後；在十年或超過十年馬不停蹄的旅行，只是名義上以日內瓦為據點然而沒有任何真正長久的安定感之後；在一場精神危機和離婚之後，伯格在昆西的勞動生活中找到的不只是一個家，還有定錨：一**個共同體**。

　　通常人生中只會有一、兩次這麼深刻的歸屬感。如果發生得比較頻繁，就不會如此特別。離開英國時，伯格留下了他最初隸屬的整個社會：工作室、畫廊、俱樂部、沙龍和辯論交織而成的戰後環境。他是其中不可或缺的一部分。「我感覺自己明顯是那個共同體的成員。」在離開十年後他說，「不是藝術世界。」他迅速澄清，「而是好幾百位或者一千位的畫家和他們的朋友。」[33] 二十年後，他的新共同體位於吉夫里河谷，由他的鄰居和他們的家人組成——一個是都會型，另一個是農村型，不過兩者都是基於共享的工作前提。

　　「種田和藝術之間有著無法逃避的親屬關係。」美國生態環境保護主義者溫德爾·貝里（Wendell Berry）評述，「因為種田仰賴品格、奉獻、想像力和結構感，如同仰賴知識。種田是實用的藝術。」[34] 在他的第一本書中（關於雷納托·古圖索），伯格已經注意到類似的事。義大利土地承受人類在上面勞動的程度，幾乎每一英畝都犁過或是闢成梯田，讓他聯想到農事的技藝和古圖索的畫作之間的對應。古圖索的畫作每一吋都經過類似耙梳。在這層意義上，風景可以既是名詞又是動詞。古圖索、梵谷和其他人是特別的，因為他們辨識出這點——樹木、田野以及藝術家的*活動*——伯格在他早期的小說中突顯的雷同。「這是一張大畫布，二乘以三公尺。」他在《我們這個時代的畫家》中寫著，「那相當於犁田十公頃。」[35]

　　如果伯格的養成階段是在畫工作中的男人，現在他受到工作本身的吸引。隨著他這麼做，而且安定下來，曾經他關於藝術的說法——他對在地、區域性表達的同情；對勞動和集體努力的同志情這類圖像的共感——復歸為他往後人生的預言。經過四處遊歷的中年階段，在

美學焦點放在全球性現代主義之後，伯格日後的書寫回歸到他最初戰鬥宣揚的理念：地方質地的特殊細節。

　　一九五〇年代伯格對抽象的攻擊一直是，那是沒有地方屬性的世界主義風格。它不存在任何地方。他說，藝術自主權的真正本意，不是實驗的自由，而是沒有窗戶、不在現場的實驗室感覺。「這裡有南斯拉夫的杜菲（Dufys）、加拿大的米羅（Miros）、古巴的蒙德里安（Mondrians）。」他寫一九五二年的雙年展，「都在自己的國家工作，然而都採用一種瀰漫的國際風格，如此無法產生一藝術傳統，就像世界語無法創造出文學傳統。」[36]

　　對伯格來說，繪畫根植於視覺經驗，而視覺根植於在地和獨特。看得見必須發生在某個地方。為了處理世界的表象，藝術家必須從一個特定鄉鎮、一片特定田野或是一張特定臉孔的表象入手。「繪畫和雕塑本質上是在地藝術。」他在一九五〇年代一場演講中表示，「它們仰賴它們的在地脈絡──國家的傳統、人民、光線、地景和建築物，它們是因為這些或者從這些裡面創造出來的。」[37] 為一本從未出版的宣言式著作所寫的大綱裡，他計畫有一章節專門探討「大寫 A 的藝術的虛假性」（Falseness of Art with a capital A），以及「對抗國際文化在地和國家的優勢」。[38] 在他第一本小說裡，伯格直接點出問題：「世界主義和形式主義是一起餵養的。」他寫著，「看看那些寫塞尚的胡說八道。只有在你忘記普羅旺斯，忽視那位山岳聖徒（譯註：塞尚一再繪畫「聖維克多山」），他才是抽象化的理論家。於是你看見他跟夏丹（Chardin，譯註：十八世紀法國靜物畫大師，以日常生活為主題）做同樣的事：觀看自然如此用力，以至於他的凝視開

始轉動它，就像溪流轉動水車的輪子。或者皮耶羅・德拉・法蘭切斯卡（Piero della Francesca，譯註：義大利文藝復興初期畫家）。他的天空和山丘在倫敦看起來崇高。在翁布里亞（Umbria）比不上巴士稀奇。」[39]

美國的藝術市場就像美國的農企業一樣，屬於一全球性的歷程，淨效應就是抹除了地區差異，留下模糊、無中心的失序發展，沒有任何事改變過，除了卡爾維諾曾說過的，機場的名字。[40]

從一九七〇年代晚期到一九八〇年代，伯格最受喜愛的知性散文朝相反方向移動。這些文章讓畫家回到他們起源的地方：特納的泰晤士河和他父親的理髮店；莫內的利哈佛港（Le Havre）的峭壁；維梅爾（Vermeer）的台夫特（Delft）的光線和運河；費迪南・薛瓦勒（Ferdinand Cheval）的德龍省（Drôme）。這些都是某種創世的故事。他們尋求伯格所稱呼的一片地景的「**地址**」：土地的個性如何「決定那些生於此的子民的想像」。[41] 這不是什麼認同或驕傲的問題，而是感知的問題，加斯東・巴舍拉（Gaston Bachelard，譯註，法國哲學家，法國新認識論的奠基者，重要著作為《空間詩學》〔*The Poetics of Space*〕）指稱為「空間詩學」：位置的現象學。例如，庫爾貝的作品中，侏羅的山丘變得不只是繪畫的對象：它們是可以感知的哲學。石灰岩和苔蘚、深綠色、森林的側光。這一切結合起來產生了視覺上猛烈的「無法無天」，彷彿從茂密的樹林裡看世界是在挑戰「文明人選擇的無知」。[42] 在探究伊比利半島繪畫的長篇論文中，伯格談到西班牙內陸因為枯葉戰術留下的「傷口」，那就是他可以在除此之外跟委拉斯奎茲（Velásquez）和哥雅（Goya）截然不同的藝術

家身上，感覺到的受傷的懷疑主義。即使是宗教他也以這種方式來理解。「在撒哈拉人們進入古蘭經的世界。」他寫著，「伊斯蘭教誕生於遊牧的沙漠生活，也會不斷重生於此，古蘭經會回答這種生活的需求，舒緩這種生活的焦慮痛苦。」[43]

在《觀看的方式》裡，伯格現身在藍色的屏幕之前。顏色本身不是重點──儘管有些人宣稱藍色突出了他上師般的風采，彷彿他是被天空框住的摩西──而是暴露了電視的科技裝置，強調了攝影棚**不在任何地方**。儘管肯尼斯‧克拉克在《文明》（*Civilisation*）裡四處旅行，伯格專注於形式本身。現代媒體所做的事，以及伯格的節目自覺在做的事，就是把藝術作品切離它原始的脈絡，剝奪掉它的「靈光」（aura）──華特‧班雅明著名的說法。因此讓圖像可以複製、可以運輸、變成表徵。取代欣賞，伯格教導的是批判性觀看。但是在節目播出後那幾年，他安靜地不過還是同樣激進地教導另一件事：一種親密和合作的眼光。不是把畫家抬到正典地位（他從來不擅此道），伯格把正典拉下神壇。這是顛覆性的舉動，主張批判性的有容乃大。既不是從藝術史上定位大師，也不用意識形態定義他們，伯格反而是將他們的作品整合進**經驗的公有地**（experiential commons）裡面：理髮廳、森林或鄉郊的尋常經驗。他晚期的知性散文形成一張親密地圖，這張地圖上的藝術里程碑幫忙揭露了我們共有經驗的生活領域。

這與當時知識界的時尚形成強烈對比。阿圖舍所稱呼的意識形態國家機器，或者傅柯所指的規訓的權力，都是無所不在、無法接近的力量，同時在每個地方又不在任何地方。如同原罪，理查‧羅逖（Richard Rorty，譯註：美國哲學家，實用主義大師）的總結，

「在我們語言的每個字，以及我們社會的每個體制上，都留下無法抹滅的汙點。原罪永遠已經在那裡，無法捕捉到它出現或消失。」[44] 唯一的療方就是永無止盡的警戒。「只有不間斷的個人和社會的自我分析，」羅遜說，「而且或許這樣也做不到，可以幫助我們逃離原罪這張看不見的網上那些無限精密的網格。」[45]

　　意識形態恰恰是無法看見或遇見的；而看得見隱含著一場相遇：在光和視網膜之間；在世界和身體之間。伯格後來的書寫將此抬升成生存原則。他說他期盼只書寫「共同的時刻」，會合和匯流的基地。在除此之外以過時和疏離的重複為特徵的年代，伯格的整個計畫是讓藝術回歸它的源頭，重新發現共享的時刻與地方的靈光，並且重新賦予經驗神聖的意義，那是資本主義的速食文化剝奪掉的意義。這是一項私人、藝術和知性的計畫，為的是重新入迷。在他的語言中出現了深邃的空白和沉默，有時候帶有神諭的色彩。「在自然之中空間不是由外界給予的。」他曾經寫過，「那是由內誕生的存在狀態。是曾經或者將要**演變而成**的狀態。」[46] 同樣的，他後期著作中那股深沉的安靜不是大聲喧囂中的暫停或插入，而是一種環繞的狀態，一種主動的形式，是專注的傾聽，是要小心守護的東西。在仰慕和關注時他處於最佳狀態。當藝術史家建構精細複雜的探照燈、在油畫周圍搭鷹架或者用 X 光進行檢測以便在官方紀錄上無可爭辯地給予正確定位時，伯格做的是不一樣的事。他舉起蠟燭觀看畫作的細節，輕聲細語：「看！」

　　當然，在所有場所中有一處漏掉了：現代城市。沒錯，伯格有時候會書寫都市，不過他在書寫時從來不是信服的，或者至少是不贊

同的。搬去上薩瓦的同一年他克服了搭飛機的恐懼造訪紐約，但是他在那裡發現的就像是地獄的下層。那是一九七〇年代中期，城市的人行道「破舊而且像室內那樣汙漬斑斑」；每一個靈魂「被徹底掀開來」，變得破破爛爛。他總結，曼哈頓滿滿都是「任由自己的希望每天破滅」的人。[47]

任何人心情憂鬱漫步在時代廣場都會共感這種情緒。然而如同在《第七人》中，缺席的是城市所允許的各種喜悅、自由、令人興奮的匿名或偶然的相遇。無論是在他的小說《國王》（*King*，關於一個貧民窟和它無家可歸的居民）中，還是《紫丁香與旗幟》（*Lilac and Flag*，以想像的首都城市為背景的三部曲中的第三部）裡，他的都市人物的困境永遠是沉重的：要從城市冷漠、匿名，而且往往是悲劇的無序混亂中搶救出一個整合的基地。[48] 對伯格來說，現代城市不是天然的家園──尤其不適合作家。「我們這個世界的大都會都是腐敗的。」他有一次跟一名採訪者說，「而且我不是以一種班揚式（譯註：班揚〔John Bunyan〕，《天路歷程》〔*The Pilgrim's Progress*〕作者）的方式說城市是邪惡的地方。然而城市在意識形態的場域特別腐敗。也就是說，在知識分子工作的場域──而在我看來一個人必須保持極度的清醒和極度的有原則。」[49] 他曾經說，在城市裡人們聚在一起交換意見，而在鄉下他們唱歌。

如同任何的地圖，會有邊緣。歐洲界定了他小宇宙的輪廓。往南到達地中海和馬格里布（Maghreb）；往東是巴勒斯坦和安納托利亞（Anatolia，又稱小亞細亞）；往西是里斯本和加利西亞（Galicia）；往北是歐亞大草原，接著是斯堪的納維亞半島和拉普蘭（Lapland）

以及赫布里底群島（Hebrides）。中央是他自己的村莊和日內瓦，好像是一個轉輪的軸心。想像一下，如果伯格不是定居在上薩瓦，而是西雅圖、利馬（Lima）或日本。不合適。他從裡到外徹頭徹尾是歐洲作家。即使他的著作在上述所有地方都找得到讀者，而且譯本散播全世界，直到去世他一直是極度歐洲中心的人，不折不扣。

　　這不是價值判斷，而是描述。伯格尋找與他相稱的地方：他的性情、他的天賦、他的政治活動。只有這麼做他才能成為那種可以讓全球都來讀他的作品的作家。（一項可能產生的矛盾是，儘管他對於地區的特異性興趣這麼濃厚，他從未以方言寫作：語言從來就不是一個民族基本的黏膠。伯格的英文幾乎像是商用英文或者字幕英文，一種混血過和提煉過的**通用語**，不玩文字遊戲。）

　　對這位村民來說，歐洲以外的世界就像是村莊以外的世界：浩瀚得不真實。而在歐洲他感到最自在的地方是地區和地景的聯盟，而不是國家。他不相信政治邊界。上薩瓦有改朝換代的悠久歷史。伯格的網絡是周邊的網絡。年老時他寫的最重要一本書《我們在此相遇》（*Here is Where We Meet*），羅列了歐洲群島中的許多島嶼：里斯本、日內瓦、克拉克夫（Krakow，譯註：波蘭第二大城市）、伊斯靈頓（Islington，譯註：倫敦自治市之一）。在他農夫時期最重要的一本著作的書名可以做為他許多故事或知性散文任何一篇的標題：《歐羅巴往事》（*Once in Europa*）。

　　《觀看的方式》之後，伯格執迷於另一項主題。擺上時間是必然的結果——時間無常的存在是跟思想同樣古老的謎團。「那麼，什麼

是時間？」聖奧古斯丁（Augustine of Hippo）思索，「如果沒有人問我，我知道；如果我想要跟問我的人解釋，我什麼都不知道。」

伯格試圖跟自己解釋。他在筆記本上填滿圖表、格言和引言。他與哲學家、物理學家、神祕主義者、詩人和心理學家通信。他閱讀柏拉圖、黑格爾、達爾文、伯格森和海德格。時間成為他一再出現的哲學主題——是繆思、是難題，是可能性的源泉。

《G.》已經開啟這個主題。希臘裔的澳洲批評家尼可斯・帕帕斯特爵迪（Nikos Papastergiadis）評述這本小說是「探索時間的三個時刻：童年、性愛和革命，三者都超然於均一的曆法時間之外，或者直接抗衡」。[50] 如同性的生命衝力，伯格尋求政治上的類比，彷彿歷史的挫敗可以滲入分分秒秒的經驗裡。「每一個少數的統治集團，需要麻痺而且如果可能扼殺他剝削的人們的時間意識。」他寫著，「這是獨裁者所有監禁手段的祕密。」[51]

從這顆最初的種籽發展出整個哲學計畫，在這本小說之後延續了好幾十年。「我一直在進行關於時間的知性散文。」一九七〇年代晚期他寫信給一名倫敦友人，「結果變成一本文字不多搭配許多插圖的書。有點像《觀看的方式》——除了只是偶爾談到藝術。不過現在我決定擱下它，全速去寫故事。」[52] 或許是適切的，時間散文不斷推遲。後來他的寫作計畫成為關於時間「喚起的『懺悔』。圖像會幫忙召喚。這不是一篇古典的哲學散文。而是一條路徑，把讀者帶入努力反省自身的那種心智或那種生活之內。」[53]

不再是《觀看的方式》，時間書將會比較像是「計時的方式」——或者「存有的方式」。如同視覺，時間本身可能帶有文化基

礎。根本的直覺是，十九世紀以其實證主義的歷史傳承和計時法，推倒了幾千年來人們接受為多變、不均等和神祕的時間概念。時間暫時等同於視角。如今現代科學提出了無情和一致的過程，萬事萬物都得服從這個過程：塵土、昆蟲、植物、細胞、身體、文化。其中有著令人印象深刻、微調的精確性，然而也是一種精神暴力。米爾恰·伊利亞德（Mircea Eliade，譯註：羅馬尼亞宗教史學家、科幻小說家，著有《聖與俗：宗教的本質》〔*The Sacred and The Profane: The Nature of Religion*〕）稱之為傳統社會的「偉大時間」——一種永恆與原型的當下——因為現代性的加速而崩解。每一個地方的人們都邁入進步和焦慮的新時代。這樣的轉變，同時是科技和形而上的，跟農業的出現或金屬的發明同樣極端。

伯格對農民的興趣本身就是抵抗歷史的行為。「這是不尋常的事，這個區域。」他說起他移居的山谷，「你從日內瓦開車五十英哩，在某些方面來說，你開了幾個世紀。」[54] 但是**時光倒流**這句老掉牙的話重要性比不上**接觸一種不一樣的時間**這種想法。幾乎人類每一個計算時間長短的單位都是基於反覆出現是自然現象的事實：甚至「culture」（文化）這個字源自印歐語系，字根的意思是旋轉或棲止。「活著，」溫德爾·貝里（Wendell Berry，編註：美國小說家、文化評論家）寫著，「生存在大地上，照顧土壤，還有敬神，全部都是根植於循環這個想法。」[55]

時間有一個質地——一種感覺和一個形狀。由於生活在農夫之中，伯格逐漸領略到這點。在他第一本農民故事集《豬大地》（*Pig Earth*）的〈歷史後記〉裡，他區分了兩種生活方式，以及兩種人類

命運的概念。在追求生存的文化裡，例如務農維生的文化，時間的流逝，如同土地本身，其功用就像一張重覆書寫的羊皮紙：每一個季節、每一次收穫或屠宰，推動著他所稱呼的傳統的線穿過一根針的針眼。過去、現在和未來全部共存在一起——它們與太陽的旋轉，或是動物的生命週期雜交繁衍。

然而在追求進步的文化裡，例如公司資本主義的文化，時間丟失了這個向心錨。擁有不斷進步的科技；執迷於創新和年輕；恐懼死亡；一再地需求新的盈利、商品和市場，現代經濟創造出自己的「速食文化」，一種永遠在焦慮期待的狀態。時間成為流動的商品，一連串斷開連結的分分秒秒，交易就在其中完成。未來不再是「為了生存的一系列反覆行為」；未來如今被設想成無限擴張的區域，跟當下可能非常不同因此無法想像。[56] 而現代歷史的過程，一代傳一代，不是用來表示一連串的交流，而是無法挽回的失去和離開的遺跡。（這樣的框架隱含在帕帕斯特爵迪研究伯格專著的書名裡，《現代性就是流放》〔*Modernity as Exile*〕，以及一堆以同樣的心情在同樣的時刻寫出來的書，例如大衛‧羅溫索〔David Lowenthal〕的《往昔是異邦》〔*The Past Is a Foreign Country*〕。）[57]

伯格從來沒有寫出他最初著手要寫的時間書。但是他的確回到這個主題。《以及我們的臉孔，我的心，倏忽如照片》（*And Our Faces, My Heart, Brief as Photos*），一九八四年出版，是持續十年思考的結果。比較不是專題論文而是手工製作的小書，只有一百頁，彷彿書的主題（時間本身）只留下不可或缺的東西。語言有一種流暢、晶瑩剔透的特質。《第七人》或《G.》裡面那種龐大的現代主義消失

了，然而薄薄的內容——混合了哲學、藝術批評和詩——或許就像他寫過的任何東西一樣，在形式上是創新的，文體是混雜的，視野是全球的。

如同先前的作品，這本書採用各種語體：這一次不是蒙太奇，而是大雜燴。伯格重新利用他為《新社會》和《村聲》（*Village Voice*）撰寫的文章片段，這回沒有標示出處，把這些片段和詩、格言以及猜想——許多是原創的，其他是借用的——交織在一起。有來自諾瓦利斯、卡繆和馬克思的引言；關於林布蘭、格拉瓦喬和梵谷的沉思；複製了葉甫蓋尼・文諾科羅夫（Yevgeny Vinokurov，譯註：俄國詩人）、卡瓦菲（Cavafy，譯註：希臘詩人）和安娜・阿赫瑪托娃（Anna Akhmatova，譯註：俄國詩人，曾被喻為俄羅斯詩歌的「月亮」）的詩節。這本書似乎存在於走路和睡夢之間的狀態，從寓言般的幻象（一開始是有一隻野兔，接著是小貓，然後是螢火蟲）移動到一則則日記般的生活記事：造訪郵局；山區的散步；反思朋友的死亡。日常的交流與形上學並排在一起。散文部分充斥著各種命題：「如果時間是複數，或者如果時間是循環的，那麼預言和宿命就可以跟選擇的自由共存。」[58]「詩人把語言放在時間無法觸及的地方：或者更精確地說，詩人嘗試接近語言彷彿語言是個地方，是個集合點，在那裡時間不會終結。」[59]

聲音是新的。這本書，更廣泛地說是一九八〇年代，標示了班・拉特利夫所稱的「隨口—神諭般的聲音」的出現，最終界定了伯格後期的風格。[60] 如果《觀看的方式》是在電視上炮火齊射，或者是以黑體字印刷的大眾平裝書，那麼《以及我們的臉孔》比較像是一罐採集

的野花。代名詞**我們的**和**我的**引發共鳴。回應這本書的獨特語氣，當時的「萬神殿出版公司」（Pantheon）藝術總監露薏絲・斐莉（Louise Fili）打電話給在法國的伯格，請他自己手寫書名。經過好幾個版本，伯格的手寫字成為書的封面：草書和小寫的字母印在特殊的炭灰色材質上。

「親密，」伯格曾經寫著，「意味著把時間掌控在自己手上。」[61] 部分是為了內拉・別爾斯基（Nella Bielski）所寫，他正在跟她談戀愛。伯格自己關於時間的書核心裡有著溫柔的哲學智慧（或許只有巴特也擁有）：心痛是知識。如同晚期的巴特，行文會有一種非常強烈的私密感，結果文字散開到它的反面，弔詭地成為匿名。伯格關於格拉瓦喬的沉思，這位描繪慾望的畫家，就是以這種方式開頭：「一晚在床上你問我誰是我最喜歡的畫家。我遲疑了，搜索最不為人知、最真實的答案。格拉瓦喬。我自己的答案讓我大感驚奇。」[62]

這個場景包含了線索，說明是什麼讓後期的伯格對於年輕讀者（包括我自己）來說魅力無法擋：年老不一定要變得苦毒；總是有驚奇的空間；思想和慾望，發現和自我反省同步前行；昔日的天才和今日的密友似乎圍坐同一張桌子。「根據我們是在同一個地方或是分隔兩地，我認識妳兩次。有兩個妳。」伯格寫給他心愛的人，「當妳出現在我眼前時改變的是妳變得無法預測。妳將要做什麼我一無所知。我跟隨妳。而隨著妳做的事，我再度墜入情網。」[63] 這個聲音屬於將近六十歲的男子——有三名孩子，經歷過歷史的希望終歸失敗又再度回歸希望。不過這聲音也出自一名最近心花怒放的男子。

　　《以及我們的臉孔》不只是伯格成熟風格的先聲，也為他往後許許多多主題打下基礎：愛、失去、流放、痛苦、希望的原則、家的追尋。上述所有主題在他心裡是連結在一起的。二十世紀——他稱之為消失的世紀——把它們匯集在一起。「我最近才認知到，」他在一九八〇年代初期說，「回顧我到目前的作品，我所有的書寫實際上是關於這種或那種的境外移民。」[64] 這樣的認知只是隨著時間加深。一九九五年，他告訴 BBC 的傑洛米・以撒（Jeremy Isaacs）他「無法脫逃」的「第一個潛藏主題」是境外移民和流放的經驗。「不過是意義最寬廣的境外移民。」他補充，「關於人們離鄉背井……自願或被迫的。」[65]

　　告別的問題，無論是離開還是回來，無論是經由選擇或是迫於形勢，從一開始就存在了。出現在他第一本小說《我們這個時代的畫家》裡；出現在他早期跟戰後流亡倫敦的歐洲人（主要是猶太人）的友誼；出現在他對移工命運越來越濃厚的興趣裡。甚至可能一出生就存在了：在他父親本人從西線戰場上帶回來的無法言說的創傷。當然也存在於他最能界定自己的行為：三十出頭時決定永遠離開英國。

　　伯格晚期作品的哲學力量並不是來自於主題的新穎——事實上不新穎——而是來自他逐漸意識到這個主題比較宏大的人性意義。「我們的世紀是強迫遷徙的世紀。」他寫著，「是人們無助地看著他人，與他們親近的他人，消失在地平線的世紀。」[66] 離開的經驗既是原型的經驗、有歷史特殊性的經驗，又是深刻私密的經驗。他自己的「移民詩篇」（收集在《以及我們的臉孔》裡）各篇標題都提供了讀者這方面的感覺：〈村莊〉（'Village'）、〈大地〉（'Earth'）、〈離去〉

（‘Leaving’）、〈大都會〉（‘Metropolis’）、〈工廠〉（‘Factory’）、
〈水邊〉（‘Waterfront’）、〈缺席〉（‘Absence’）、〈我知道的一
座森林〉（‘A Forest I Knew’）。接在後面的那首詩，類似樂章的尾
聲，是因為華特‧班雅明而命名的：〈二十世紀的風暴〉（‘Twentieth
Century Storm’）。

但是為什麼是照片？為什麼把照相機這種工具跟一套歷史哲學和
心連結起來，認為照相機對具有如此核心的重要性？答案很複雜。部
分是因為照相機的基本雙要素——時間和光線——位於他自身本體論
的核心。快門，就像眼睛，是世界進入的門戶：

> 或許在一開始
> 時間和看得見的，
> 距離的雙生標記，
> 一起到達，
> 醉醺醺
> 猛烈敲門
> 就在破曉之前。[67]

然而也是因為攝影的圖像跟現代這個流放和離鄉背井的時代
有特別關係，以及照片所帶來的曖昧安慰。安德烈‧巴贊（André
Bazin，譯註：法國《電影筆記》創辦人之一，二戰後西方最重要的
電影批評家和理論家）說照相機，十九世紀的發明在二十世紀普及，
是人們抵抗失去的防護。「攝影」，他寫著，「不是創造永恆；攝影

防腐時間。攝影只是讓時間超越它自身的衰變。」[68] 照相機將轉瞬即逝的事物帶入永恆不變的國度。照相機創造了新的時間性──同樣沉迷於這個媒介的傑夫・戴爾，稱之為**持續進行的時刻**。[69]

　　許多作家已注意到攝影圖像能夠達到的奇特效果，有時候詩意，往往令人震撼。舉個例子，奧塔維歐・帕茲（Octavio Paz，編註：墨西哥詩人、小說家）在他的諾貝爾獎演說中，提及自己是小男孩的時候看到一張照片，因而「被驅逐出去脫離當下」。[70] 他家裡的庭園多年來一直是──如同伯格宇宙論裡的村莊──世界的中心。「時間是有彈性的。」帕茲說到他的**快樂天堂**（*ocus amoenus*），「所有時間，過去或未來，真實或想像的，都是純粹的存在。」[71] 但是當別人給他看一張北美雜誌上的照片時，那是一隊士兵行軍經過曼哈頓，效果是「駁斥」了他的存在，「實際上驅趕了」他，讓他失去當下的位置。「從那一刻，時間開始越來越破碎。」他說，「而且有複數的空間……我感覺世界正在分裂。」[72]

　　再一次，那種分岔的感覺同時是原型經驗、是獨特的個人意識，而且究其本質是現代的。伯格對於移民想像的同情，核心就是這種分岔感。這種同情以精準的辯證關係連結到移民根源的**他人**和歷史先人：農民。（這樣的辯證類比於攝影跟他自己的祖先──繪畫，之間的關係。）伯格寫著，當移民離開他的村莊，他過的生活是一種比較普遍的現代經驗的「極端形式」。[73] 而攝影，就像伴隨成長的傳輸和通訊科技，可能有一種雙重功能。在這方面，**攝影就像境外移民本身**。一張照片可以既讓人不安又帶來安慰。照片可以打破當下天真的狀態，也可以保存那樣的天真，或者至少為了不確定的未來保存天真

的痕跡。旅人攜帶的照片提醒他留下的一切。照片中的臉孔，現在不在眼前只能帶在心裡，時間上和空間上都是屬於**別的地方**，是他愛的人可能住的地方。

「境外移民」，伯格說，「不只是涉及拋下一切、橫越大海、住在陌生人之中，還有，解消這個世界的意義……移居國外永遠是拆解世界的中心，因此移入一個迷失的、失去方向的碎片世界。」[74] 不過也可能有一時半刻的重組，臨時的再造和搶救。「為什麼要說更多的話？」在某一刻伯格問。所有當代歷史學家都書寫過境外移民、現代化、市場的創造性破壞。「要耳語失去了什麼，」他判定，「不是出於鄉愁，而是因為在失落的現場誕生了希望。」[75]

在「先驗的無家可歸」——這是屬於青年盧卡奇的用語——的時代，詩歌、繪畫、浪漫愛、宗教信仰、流離失所者持續的習慣，以及全世界團結的社會運動，都為之奮鬥的是獲得認可，成為新建構的權宜庇護所。他們在尋找一個世界，無論是多麼短暫修復的世界。

伯格信步走進阿姆斯特丹位於保魯斯・波特斯特拉特（Paulus Potterstraat）大街的梵谷美術館時，他找到的是一項提示，提醒他人生中那種鳳凰浴火重生般的激情。他走進去時茫然若失。他走出來後回歸這個世界。「藝術如果不是維持幻象的社會實踐，」他寫著，「那就是讓我們窺見超越其他社會實踐之外的是什麼，超越它們因為藝術不會臣服於現代時間觀點形成的暴政。」[76]《觀看的方式》專注在前者，而《觀看的方式》之後幾乎他所書寫的一切都聚焦在後者。

伯格遷居到上薩瓦無可逆轉地改變了他。他與左翼知識分子的主

流分道揚鑣。他仍然獻身，但是成熟了。到了一九八〇年代中期，他把自己的重心從意識形態轉移到經驗；從批判的姿態轉移到情愛的探觸；從懷疑的立場轉移到相信——甚至是信仰。「今日的文化」，他寫著，「不是去面對神祕玄虛，而是不斷努力從側翼發動攻擊。」[77]

在墮落之後的時代，他最終擁護慈悲為懷的意識形態。那是與透過感官不斷相遇的人事物持續合作。他不是柏拉圖主義者。可以看見的並不是煙幕，反而比較像是表面——一層薄膜。「繪畫的行為」，他在一九八七年寫著，「是回應一股能量，畫家們體驗到來自一組特定表象之後的能量。這股能量是什麼？我們可以稱之為可見之物的意志嗎？景象就是因為這意志才存在。」[78] 十年後，他繼續發展這樣的思路。在獻給他當時離家就讀藝術學校的兒子伊夫的知性散文中，他談到他的理論帶他進入一個「奇怪的區域」。在這個奇怪的地方，不只是物體之間的界線，連自我和世界之間的界線，都在不斷變動。「如果一幅畫沒有生命」，他告訴兒子，「那是畫家沒膽足夠靠近開啟合作的結果。他停留在臨摹的距離……去靠近意味著忘記常規、名譽、理性、階層和自我。靠近也意味著冒險不著邊際，甚至瘋狂。因為是有可能發生的，一個人太靠近然後合作破裂，於是畫家消解於他描摹的對象之中。」[79]

藝術品是關於學習允許進入：是一種有容乃大的美學；是開放和親近的美學，從國家到家庭到自我都是如此。這樣的渴望一直是西方詩歌的一部分，至少從文藝復興初期開始：從約翰·鄧恩（John Donne）詩中神的存在（「破我、摧我、燒我，使我得以新生」〔譯註：引用自楊牧的翻譯〕）到華茲華斯詩中自然的存在（「崇高的感

覺／來自更為深刻融合的事物」）到惠特曼的民主大眾（「沒有人可
以被驅逐／所有人都獲得接納／所有人都是我親愛的」）。當然，還
有在梵谷的畫裡面。在後來一篇知性散文中，伯格談到這位荷蘭畫家
的認同「缺少清楚的輪廓」──他的天賦最終悲劇性的「讓他得以超
乎尋常的開放，讓他可以完全沉浸在他所觀照的事物。」[80]

　　《觀看的方式》擁有的廣泛影響力或許超過伯格曾經創作的其
他任何作品。廣播節目和平裝書抵消整個學科。一場突襲，驚擾了博
物館和人文學科，讓它們擺脫掉時代錯誤，推動它們朝向批判的新紀
元。不過伯格後來的著作，展現的聲音和氛圍，肯定是比較有愛的。
影響也更為深入。不只是購買《以及我們的臉孔，我的心，倏忽如照
片》和購買《觀看的方式》的人數幾乎一樣多，而且如同關於「地下
絲絨」（Velvet Underground）的說法，許多買書的人後來都成了作
家（譯註：「地下絲絨」是一九六四年在美國紐約成立的搖滾樂團，
安迪‧霍荷曾經擔任他們的製作人。專輯代表作《地下絲絨與妮可》
〔The Velvet Underground & Nico〕，英國實驗音樂大師布萊恩‧伊
諾〔Brian Eno〕曾經說：「那時它只賣了三萬五千張，但是三萬五
千名買了這張唱片的人後來都去搞音樂了。」）「非虛構創意寫作」
（creative nonfiction）這個領域，所謂「無法歸類」的作品──拗
彎各種文類，把遊記和知性散文、回憶錄和理論摺疊在一起──這一
切如果沒有他的榜樣在前是無法想像的。[81] 伯格找到一群新讀者，比
較外緣然而範圍比較寬廣的同行者，他們位於現代經濟的神經中樞之
外。對於有才華的年輕人他是不會倦怠的鼓勵者。他為比較不知名的
作家、攝影家和藝術家的書籍貢獻的前言，不可勝數。他永遠準備好

一起工作，或是提供協助。

　　或許在某種意義上，他的確離鄉去照顧世界的花園。不過他所說的「二度教育」不只是當學徒去學習很快就要滅絕的歐洲農民文化。也牽涉到新的寫作方式，以及定居一個地方的新方式。梅洛－龐蒂說，「真正的哲學在於重新學習看這個世界。」[82] 在非常具體可觸及和在地的意義上，這就是伯格做的事，而且他跟讀者分享。他晚期書寫透露出來的感覺——而且長達四十年！——就是跟朋友一場漫長的散步聊天。語言是親密和平實的，但是路徑很少直接。一條思路，經過好幾十年的打磨，會讓路給一段記憶，或者更為常見的，讓位給一則故事。有時候會插入不期而遇的自然風景：一隻鳥、一條河、一棵樹。但是談話總是會原路返回，朝向實用智慧的方向，因此到了散步終點，回到了大世界，某些根本問題——無論是多麼局部或短暫——獲得澄清。我們要去哪裡？我們為什麼在這裡？我們應該如何生活？

　　在《觀看的方式》裡，在他對油畫的詰問最後，伯格提到了另一位荷蘭畫家，林布蘭。「要成為例外」，他寫著，「一位藝術眼光是由傳統所形塑的畫家……需要辨識出自己的眼光是什麼，然後與這套眼光已經發展出來的用法區隔開來。他必須獨力與塑造他的藝術規範競爭。他必須以否定畫家的見識的方式來看待自己是畫家。意思是他看見自己在做其他人都無法預見的事。」[83]

　　要闡明這麼做「需要的努力程度」，伯格對比了兩幅自畫像：一幅是林布蘭青年時期畫的，當時他剛結婚；另一幅是三十年後，在他喪妻多年之後。第一幅他在「炫耀」。他的才華能夠感覺到，然

而「只不過是新的表演者扮演傳統角色的那種風格」。[84] 那是自我宣傳。在後來的自畫像中，有太多的改變。「他讓傳統對抗自己。」伯格寫著，「他從傳統身上搶走了它的語言。他是老人了。一切已然消逝，除了意識到存在的問題，以及存在是個問題。」[85]

8. 山谷的樣貌

所有血肉都是草

而愛的真實在那裡

野花在原野上

所有血肉綻放

不超過一朵花的花期

——以賽亞書40:6（Isaiah 40:6）

（譯註：《聖經新譯本》——所有的人盡都如草；他們的榮美都像野地的花。）

要去到昆西村，通常你會從日內瓦或夏慕尼（Chamonix）出發。連結了這兩個地方的遼闊河谷——含大量泥沙的阿爾河（Arvre）向西流，從白朗峰流入雷夢湖（Lac Léman，又稱日內瓦湖）——在最後一次冰河時期成形。幾百年來，這個谷地是歐洲壯遊的固定一站。舉個例子，華茲華斯在劍橋第二年結束後四處遊歷，在雅各賓黨起義的餘波之中，就是在這裡的山頂修道院，他找到「寂靜可見和永恆的淡然」。或者二十五年後，雪萊（Shelley）在此駐足窺視「萬物恆久的宇宙」。今日的夏慕尼是度假勝地，是登山者和極限滑雪者的基地，而且在旺季，好幾百輛旅遊巴士載著觀光客進進出出。大多數人是來看風景。如果你搭乘纜車上到山嶽——冰川已經因為氣候變遷大幅縮減——你可以看到阿爾卑斯山脈在瑞士、法國和義大利的頂峰。在天氣比較晴朗的日子裡，從更西邊的高處遠眺，你可以辨認出日內瓦的建築物，那些投資銀行和湖邊的豪華大飯店。

有一列火車沿著阿爾河奔馳（這條路線在一八九○年開通），不過要去昆西你得靠汽車，或是摩托車。最近的火車站位於克呂茲市鎮（Cluses）。克呂茲現在是地方上的樞紐，有著公寓大廈、工廠和一家麥當勞。從這裡你沿著一長段之字形道路向上，前往北方的山谷。幾公里之後車子就漸趨稀少了。煙霧散去，空氣越來越冷冽。冬季你可能會經過裝著滑雪架的車隊。夏季會比較安靜。

等你上到了山脊，一座座鬆散連結的較高山谷更為零星地座落著，從日夫爾河（River Giffre）向外散布。山谷中有古老的村莊，每個村莊都有一座教堂、一個小廣場、一家郵局、一間賣紀念品的商店，通常會有座石橋。其中一座石橋北方一公里，位於米約西公社

（Mieussy），有條地方道路通過兩座岩壁之間的山溝。那裡有座池塘通向一片草原。這裡就是昆西。一個不起眼的小鎮，大約有四、五十棟小木屋沿著河灣散落在道路上。住家再少一點就不會出現在地圖上了。這裡沒有商店，沒有餐館，甚至沒有十字路口。經常只有一台拖拉車在柏油路上緩緩地開上開下。

眼前的地形並不陡峭而是平緩起伏。夏季總是綠意盎然。即使在今日也沒有圍籬，只有護牆石板、野草、牧草地、溫室、果園和花園。隔一段中等距離是比較陡的山坡，大多數都太過崎嶇不利於建造滑雪纜車，這些山坡環繞著天空形成一個寬闊的盆地。裡面有一種平衡。每一道通向昆西的轉彎都是進入更狹窄的道路。安靜是深邃的，但是村莊並沒有感覺遺世獨立。隱含在地景中有一股強烈的感覺，雖然是保存在地球上一塊孤立的區域之內，但是從來沒有被圍困在裡面：各處的田野既環繞又開闊。

就是在這裡伯格度過他人生最後四十年。

「扎根」，西蒙娜·韋伊寫著，「或許是人類靈魂最重要但是最不被看重的需求。」[1] 那是一九四三年，而且是在倫敦她寫下這句話。她當然知道國族主義的惡行：德國的炸彈在同一座城市爆炸，當時她在那裡為自由法國政府做事。但是她也知道，沒有對地方的依戀來滋養，生命的精神核心有散開的危險。連結這一年到下一年、連結身體和大地的各種連線會開始磨損。

伯格搬去昆西時想要追尋新的開始。他想要改善自己，可能也是要讓自己變得單純，同時想要學習。他是外來者。他當時不會知道

自己將會停留多久，也不會知道有一天他會埋葬在村莊的墓園裡。他的葬禮在附近的聖傑維聖波蝶教堂（Église Saint-Gervais-et-Saint-Protais）舉行。不過我想他的確知道，雖然是憑藉本能，世界歷史的發展方向正在轉彎，而他要追求更為恆久的東西。到了一九七〇年代中期，全球左派處於隱退狀態。冷戰已經差不多結束了，金融資本的長征剛剛上路。在這樣的氛圍中——他之後會比擬成新的黑暗時代——伯格對於「幸福就在轉角」的思考越來越不耐煩。[2] 他準備好踏上漫長而艱辛的旅程，尋找關於生存與反抗的活生生提醒，能堅持公社生活方式的小地方。

我們從他一九七〇和一九八〇年代的農民故事中獲得的圖像是：一群人，雖然飽受威脅或者是時代孑遺，他們頑強的慣習形成的不只是博物館的展品，他們或許實際上是黑暗中的指路明燈。「工作是為了保存我的兒子們正在失去的知識。」在一篇故事中一位農夫這麼說，有點像是華茲華斯筆下的邁可（Michael，譯註：華茲華斯有一首敘事長詩，講述湖區格拉密老牧羊人邁可和妻子、兒子的生活，詩名就是〈邁可〉）。[3] 伯格自己的工作方式是同樣的。如同身體或書頁，土地默默承受，成為記憶的基地。他小說中老去的農場工人——覓食者；牧羊人和伐木工人；寡婦和祖父——依舊頑強地留在當地。他們的生活記錄下一份與眾不同的共同歷史，如同湖區格拉密（Grasmere）的山丘——一群山谷因意外而坑坑疤疤。

工作的確是核心主題，至少在最開始的時候。伯格筆下的農民生活是用辛勤勞動來界定的。他們花好多時間下田、整理棚舍，或者照顧他們的動物。不過他們既不是英雄也不是受害者。比較是行為不端

而不是勇敢；有音樂天賦而不是天生陰鬱，他們走過人生彷彿是配合庫斯杜力卡（Kusturica）電影中銅管樂隊的節拍。他們是各種原型：陽剛而且耍陰謀的老人；剛愎自用的老處女；熱情洋溢的瘋女人。他書寫手風琴演奏師、乳酪製造商、孤兒、殘廢者，全部都擁有狡猾的機巧，有時候是不瞻前顧後的狂野行為，有時候是一首狂歡的合唱曲。（「一位農民」，巴勒斯坦詩人塔哈・穆罕默德・阿里〔Taha Muhammad Ali〕寫著，「一位農民的兒子／在我內心／一位母親的真誠／以及一位魚販的狡詐」）[4] 最重要的是，他們的人生標記是頑固地拒絕接受政府規劃師跟他們說什麼是對他們好的，或者無可避免的。他們不會容忍法國人所說的**生意**。他們在最嚴格的意義上，是無法管治的刁民。以他自己的行為舉止，加上他自己糾結的各種矛盾，伯格也沒有那麼不同。在他的內心，他是他們的一分子。

　　「我總是有那種感覺，我的心智到極限了！」他在一九七六年告訴一位朋友，他在上薩瓦的漫長居留此時過了兩年，忙碌地投入新型態的書寫。[5] 起初他在知性散文和故事之間拉扯，但是到最後，他說：「我想……敘事能把我帶得更遠。」[6]

　　敘事帶著他經過了兩個十年。任何工作想要維持下去，都需要紀律。但是《進入他們的勞動》（*Into Their Labours*）——一九七四年開啟的三部曲，第一部《豬大地》，一九七四年出版；第二部《歐羅巴往事》，一九八七年；第三部《紫丁香與旗幟》，一九九〇年——不僅需要堅韌和勤奮。（雖然兩者都發揮到極致：伯格說他會重寫其中一些故事，手寫修改，二十幾次以上。）這些書要寫出來，它們的作者需要從頭改造自己的生活。必要的不只是意志，還有開放的意

願。每一首詩或故事，每一段描述或對話，見證了作家和他最終熱愛的地方——一個徹頭徹尾改變他的社區——持久的相遇。

伯格成為說故事的人。小說家和批評家的稱號不再合適。《豬大地》最初出版時，他甚至戴著鄉下人的帽子出現在書衣的照片中，彷彿是宣告新面貌。典型的他，是透過各種辯論展開書寫。在《新社會》的書頁中，他譴責長篇小說是中產階級的形式：他稱之為「北約文學」（譯註：NATO，北大西洋公約組織）。他說，小說這門生意，因為它是野心的競技場，而且以暢銷為遁詞，屬於倫敦和紐約飽暖思淫慾的世界。他看向別的地方：馬奎斯的魔幻寫實主義；俄國和義大利的民間故事選集；納吉布‧馬哈福茲（Naguib Mahfouz，譯註：埃及小說家，第一位獲得諾貝爾文學獎的阿拉伯語作家，代表作有《千夜之夜》〔Arabian Nights and Days〕等）和塔伊普‧薩利赫（Tayeb Salih，譯註：蘇丹重要作家）的作品。在世界的這些地區，生活的艱苦仍然把人們團聚在一起，普遍的整體感和共通的熱望依舊完好無缺，因此敘事上的複雜還是可能的。「說故事的人擔負的任務，」他說，「就是去了解這些熱望，把它們轉化成他的故事每一大步的進展……然後在沉默的空間裡……過去和未來就會結合起來控訴當下。」[7]

伯格也非常看重華特‧班雅明晚期的著作，他的知性散文〈說故事的人〉（‘The Storyteller’）成為信念。寫於一九三〇年代，對班雅明來說，民間故事是正在消失的形式，屬於前資本主義的生活模式，那時經驗仍然是靠口耳相傳，敘事的意圖不只是娛樂，還有訓誡。班雅明說，埋藏在每一則真實故事裡的是一些核心的實用智慧——

不是「問題的答案」，而是「關於一則剛剛展開的故事如何延續的建議」。[8] 有時在伯格晚期的小說裡，傳達給讀者的訊息令人意外地直接：「我會告訴你什麼樣的男人值得我們尊敬。」一位農婦告訴她的女兒，「投入辛苦勞動的男人……對於自己擁有的一切慷慨大方的男人。還有一生都在追尋上帝的男人。其他的都是豬大便。」[9] 其他時候，故事的智慧神祕多了，甚至是超自然的：令人心蕩神馳的奇蹟。無論是在黎明之前的公共屠宰場或是在肖維岩洞（Chauvet Cave，譯註：該洞穴裡面有人類最早的壁畫），伯格總是特別敏銳地覺察到一種黑暗，他曾經寫過，那種黑暗是「先於景象或地方或名字」。[10]

　　班雅明本身對於說故事的地位是曖昧的。如同他後期許多著作，時間感不是線性的。他似乎想要把民間故事放在理想化的過去，同時又否認它的衰敗只是現代性的徵兆。更確切的，他說，「歷史富饒多產的世俗力量」正在從共有或活生生的言說沃土之中萃取──**連根拔起**──敘事的實踐。這是大擴散的一部分。「說故事的藝術已經抵達它的終點。」他說，「因為真相之中史詩的那一面正在消亡。」[11]

　　對班雅明來說，如同對於第一次浪漫主義運動之後的許許多多作家，有一種美逐漸消逝。而儘管伯格似乎信任班雅明的話，把這位知性散文作家當成是知識上的先祖和起始的源頭，事實上有好幾股潮流流入班雅明的思想之中，而且不論有沒有認領，這些思潮也流入伯格的腦袋裡。其中之一就是海德堡左派的浪漫派反資本主義，以及德國社會哲學家斐迪南·滕尼斯（Ferdinand Tönnies）具有先見的作品。滕尼斯本人是弗里西亞（Friesia）的農民之子，活躍於十九世紀晚期和二十世紀初期，跟伯格一樣，滕尼斯苦惱於傳統農村的消失（對他

來說，是他的故鄉史勒斯維格—霍爾斯坦〔Schleswig-Holstein〕）。他寫來回應這種現象的書，《共同體與社會》（*Gemeinschaft und Gesellschaft*，英譯本書名為《共同體與公民社會》〔*Community and Civil Society*〕），一八八七年出版，最終滲透了繼起世代德語作家的想像，從馬克斯・韋伯（Max Weber）和他的海德堡圈子，到青年盧卡奇、恩斯特・布洛赫（Ernst Bloch，譯註：德國馬克斯主義哲學家），以及間接的班雅明本人。[12]

　　滕尼斯在《共同體與社會》提出的是一種抽象的二元論，我們全都本能性地理解：比較純粹、扎根的、比較有機的村莊生活（或鄰里），對比新興市場城市和鄉鎮的機械化、碎片化、金錢驅動的生活。對滕尼斯來說，這樣的區分是絕對的。以物質和能量的自然經濟為基礎，村莊以信任為社會灰泥凝聚在一起，同時透過親屬關係的紐帶、宗教、傳統和互助形成儀式。相較之下，城市構築的基礎是中央集權、表面的關係、自我主義、投機和利潤。滕尼斯接受的訓練是成為霍布斯學者（Hobbes，譯註：霍布斯，英國政治哲學家，把國家比喻為「利維坦」巨獸，認為人性本惡，在自然狀態下，會形成人與人之間的戰爭，人們永遠處於暴力死亡的恐懼和威脅之中。因此人民必須透過社會契約讓渡部分自由與權利交換國家的保護，主張君主制），而他看見的根本反諷是，資本主義文明的洪流實際上是讓人們返回自然狀態。當社會變得跟一具機器沒什麼不同時，結果就是所有人對抗所有人的蠻荒：所謂的叢林法則。

　　基本的二元論掌握了（而且仍然掌握著）強大的支配力。我們會遭遇二元論，當我們抗爭我們的鄰里仕紳化時，或者當我們聽到瓊

妮‧米契爾（Joni Mitchell）歌唱天堂和停車場時。如同所有的二元
論，當然是經過審查和解構，顯現出來比較多是建立在理想化而不是
事實的基礎上，更不用說分辨細微差異了。我們被告知，農村不是烏
托邦。這些地方心智封閉，而且會累垮人。如同葛蘭西闡述的國族－
大眾，或者原民性和原住民權利的概念，「共同體」受到指控是危險
的，蘊含了潛在的父權主義和排他性。最令人困擾的是，身為社會民
主主義者，滕尼斯驚駭地看著希特勒在一九三〇年代挪用他的概念，
轉變成「*Volksgemeinschaft*」：民族共同體。（滕尼斯強烈抗議，結
果只是在納粹掌權時被剝奪了教授職位，就在他過世前不久。）[13]

　　歷史上所有碾壓一切的悖論都糾結與此。班雅明著名的一句話：
「每一次法西斯主義的興起都見證了一場失敗的革命。」而每一次毀
壞傳統，每一次的離散，釋放出無法預測向前橫衝直撞的能量。左與
右、上帝與魔鬼，占據同一塊領域（於是給了中間派機會勉強將兩者
收容在同一把雨傘下）。伯格相信傳統──相信延續性──本身就是
延續的作為：可以回溯到他年輕時。他早期的戰役已經面對懷舊和危
險分子的指控。然而當特定的二元論被接納為公理，他摒棄其他的二
元論，認為那些是純娛樂。在反動的恐懼和世界大同的傲慢之間，他
說，必定有第三條道路。這是他的信念：不是溫和的、中間道路的中
間派，而是基進的行動方針，朝向毫不畏縮的有容乃大──是共同體
這個概念的另一種想像。

　　從年少一直到年老，伯格打從骨子裡就是反法西斯和反種族歧
視。他心中的眾多英雄──其中有華特‧班雅明、麥克斯‧拉斐爾和
西蒙娜‧韋伊──都曾是猶太難民，人生走向悲劇的終點。安雅‧巴

斯塔克，他的妻子以及他兩名孩子的母親，從維也納逃到倫敦，在德奧合併之後；在聽到希特勒和戈培爾對城市群眾發表演說之後。（韋伊寫著：「沒有現代技術和無數失根的人存在，希特勒是孕育不出來的。」）[14] 雖然伯格從來沒有親身面對那樣的創傷，他從來沒有遠離創傷間接的存在。他說，二十世紀是放逐的世紀。而他內心所渴望的理想化的、扎根的共同體（這個渴望他最終實現了），永遠是想像中存在於國家機器（和物化）之外的共同體。這個共同體根本上是一群局外人的集合。這個願景如同 DNA 的雙螺旋結構貫串他的作品。而他最初在一九七〇年代想要捍衛的農村，就像他後來擁護的兩個共同體——墨西哥的查巴達民族解放軍和巴勒斯坦人，同樣遭到邊緣化，成為攻擊的標靶；同樣沒有國家，也同樣無畏對抗。

「你曾經問我」，塔哈・穆罕默德・阿里寫著，「你痛恨什麼，還有你愛誰？」

而我回答，
從我驚愕的
眼睫之後，
我的血液奔流
像是一大群椋鳥
掠過的影子：
「我痛恨離別……
我熱愛春天
以及通向春天的小徑，

而且我崇拜
早上的中間時刻。」[15]

　　問題不是依戀一個家或是一個民族。問題是對權力掉以輕心、政治上的投機和貪婪的嗜慾。隨著伯格在後期著作中懷抱著新發現的宗教情感，他開始指出邪惡的存在。他經常說到上帝。

　　在專業的文學界普遍的嗡嗡聲中——吃吃喝喝的會議、演講者的費用——他的發言可能聽起來像是曠野中的聲音。當下的不正義，他說，不只是物質上的，還有精神上的：兩者同時存在。他痛恨資本主義，因為它剝削窮人；不過他也因為資本主義摧毀他所熱愛的而痛恨。資本主義切斷人類生活跟土地、跟過去、跟逝者、跟動物、跟傳統、跟記憶和倫理的連結。「我們這個世紀的貧窮跟其他任何世紀都不一樣。」他寫著，「過去的貧窮是自然匱乏的結果，現在的貧窮是富人的優先順序強壓在世界其他人身上。結果就是，現代的窮人得不到憐憫——除了個人給予的——而是被當成垃圾一筆勾銷。二十世紀的消費經濟已經產生了第一個不把乞丐當回事的文化。」[16]

　　韋伊為「自由法國聯盟」（French Free coalition）製作的報導名稱是「扎根」（*L'Enracinement*）。英文後來翻譯成《根之必要》（*The Need for Roots*）。不過在法文是個動詞：**生根**，**變得**有根了。[17]

　　伯格第一部農民小說選集《豬大地》，除了其他意義，記錄了扎根的過程。從一九七四寫到一九七八，故事根據寫作的時間順序呈

現，如同一則註釋所說：「讀者可以伴隨我，於是我們能夠肩並肩進行這趟旅程。」[18]

有時候，如同許多剛剛移居的人，他急於炫耀指甲裡面的新土，褲子上的新汙漬。「人生是流動的。」他在第一篇故事裡寫著，背景是屠宰場，而且書中羅列一份液體清單：牛奶、尿液、人體的黏液、蘋果酒，以及「流水的潺潺聲」。[19] 觀察經常是圖像式的、身體力行的、像藤蔓的捲鬚一樣細微。有時候意在震撼：開頭的意象是遭到屠宰的牛從脖子上流出向下噴湧的血，一瞬間，「像是一件寬大的絲絨裙，小小的腰帶是傷口的開口。」[20]

貫串其中的是奮力展現一種新知識：從公共屠宰場天花板上滿布的吊鉤，到馬蹄上部的一小撮距毛，或是森林中隱蔽的深處。「她知道在哪些松樹底下仙客來生長。」伯格寫露西・卡布羅（Lucie Cabrol）。這本書的最後一篇故事述說了這名像樹精一樣的覓食者多重的人生。（後來賽門・麥克伯尼〔Simon McBurney〕據此製作了一齣成功的戲劇。）「她知道在哪座遙遠的陡峭山坡開出第一朵杜鵑花。她知道是哪片牆壁安家落戶的一整群蝸牛從藏身處現身。她知道哪裡有根最粗大的黃花龍膽生長在山邊，哪裡的土壤最少岩塊因此挖起來比較輕鬆。她一個人工作和覓食。」[21]

在這樣的段落裡，《豬大地》激烈地——積極地——抵抗被指責為獨善其身的浪漫主義。不過這樣的行動有可能走回頭路。露西・卡布羅和「坎伯蘭的老乞丐」（Old Cumberland Beggar）或「採集水蛭的人」（Leech Gatherer，譯註：以上為華茲華斯的兩首名詩）有什麼不同？幾乎每一段小插曲都強調工作、死亡和塵土。關於動物

的身體描述反覆出現，逼真程度儼然權威。（這本選集可以跟夏戈爾〔Chagall〕一九一一年田園立體派作品《我和村莊》〔*I and the Village*〕相比來閱讀，會有幫助。在這幅畫中，山羊和男人互相瞪眼，一名婦女擠奶，還有一位農夫扛著鐮刀回家。）然而就像田園裡有祥和的風光，田園裡也可能有光腳泡在糞肥裡。結果顯示，殘酷的物質現實也可能被理想化。即使是把戶外廁所的屎鏟出來，也可以轉變成羅曼蒂克的榮譽徽章。

在一九八〇年代初期，最先發表伯格幾篇農民故事的倫敦當地雜誌《格蘭塔》（*Granta*），鑄造了「骯髒寫實主義」（Dirty Realism）這個用語，指涉北美鄉土作家的浪潮 —— 瑞蒙・卡佛（Raymond Carver）、理查・福特（Richard Ford）、珍恩・安妮・菲莉普絲（Jayne Anne Phillips）—— 當時這股浪潮抵達了英國海岸。[22] 以它自己奇特的方式，《豬大地》是一塊合金 —— 骯髒魔幻寫實主義的作品。這本書以司空見慣的事開頭：一頭母牛遭屠殺、一名老邁的寡婦死亡、一頭畸形的小牛誕生。以一名瘋婦被斧頭殺害結束，同時每一位「有人記憶的死者」在復活的嘉年華中，從墳墓裡出現。

不過，同樣的，這也可能是矯枉過正。如同任何人掌握了一項新技能——無論是收割一塊田或是書寫收割一塊田——伯格傾向於從一個極端傾斜到另一個極端。在「拉丁美洲文學爆炸」（El Boom）時期，魔幻被說成寫實正是因為作品表達出一個社群真實的迷信和信仰。阿萊霍・卡彭提爾（Alejo Carpentier，譯註：古巴著名文學家，出生於瑞士，在哈瓦那長大，堅定認同自己是古巴人，對於「爆

炸時期」的拉美文學有重大影響）曾經指出，飄浮在空中和神奇治癒，在加勒比海部分地區，一點都不足為奇。[23] 對於伯格這位新抵達的外人，它仍然是一種**技術**，文學的意義大過文化意義，而且或許是從馬康多（Macondo，譯註：馬奎斯的《百年孤寂》〔 *Cien años de soledad*〕以虛構的小鎮馬康多為背景）或夏戈爾或巴爾幹吉普賽人那裡借用來的──很難說是在法國阿爾卑斯山區土生土長出來的。

《豬大地》，儘管有缺陷，是非常優美的作品。但是它的優美絕大部分來自於作者個人的蛻變，那種把自己的色彩分析出來的稜鏡感──**變得真實**的過程而不是**已然真實**──於是讓核心的空缺可以重塑為一種機巧的形式。土地、動物、工作和雜務：這一切都是以全幅對焦來描寫。不過伯格來到他們旁邊生活的這一群人，他們的生活，他們的希望和失去，只能慢慢進入視野。絕大多數的篇章停留在一組姿態的層次。例如他說到一位衰老的牧牛人的皺紋，他臉上的皺褶「依舊神祕，與任何故事無關，就像樹皮上的線條」。[24] 伯格是敏捷的學習者。不過幾年他就能夠讓人信服地寫出一座森林，或是一道驚人的閃電帶來的春天氣息。他能夠寫出死後列隊前進的鬼魂，但是他還不能夠書寫一個農村家庭的日常經驗，也寫不出歸屬感。

《歐羅巴往事》，他的第二本農民小說，標示了突破。不再是從人類學的位置觀看，流動的生活獲得新的樣貌。「有一種真實顏色」，夏戈爾說，「不只在藝術裡。」[25] 這些故事，獻給伯格的新歡內拉，追溯命運也追溯瞬間的時刻，兩者的輪廓都是由親密依戀的行為所蝕刻。其中一則故事我們讀到兒子對垂死母親的奉獻、他的悲傷穿透的空洞，以及他在音樂中找到的安慰。另一則讓我們看到一名執

拗的農民對一位中產階級家庭主婦錯置的慾望。著重感官愉悅、充滿電影感的〈宇航員的時光〉（'The Time of the Cosmonauts'）敘述令人困惑的愛，那是早熟的母性，一名年輕女子同時對一名老牧羊人和一名父母雙亡的伐木工人心生憐憫。儘管設定了不同的調性和拍子記號，所有的故事都讓人聯想起穆瑙（Murnau，譯註：德國導演，《日出：兩個人的一首歌》〔Sunrise〕是他拍攝的美國默片，影史地位崇高）對自己偉大電影《日出》的描述；電影本身也是農村延續的寓言。伯格和穆瑙的作品都是兩個人的一首歌。

從構思開始，《進入他們的勞動》就意圖從村莊跨越到都會，從很快就要失去的生活方式跨越到即將取代的生活。三部曲中間那一部《歐羅巴往事》，定位在兩個極端之間，介於共同體和社會之間，是多孔的混合體，在伯格本人來來回回於昆西和巴黎的時期撰寫的。或許是這項原因，這本書一直是他傑出的成就之一，同任何主張一樣是辯證的，而且比較優美。對於浪漫主義的恐懼消失了。「我是浪漫派——毫無疑問。」他在一九八四年說，「我把它看成是正面的事……如果我們過度否認主觀的直覺，那麼就會有東西枯萎了。浪漫主義就是關於這些直覺，而且往往用愛來表達這些直覺。前後一致、合乎邏輯的政治方針可以把直覺帶回來。」[26]

消失的還有過度使勁的念咒召喚土地，召喚土地顆粒狀的岩理；企圖用強力的招魂喚回純粹的物質。取代的是，伯格的鄰居終於能夠進入視野，彷彿選集開頭那首關於鞣製皮革的詩，〈愛的皮革〉（'The Leather of Love'），也指涉了他自己寫作的手的皮膚，過去使用的老繭現在允許展現一種敏捷的輕鬆，一段當下的溫柔愛語。「唯

有二十個夏天的工作可以讓一把鐮刀輕盈如斯。」在《豬大地》接近結尾時，他這麼說露西‧卡布羅的刀刃。[27] 五十多歲時，進入他在上薩瓦的新生活超過十年之後，終於關於他的寫作也可以這麼說了。他變得舉重若輕。用為書名的中篇小說〈歐羅巴往事〉，一開始描述了一朵野生罌粟花：它的花苞綻放，花瓣慢慢從淡粉紅轉成猩紅。「彷彿那股分裂花萼的力量」，伯格寫著，「就是這片紅想要變得可見而且被看見。」[28]

　　這與某種天才的典型迥然不同，那些天才的作品會變得更加奧祕，直到只對自己有意義。伯格的書寫是開放的。變得越來越有容乃大，越來越熟悉。結果就是奇妙，就這個詞的每一種意義來說：「你在傾聽。你在故事之中。你在說故事的人的話語之中。你不再是孤單單的自己；由於故事，你是故事關心的每一個人。」[29]

　　在他於二〇一七年年初過世之後，官方訃聞緬懷的伯格是，為爭議添加柴火的人，是善於論戰和製造麻煩的人。真相是，這位從一九七〇年代文化戰爭中崛起的人物，界定他作家身分的比較不是他反對什麼，而是他熱愛什麼。身為說故事的人和哲學家，他最後擁有了磐石般的信念，認定我們感官愉悅和共同體的生活具有救贖的政治價值，而且相信面對物質世界一些微小細節產生的驚奇感會以某種方式引領我們回歸，讓我們更深刻認知到我們正在共同前往的地方。在寫給朋友的信中，他曾經說寫故事的衝動「如同一種能量湧現，好像一道光，是黑暗中的小小地標。」[30] 在伯格的漫長寫作生涯中，有一種緩慢而無法抑制的趨光性在發揮作用。因為他達成的方式使得他達到

的成就更加不凡。

　　或許愛的倫理一直都不曾缺席，就算只是種籽，不過要等到後期作品那深刻的顏色才出現。一九九五年的小說《婚禮之途》就是由此推進的。[31] 寫在一場家庭悲劇之後，在愛滋病危機最高峰的時候，這本書以一段急就章的題詞開場，描摹令人痛心不同層級的恩典：

> 美妙啊苦於夏季酷熱的人
> 一個拳頭的雪在嘴巴裡
> 美妙啊春天的風
> 對於渴望揚帆的水手
> 而更加美妙的是一張單人床單
> 覆蓋床上的兩位戀人

　　碑文的形狀是各種各樣的小尖塔：一種目的論。在伯格的生涯中，有共同勞動和到處旅行的故事，但是現在，一名老人，遍歷春夏秋冬，他終於能夠說說心靈的故事（而愛超越一切——床單就像是船帆——是聚集的力量）。

　　從力比多（欲力）的固著，他朝較為稀罕的轉向。溫柔的親密，遠超過性交，成為他的焦點。而如果在《G.》裡面，行文可能是唐突或是過度渲染的，在後期的散文裡，有時候帶著甜味，有時候是刻意的、感傷的返璞歸真。他不害怕字斟句酌的講究。或許他已經贏得這項權利。或許，同樣的，他已經獲得勇氣。在一篇關於母親的知性散文結尾處，他述說自己從她身上學習到的。她經常告訴他，愛是唯一

重要的事。「真愛，她會補充，要避免任何人為的誤解。」[32]

年老時，伯格逐漸用一種眾多男性——不只是男性作家——迴避的方式來說話。那是海明威、亨佛萊・鮑嘉（Humphrey Bogart）或者瑞蒙・卡佛的相反。卡佛作品中的傷痛，就像愛，總是間接的，一點一點透露。伯格則大大方方談論愛。有時候做不到直接，在比較薄弱的段落，文字的真誠有可能過度雕琢——顯得矯揉造作。（背景設在想像的城市特洛伊〔Troy〕，將不同都會區的碎片修補在一起，《紫丁香與旗幟》，他三部曲的最後一部，就因為這個理由失敗了：有一種糖精般的模糊溶解在書頁裡。）[33] 不過，表現得最好的時候，伯格的書寫宛如低聲禱告，擁有向上提升的力量。就像是工地牆上的塗鴉，貝爾・胡克斯（bell hooks，譯註：美國作家、女性主義者葛羅莉亞・華特金絲〔Gloria Jean Watkins〕的筆名，特意使用小寫）回憶，當她在紐哈芬（New Haven）走路去上班沉浸在自己無邊無際的悲傷時，這些塗鴉會振奮她的精神：「追尋愛」，書上寫著，「即使面對巨大的橫逆，依然不懈。」[34]

如同伯格，胡克斯在自己關於這個主題的書裡，把這項最親密的追求放置在更大的框架裡。胡克斯所描繪的「精神的荒野，如此強烈，我們可能永遠再也找不到回家的路」已經變成，她評述，一世代人的自然棲地。[35] 到了一九九〇年代，各地的年輕人已經訓練好把愛看成是拐杖——不然就是迷幻藥。愛要嘛是給那些弱者、容易受騙的人，或者「無可救藥的浪漫主義者」；要嘛就是一種轉瞬即逝的情感，不能夠信任。部分是受到艾里希・弗洛姆（Erich Fromm，海德堡左派的另一位作家，猶太流亡人士）教義的啟發，胡克斯運用她在

行動主義者之中的龐大影響力，試圖重新界定這種情感的意義。³⁶ 愛
是動詞，她說。愛不是被動的感受，而是行為，是細心照護的行為。
伯格必然會同意。韋伊也會同意：「愛我們的鄰人。」這名法國哲
學家在一九四二年寫著，「被賦予能力發揮創意關照別人，形同天
才。」³⁷

　　結論不是新的。只是在當下看起來可能是新的。有太多的當代藝
術縱情於相反的關係：冷漠和殘酷。從法蘭西斯・培根到拉斯・馮・
提爾（Lars von Trier），大概這是我們這個時代的主導傳統。對有些
人來說，這等同於間接的抗議形式，「暴力地回歸生活」，或者是所
謂的負面美學，作用在揭露潛伏於暗櫃中的醜陋影子；這個暗櫃儲藏
了我們各種幻象。³⁸ 在任何社區、任何家庭或任何一對伴侶之中，有
人論辯，總是有裂縫、有暴力的缺陷，可以追溯到我們最基本的哲學
依戀，無論是依戀完整，或是依戀存在，或是依戀家。

　　這是令人難以招架的思路。但是對許多人來說，尤其是對於伯
格，它的邏輯根本上被它的特權損害了。我們所稱呼的殘酷藝術能夠
承受得起痛苦層層堆積，因為那是出自於奢侈，它的苦難是廉價的。
事實上，整個文青（hipster）情結——那種無法快樂的超然，以及隨
口反諷的距離，經常有人評論說是後現代主義的預設模式——最早是
在伯格年輕時的戰後世代成為普遍潮流。他當時說，那就是美國強權
負面的一面，是戴上比較多文化花環的那一面。這點或許依舊是真實
的：兩者齊頭並進，軟硬兼施，像兩隻手互相清洗。

　　伯格沿著完全不同的軌道前進。對於許多政治理想挫敗被視為個
人創世紀的現代思想家中——很難不想到華茲華斯站在源頭——他大

概是獨一無二的。他從來沒有幻滅。他當然從來沒有放掉他的政治觀點，直到過世，始終是他自我信仰的強大來源。「有些人詢問：你依舊是馬克思主義者嗎？」他在將近八十歲時說，「追求利潤造成的毀壞從來沒有……比今天更加廣泛……是的，除了其他方面，我依舊是馬克思主義者。」[39]

別人可能看起來是兩極對立或自相矛盾的地方，他反而看到比較像是電容器的東西。並不是他為了藝術放棄政治，或者為了山谷捨棄全球（為了水仙捨棄革命），而是他追求可以跨越鴻溝的新鮮火花：黑暗中小小的閃光或是閃爍。他曾經提及「有兩件事情在我內心極深處，它們甚至不能說是因為見多識廣而獲得的理念，屬於本能的層面。其一是，跟我向來認定的藝術『奧祕』擁有的連結；其二是跟那些沒有權力的人、權利被剝奪的人本能地站在同一陣線。」[40] 兩者並不一樣，但是對他來說密不可分。像莫比烏斯環那樣的迴路位於他本能的核心。他最喜愛的公案之一，早在他二十幾歲時就知曉，來自高爾基（Gorki，譯註：被尊為蘇聯文學創始人，代表作有《母親》〔Mother〕等）：

　　人生總是會糟糕透頂
　　因為追求更好的慾望
　　不會在人的心裡熄滅

這種感傷，作用就像陀螺儀：幫助他穩定自己，通過會讓其他船隻沉沒的暴風雨。

「在喬托（Giotto，譯註：義大利畫家和建築師，文藝復興的開創者）身上」，韋伊寫著，「我們不可能區分畫家的天賦和方濟會的精神；也不可能在中國禪宗創造的畫作和詩歌中，區分畫家或詩人的天賦跟神祕狂喜的狀態；或者當委拉斯奎茲（Velásquez）把他的國王和乞丐放在畫布上時，區分畫家的天賦跟熾熱、無偏私的愛，這份愛穿透人們的靈魂深處。」[41]

伯格的書寫因為慷慨大度而特別。透過書寫他分享了那些重新穩定下來的時刻，而且這些時刻也都是相遇的時刻：與一幅畫、一名陌生人、一位戀人、一隻動物、一個鬼魂的相遇。（到最後，其中好幾項會相聚在一篇知性散文裡，例如他在《我們在此相遇》的第一則故事中，寫了里斯本的一棵柏樹、他剛剛遇到的一名清潔婦、他母親的鬼魂，以及過往戰爭的烈士。）每一篇作品就像是一張銀版照片，拍攝下空間與時間、記憶與政治、歷史與情感。攝影負片的平板或許不大，但是進入裡面的光線來自整個宇宙。

年老時他主要的溝通形式變成短訊或速寫——為已經失去方位的世界提供立足點。他寫信給副司令馬科斯（Subcomandante Marcos，譯註：墨西哥查巴達民族解放軍發言人，戴著面罩出現，身分成謎，《紐約時報》譽為「第一位後現代游擊隊領袖」。他同時是位詩人），說自己住家附近兩隻蒼鷺在天空盤旋。在他晚年造訪巴勒斯坦時，他不只書寫當地居民起義抗暴，也寫花朵和石頭。在一篇關於「去地方化」（離域）的論述裡，他暫停去關注一群驢子在當地的牧場吃草。「田野上有四頭小毛驢，六月，二〇〇五年。」他匆匆記下，彷彿指出景象本身就是抗議的舉動。[42] 理性的語言越來越讓渡

給信仰的樂章終曲。在「北美自由貿易協議」通過之後，他創作了一篇實質上充滿宗教神祕色彩的文件，〈關於死者經濟的十二則論斷〉（'Twelve Theses on the Economy of the Dead'），鋪展一張地圖，指出「不再存在的」和「尚未誕生的」。[43] 以文章提出的願景和要求來說，這篇作品是形而上的聖經經文，不過既然是聖經經文，它也可以釘在國際貨幣基金組織或世界銀行入口處。

最終他談到了地獄。「假設，」他說，「如果我們不是住在一個有可能建造出人間天堂的世界，而是相反的，住在一個本質上更為接近地獄的世界，這會如何改變我們任何一項單一的政治或道德選擇？」[44] 唯一的改變，他說：「將會是我們的希望如此龐大，而最終我們的失望如此苦澀。」[45] 對伯格來說，曾經指向的，無論多麼隱晦，永遠是朝向**應然**。「你真的想要知道地獄是怎麼回事，」法國共產黨員米歇爾（Michel）在《歐羅巴往事》中說，「就在這裡……誰說地獄必須維持原狀？地獄始自於希望。如果我們不抱任何希望，我們就不會受苦……地獄始自於可以把事情變得更好的念頭。」[46]

犬儒主義往往是個痂。不過即使敏銳覺察到伯格後期書寫的抒情主義，有時候也會發現很難完成那個循環，轉回來看他展望的政治未來。這些讀者會許會共感他的同情，但是那些同情在他們的心目中，本質上是摻雜著懊悔。「對我而言，」薩爾曼・魯西迪（Salman Rushdie）在一九八〇年代後期寫著，「他的理念不僅僅意味著他的夢想。」[47]

毫無疑問在後期的伯格身上，我們看到一種輓歌式的悖論。透過

《進入他們的勞動》，他讓自己依附於一個正在從地球上消失的共同體。在書評裡，小說家安潔拉·卡特（Angela Carter）表達了其他讀者大概也感覺到的：這些故事，她說，是關於人們和土地「最終的分離」。儘管故事的語調可能並不悲觀，願景本質上是悲劇的。[48] 一旦小農成為冗餘，很快地隨之而來的結果就是，城市之外不是觀光勝地的每一處地方，都會成為工業化單一作物的棋盤，以及鬼鎮。這是我們持續看到正在開展的過程：整個地區和住民被留下來，無助而且陷入依賴，聚集在一起哪裡都去不了。

對卡特來說，《進入他們的勞動》的整個氛圍瀰漫著這種失落感。「不久，」她寫下言簡意賅的總結，「鄉愁就會成為歐洲另一個名字。」[49] 這是伯格經常要辛苦對付的指控。鄉愁與這本書無關，他一再表示。他談論的不只是過去，還有當下的痛苦，以及希望的原則。

馬克思稱呼宗教是沒有靈魂的世界的靈魂，但是對伯格來說，社會正義的鬥爭究其根源永遠是信仰，即使是他所了解的馬克思主義也是如此。對西蒙娜·韋伊來說，同樣的，不是宗教，革命才是人民的鴉片。（這樣的想法是部分原因驅使伯格一開始去跟農民生活在一起，以及他如何跟馬克思主義同伴解釋農民的重要性，以他的話來說，這些同伴固守著「不斷改造、不斷失望和急於進步的希望，堅信最終的勝利」。）[50] 在革命的烏托邦思想中太常把生活悲劇的那一面排除在外——還有其他人類常態，例如對愛的渴望和對共同體的需求——他斷定，正是因此才讓偉大的烏托邦實驗如此可怕地誤入歧途，一旦那個想法首先被系統化，同時他所稱呼的革命靈魂讓位給國家的操控者。

當然，被壓抑的都會回歸。對於法國大革命之後的世世代代，為了社會正義進行鬥爭的那種精神已經隱含在身上。「相關的男性與女性被解釋成唯物主義者。」伯格說，「然而他們的希望和他們有時在自己心裡找到的未曾預期的寧靜，是超越的夢想家擁有的那種希望與寧靜。」[51] 他們的信仰，儘管沒有認領，是緊密相依的，像是「從來沒有獲得名字然而受寵愛的私生子」。[52]（或許這是為什麼孤兒不斷出現在他的小說裡：他們是個標記，不只代表無人聞問，也是沒有名字的希望。）對於伯格這個世代來說，政治史的悲劇在於那個信仰慢慢被篡奪直到什麼都不剩——一無所有，除了覆蓋一切的犬儒主義仍在。而只有在詩裡面，要不然就是在祕密裡，在他所稱的**彼岸**的飛地（enclaves）裡，幾乎像是躲藏的地方，這樣的信仰才依舊可以探觸到和分享。

「可能有任何愛是缺少憐憫的嗎？」他書中一位人物詢問。[53] 這道問題我們許多人都不會想到要提出來。不過伯格後期書寫中整個情感的流動源自於他需要問這個問題。這些故事敘述監禁、疾病、崩潰、毀容、流亡。但是這些故事也傳達堅忍、信仰的恢復、面對滅絕的反抗，以及共享的緩刑時刻。這些故事探討宏大的宗教主題——孤立和共同體、信仰和質疑、熱情和受苦——而且因為寓言似的結構，類似新約聖經。不過在精神方面，這些故事是現代的，具體呈現了他後來稱之為「不會挫敗的絕望」那種態度，那是他站在約旦河西岸成堆的瓦礫和被剷平的家園之中體驗到的。

在這些實例中的獻身，意味者不只是採取立場而已。意味著不只是贊成或反對。這是一種品質，如同或悲憫或韌性，只能歷經時間的

考驗表現出來──而且隨著時間推移朝向更強大、更虔誠的近親，**信念**。「《奇異恩典》以悲傷開頭，」伯格在《歐羅巴往事》中寫著，「然後逐漸地，悲傷成為合唱，因此不再悲傷而是反抗。」[54]

在同一則故事中，米歇爾，有輛紅色摩托車來自捷克斯洛伐克的共產黨員，因為當地工廠一樁事故導致半身不遂。經過三十七次的手術，他獲得金屬打造的雙腿，而且兩隻腳「像熨斗」。「你只有一個人生，他們說，因此最好充分利用。」[55] 他跟他愛上的女人說。這名寡婦的人生也懂得什麼是失去之後的「漫長歲月」。「這不是真的，奧迪爾。」他告訴她，「我們必須學習過第二個人生……第一個人生永永遠遠地結束了……我必須學習如何生活──而且這不像是第二次學習，這是多麼奇怪啊，奧迪爾，像是第一次的學習。現在我開始我的第二人生。」[56] 《豬大地》最後一則故事以故事女主角的「三個人生」來命名，見證了作者本人的改造。伯格當然知道擁有不只一個人生是什麼意義。

鄉愁是什麼？毫無疑問是一種感傷主義，既是私人的也是政治的，經過多年蒸餾而成。有時候轉成儒家思想──希望的禪道。不過他的政治觀點比人們經常讚揚的要來得複雜。多愁善感通常是青春期的缺陷，然而在晚年的伯格身上，多愁善感至少有部分是源自於經驗。如同奧迪爾（Odile），這位年老的農婦乘著滑翔翼飛過自己度過一生的山谷上空，標記著山谷的喜悅與失去、誕生與死亡，伯格總是傾向於放長時間來思考：他的歷史視野涵蓋了各個世代。

當然這樣的眼界是年紀賦予的優勢，一項突出的特點。但是對伯格來說，可能還有更多返祖性質的源頭。或許是潛藏在他的基因

裡。「我們每個人來到這個世界，」在跟內拉·別爾斯基合作的戲劇中他寫著，「帶著她或他獨一無二的可能性——那就像是個目標，或者如果你要這麼說的話，幾乎像是律法。我們一生的工作就是變得——日復一天，年復一年——更加意識到那個目標，因此最後得以實現。」[57]

在他二十五、六歲時，身為一名新手藝評家，伯格已經有預感那個可能性有一天會是什麼樣貌。在一場俄國猶太裔流亡人士的展覽中——夏戈爾、蘇丁（Soutine）、查德金（Zadkine）和其他藝術家——他突然被貫串他們藝術中的流亡情感深深吸引了。「要評價這樣的作品，」他說，「是困難的，如果有人像我這樣因為作品的刺激引發強烈反應。」[58] 試圖理解他們的視野中融為一體的情感，他不斷繞圈子。作品縱情於挑動感官的色彩，然而在那種感官愉悅背後，伯格感覺到，也背負了一種「悲劇性的責任」。反過來，在每一幅畫作背後，他可以觸摸到存在著「無以名狀的疼痛」，不過，每一道筆觸，也記錄了撫慰，保護了價值。「鄉愁通常是無聊或者懶怠的懊悔的結果。」在評論將近結尾的地方他寫著，「然而在猶太藝術中，鄉愁是劇烈的受苦和熱切的期盼。猶太人的鄉愁不是感覺到有東西無可挽回地失去了，而是幾乎沒有希望地渴求那個東西。我只能用弔詭的方式來說明，也就是說懷念未來的鄉愁。」[59]

這樣的說法是一則預言。只要一切都能留存下來，在未來的年歲人們就會以這樣的角度來看待《進入他們的勞動》。在新左派的灰燼中，以及冷戰的餘燼裡，烏托邦的實驗已然失敗，物質上和精神上，除了冰冷的市場機制什麼都沒有留下。不過還是有倖存者抵抗其他人

認為不可避免的事。伯格從昆西書寫的知性散文和故事提供了一扇窗，記錄了歷史的清算，記錄了學習和重新學習，同時也是一個轉折點，轉個彎向上。

說到他的農民鄰居，伯格曾經寫過：「他的理想座落在過去，他的義務是對於未來，他本人不會活著看到。」[60] 他們是機會主義者的相反，在許多方面他們是聖徒。

成年過程的敘事，所謂的成長小說，傾向於在獲得一套新的調適之後戛然而止。已經進入了成年的穩定狀態——回應了天命或是安家了。生成過程已經成熟為存有狀態。人生，可以說是，達到了它巡航的高度。

其他的敘事不是結束在依附而是分離。負擔過重的情境已經擺脫了。地平線在招手。英雄收拾好行李離開。無論是哪一種情況，都沒有什麼可以說了。

伯格移居昆西時，四十八歲，某種意義上他同時進行這兩件事。他在那裡找到家同時意味著和自己出生的國家最終的斷裂（他不會再回去），也是朝向恆定的第一步（他不會再去別的地方）。他生根，安身立命，守著創作者的聲音和身分，直到過世。當然，他繼續寫作好幾十年，不過他已經打造出一艘船，在歲月中航行。

經歷了各種風暴：柏林圍牆倒塌、南斯拉夫的衝突、北美自由貿易協議和查巴達民族解放軍起義。儘管如此，大規模的冷戰結束了，設想歷史應該成熟了——歷史也同樣達到了巡航高度。

然後，一個早晨，九一一攻擊。歷史的終結持續了僅僅十年！

伯格在七十幾歲的年紀。他可以朝太多的方向走去。他可以退休，照顧他的花園，開始打網球。他可以把自己的名字加進自由派連署的共識宣言之中，支持美國的軍事回應。他可以只是繼續間斷地寫藝術評論。

事後來看，一年年過去，他**真正**做的事變得既不尋常又應該不令人意外：他站出來說話。完全沒有陷入中間派的自我辯解（當時所有老邁作家不可少的禮數），他年輕時代的政治憤怒再度開始奔流，只不過現在帶有幾十年的經驗和權威。還有誰能夠在攻擊後數月間去寫廣島，毫無恐懼也沒有惡意的把蕈狀雲與曼哈頓的火球相比？兩者都是美國半世紀間的重大事件。同時還有誰能夠做出這樣的比較而不會聽起來尖銳或是麻木不仁？

在狂亂的時刻，伯格帶來觀照的角度：他成為颶風中的羅盤。（曾經，半個世紀之前，史蒂芬・史賓德稱呼他為「霧中的霧號」，無心的讚美。）「大約需要六個片面真相來製造一個謊言。」伊拉克戰爭進行一個月後伯格寫下這句話，此時巴格達剛剛陷落。[61] 他說的大部分內容從此變得顯而易見——彷彿當時本該如此。不過他也會詢問他承認自己並不知道答案的問題：「刻意的殺人比系統性的盲目殺人邪惡嗎？」[62]

如同他二十幾歲時做的事，伯格再一次嘗試規劃——想像——第三條路。對立的兩極不再是華盛頓和莫斯科，而是在「兩種狂熱主義的……全球交火」之內。即使早在一九八九年，回應魯西迪事件（譯註：魯西迪因為出版伊斯蘭世界認為褻瀆了先知穆罕默德的《魔鬼詩篇》〔*The Satanic Verses*〕，遭伊朗宗教領袖何梅尼下達全球追

殺令），他採取了不受歡迎的立場，呼籲西方出版菁英要節制。「否則」，他寫著，「一場獨特的二十世紀聖戰，因為雙方各自有駭人的正義，或許零星但是會一再瀕臨爆發——在飛機場、商店街、郊區、市中心，任何一處沒有防護的人們生活的地方。」[63] 他預言的大部分內容此後已經成為我們當下的現實：復興的國族主義、新自由主義經濟的貪婪、歷史的漂浮感。「這個時刻能持續多久？」柏林圍牆倒塌一年後他說，「歷史上能夠想像的一切危險都蓄勢待發——偏執、狂熱和種族主義。」[64]

在哲學上尋找先例不難，無論是在一八四四年的手稿上（譯註：馬克思撰寫的關於哲學和經濟學的重要筆記）或是恩斯特・布洛赫受到啟發區別了馬克思主義的「熱」潮流和「冷」潮流。不過柏格的熱情，儘管可能在這樣的典範中找到確認，幾乎可肯定是源自他內心深處某個地方：是他的本能，他會這麼說。在二十一世紀第一個十年，他的發言是一次全面的分析，也是還沒有人提供的關於我們文明造成的破壞。感官的鈍化；語言的空洞化；抹除掉跟過去、跟死者、跟地方、跟土地、跟泥土的連結；甚至可能也抹除掉某些情感，無論是憐憫、同情、撫慰、哀悼或希望。「今日不只是動物和植物的物種遭到摧毀或是整個滅絕」，他寫著，「還有我們設定的人類優先順序。後者遭到系統性的噴藥，不是殺蟲劑，而是殺倫理劑。」[65] 有一些空洞的語詞：自由、民主、恐怖主義。也有一些真實的語詞：*Nakbah*（浩劫）、*saudade*（渴望）、*agora*（集會）、*Weg*（伐木工人的林道）。

年老時伯格畫花，不過他也同時寫下一些最猛烈的抗議，反對反恐戰爭，反對針對窮人的戰爭。他最後一本選集《留住一切親愛的》

（*Hold Everything Dear*），絕對不是水仙花（譯註：華茲華斯有一代表作〈水仙〉〔Daffodils〕）。在國際標準書號（ISBN）旁邊的編目資料顯示：

1. 安全，國際。2. 戰爭－原因。3. 平等。4. 權力（社會科學）。

5. 國際經濟關係。6. 反恐戰爭，2001。

他說他想要在他的世界圖像裡保存各地人民的鬥爭，從巴格達到芝加哥、薩丁島到德黑蘭、柏林和阿利坎特（Alicante）到馬利和喀布爾。他寫帕索里尼（Pasolini）的影片《憤怒》（*La Rabbia*），他認證是「受強烈的堅忍意識所啟發，而不是憤怒」。[66] 他寫著，這位義大利詩人和導演以「毫不畏縮的清晰」檢視這個世界。而且他這麼做是因為「現實是我們所愛的一切，別無其他。」[67]

他的毀謗者稱此為譁眾取寵。他們說這是「全部都是高貴的農民，或面目模糊的壓迫者」。[68] 有時候他們是對的。有一些矛盾他並不想要面對，就像我們所有人一樣。他的聰明才智有正面有背面，如同任何一位公眾人物。但是對許許多多人來說──不只是知識分子──他的書信是夜空的一部分：它們是引導的星星。「在每一個例子中，」班雅明說，「說故事的人對他的讀者提出忠告。」[69] 伯格說的不一定總是正確，但是他所說的總是值得思索。他偶然發現了可以流傳的方言俗語。他後期的知性散文經過翻譯在全世界重印。

「有些人戰鬥因為他們痛恨與他們對撞的事物。」他曾經寫過，

「其他人因為衡量過自己的人生，希望賦予自己的經驗意義。後者比較會堅持鬥爭。」[70] 在今日這些可能看起來是違反直覺的話。許許多多多與我們對撞的事物的確激發了一個世代新的急切感。但是當我們準備以我們能夠集結的所有韌性和團結來埋頭苦幹時，也會有平行和比較私人的前線。鬥爭不只是奮力對抗我們的壓迫者或對手；鬥爭也是奮力保持自己一層一層的忠實完好無缺。伯格教導我們，是有可能既不必把經驗的錯綜複雜導入意識形態的擔保之內，也不必在為藝術而藝術的文化華蓋下尋求避難。如果你像他一樣準備好這麼做，你可以終其一生公開坦蕩地活著。

浪漫主義者在圈地的年代書寫。伯格在高牆林立的時期書寫，他在生命走向終點時表示。柏林的那道牆倒塌只是自由的一個表象。到處都有新牆已經計劃好要建造起來：

> 混凝土的、官僚的、監視的、保障安全的、種族主義的牆。在各地牆分隔了絕望的窮人和那些抱持一線希望能維持相對富裕的人。牆橫跨了每一個領域，從穀物種植到醫療照護。牆也存在世界上最富裕的大都會裡。牆是很久以前稱為階級戰爭的前線。
>
> 一邊是：每一種可以想像到的軍備、無運屍袋戰爭的夢想、媒體、豐裕、衛生保健、許多展現魅力的密碼。另一邊：石頭、供應不足、世仇、復仇的暴力、猖獗的疾病、接納死亡以及滿腦子只想著多活一個晚上——或者多一個星期——兩種意念共存。
>
> 今日在這個世界上，關於意義的選擇就在牆兩邊的抉擇。牆也是在我們每個人內心。不論我們的處境，我們可以在內心選擇要

與牆的哪一邊合拍。這不是一道分隔善惡的牆。善惡同時存在牆的兩邊。選擇是在自我尊重和自我混亂之間。[71]

這樣的視野是決絕和不留情的。他年輕時的好戰精神又回來了，而且加上道德主義——還有力量。

「伯格的摩尼教式絕對真理在這個局部真相和不完全解答的真實世界裡有多大用處？」[72] 這是傑夫・戴爾提出來的問題，也是真實的問題。需要我們每個人來回答。許多人共情於晚期作品的抒情主義，無論是呈現在《我們在此相遇》裡描述的水果滋味裡，或是《班托的素描簿》裡的素描裡，可能會對他這番修辭退避三舍，而在他的典範驅策下前行的比較好戰的行動人士，可能會跳過他描述莫內風景畫裡的光線，讓人既震驚又平靜，或者他描述肖維岩洞的羱羊和岩羚羊，那些在現代政治發明之前三萬年畫下的形體。

伯格為多元的公眾寫作。他本能地知道如何彎折而不斷裂。不過他也了解一生之中會面臨各種關頭，真理的時刻。在沉思中，很容易**看到**眾多面向；在實踐中，往往只有必須採取的一面。

伯格心知肚明。現在我們重新學習。有時候你必須選擇。

致謝

　　這本書是在好幾個地方書寫的，獲得好多人的支持：朋友、老師、檔案管理員、其他作家、我的家人。這項寫作計畫永遠不會啟動，如果沒有我在耶魯的指導教授最初的鼓勵：Dudley Andrew 和 Katie Trumpener。因為他們一路的支持、信任和意見，我深深感謝。我也要謝謝耶魯的其他人士：謝謝 Katerina Clark 和 John MacKay 給我的回饋；還有 Moira Fradinger、Amy Hungerford、David Bromwich、Peter Cole 和 Charles Musser。我從他們每個人身上學習到很多。

　　飛機票並不便宜。為了寫這本書的多次旅程通常牽涉到橫越海洋，因此一系列的贊助特別寶貴：Paul Mellon Centre 的獎學金、Robert M. Leylan 的論文獎學金；還有比較近期的，H. H. Powers 的旅費補助。倫敦是這本書檔案世界的中心——尤其是新開放的大英圖書館約翰伯格檔案室。我要感謝圖書館服務人員所有的協助。我也欠 Tom Overton 好大的人情，他是檔案的編目員，感謝他的協助、熱情款待和持續的友誼。我們關於伯格（以及足球）的長時間對話，無論是在員工餐廳或是回到司托克紐因頓（Stoke Newington），是我待在英國那麼多個月最好的時光。我也要謝謝耶魯英國藝術中心的圖書館員；歐柏林學院（Oberlin）的 Michael Palazzolo；瑞士電影資料

館（Cinémathèque Suisse）的 Nadia Roch；以及英國電影協會的許多檔案管理員。

除了檔案研究，一系列相關藝術家的採訪和會談給了我的研究脈絡。衷心感謝艾倫・譚納和尚・摩爾撥出時間在他們日內瓦的房子接待我；謝謝邁克・迪柏在倫敦跟我討論，並且提供很難找到的 BBC 節目拷貝；謝謝理查・侯利斯在他家庭工作室關於平面設計的寶貴會談。我也跟下列人士進行了難忘的會談：Susan George、Saul Landau、Paul Barker、 David Levi Strauss、Nikos Papastergiadis、John Christie、傑夫・戴爾（Geoff Dyer）、Colin MacCabe、Ben Lerner、James Hyman、Bruce Robbins、Alix MacSweeney、Lawrence Weschler、Gareth Evans，以及其他人。特別感謝約翰和貝芙莉・伯格在昆西的熱情招待，比較近期則是要謝謝伊夫。

在大西洋的這一邊，我要感謝 Daniel Fairfax，因為我們關於美學和政治的持續對話；感謝 Tim Ellison，針對前幾章的草稿提供的註記；Kathryn Hutchinson，在我們的門廊聽了書的部分內容之後給予的有用回饋。其他在不同方面助一臂之力的朋友包括：Grant Wiedenfeld、Sara Beech、Marc Linquist、 Jasmine Mahmoud、Mimi Chubb、Rachael Rakes、Ryan Conrath、 Chris Stolarski、Seung-hoon Jeong 和 Laura Macomber。在寫作這本書期間給予我這麼美好的友誼，我也要感謝 Max Lansing、DeMarcus Suggs、Anna Morgan、Adam Kaufman、Katie Lorah、Jeremy Dalmas、Quentin Notte、Hunter Jackson、Maeve Johnston、Adam Rachlis、Bonnie Chau、Ramy Dodin、Sitar Mody、Diana Mellon、Brandon

Finegold 和在布魯塞爾的每一個人。這本書有部分是從最初發表在《格爾尼卡雜誌》（*Guernica Magazine*）和《跳接》的文章發展出來的，我感謝這兩本刊物的編輯。在歐柏林，我必須挑出我的學生研究助理 Asher Shay-Nemerow，因為他豐富的見解、融洽的合作以及長時間的辛勤工作——更不用說前往攀岩體育館培養團隊向心力的活動了。我也想要答謝我學生的支持，以及我的同事 Grace An、Pat Day 和 Geoff Pingree。

在非常私人的層面我要感謝 Jill，她在麥迪遜接待我，當時這本書的種籽正在發芽。謝謝 Tina 和 Tati，她們是這麼棒的布魯克林鄰居。如果沒有我母親 Barbara 的協助這本書不會完成，她是真正能激勵人的女性和科學家。她無限的慷慨是上帝的禮物。當然，還有 Amy，她文風不動的好脾氣和堅如磐石的支持（耐心更不用說了）是天賜之福。

註釋

導言

1. 安德魯・福吉（Andrew Forge），'In Times of Sickness'（《永恆的紅色》書評），*Spectator*，28 October 1960。

2. 約翰・伯格，〈一名真正的歐洲作家〉（A Truly European Writer，《*Leavetaking* and *Vanishing Point*》書評），*New Society*，July 1967，Vol. 10，No. 249。

3. 約翰・伯格，*And Our Faces, My Heart, Brief as Photos* (New York: Vintage, 1984)，p. 67。

4. 沙特在《摩登時代》（*Les Temps Modernes*）的文章集結成《什麼是文學》（*Qu'est-ce que la littérature*），於一九四八年首度出版。參見英譯本《*What is Literature? and Other Essays*》（Cambridge: Harvard University Press, 1988 [1948]）。差不多十五年之後，阿多諾開火反擊，為無黨派的「自主」藝術辯護。他認為無黨派的自主藝術歡慶自己的美學空間，與政治的短視近利無關。他主張布萊希特（Brecht）最好的劇作是最不說教的。參見阿多諾〈獻身〉（Commitment，1962），出自《新左翼評論》（*New Left Review*

I/87–88，September–December 1974）。這兩位思想家之間的共通點或許比公認的多。阿多諾說過一句很有名的話：偉大的小說不可能是反猶太主義的。「在美學律令的核心，」沙特寫著，「我們看見道德律令。」

5. 引用自 Julian Spalding，*The Forgotten Fifties*，exhibition catalogue，31 March–13 May 1984，Graves Art Gallery，Sheffield，p. 14。

6. 出自一九七七年五月保羅‧德蘭尼（Paul Delany）對約翰‧伯格的採訪，未曾發表。文稿與作者分享。

7. Janine Burke，'Raising Hell and Telling Stories'（約翰‧伯格專訪），*Art Monthly* 124 (1989)。

8. 德蘭尼的訪問稿。

9. 同上。

10. 引言來自二〇一一年五月二十五日伯格與羅利‧泰勒（Laurie Taylor）在南方銀行中心（Southbank Centre）的公開對談。之後流傳在一些文章和訃聞裡。例如：Tom Overton，'John Berger, Marxist art critic and Booker Prize-winning novelist—Obituary'，《每日電訊報》（*Daily Telegraph*），3 January 2017。

11. 伯格在不少訪談中說過這則故事。引言來自一九八四年三月尼格爾‧格雷（Nigel Gray）主持的訪談。伯格澄清他偏愛與他們作伴「不是由於任何意識形態上的原因，或者主要不是為了這個。不是因為政治上我想要認同『工人階級的鬥爭』（因為我的政治意識能夠具體成形到清晰闡述，的確是後來發生的），而是因為我比較喜歡他們彼此連結的方式，有時候是跟我連結的方式」。參見尼格爾‧格雷，*Writers Talking* (Fremantle: Fontaine Press，Australia，2016)，

p.63。

12. 約翰・伯格，'The Painter and His Rent'，BBC 廣播節目，18 November 1959。

13. 約翰・伯格，〈退場和信條〉（Exit and Credo），《新政治家》（*New Statesman*），29 September 1956。

14. 出自艾斯凱爾和保羅・德蘭尼的通信，分享給作者。

15. 戴爾出版了一本關於伯格的研究，他重新表述了序言中的主張。參見 Geoff Dyer, *Ways of Telling*（London: Pluto, 1986）。同時參見傑夫・戴爾在《約翰・伯格選集》中的編者前言（John Berger, *Selected Essays*（New York: Pantheon, 2001），p. xii。

16. 「我想不出有其他作家在評論界的地位像約翰・伯格那樣不確定，而且少有人閱讀完畢他所有著作。問題在於他的作品涉獵範圍太廣。」傑夫・戴爾（Geoff Dyer），'Into Their Labours'，*Brick: A Literary Journal* 37 (Autumn 1989)，p. 41.

17. 班・拉特利夫（Ben Ratliff），'The Song of John Berger'，*NYR Daily*，12 January 2017。

18. 瓊・蒂蒂安（Joan Didion），'Why I Write'，*New York Times*，5 December 1976。

19. 約翰・伯格，'Artists and Critics'，*New Statesman*，4 April 1953。

20. 桑塔格的引言出現在一九八〇和九〇年代出版的許多本美國版約翰・伯格著作中。

21. 戴爾的編者前言。

22. 福吉（Forge），'In Times of Sickness'。

23. T. S. Eliot, 'Preface' (1952) in Simone Weil, *The Need for Roots*

(London: Routledge, 2002)，p. viii。

24. James Salter, *Burning the Days* (New York: Random House, 1997)，p.203。

25. 引用自 Christopher Hitchens, 'Susan Sontag', *Slate*, 29 December 2004。

26. 引用自 Paul Bonaventura, 'Master of Diversity', *New Statesman*, 12 November 2001。

27. Eleanor Wachtel, 'An Interview with John Berger'（約翰‧伯格訪談），*Brick: A Literary Journal* 53 (Winter 1996), p. 38。

28. 切斯瓦夫‧米洛什（Czesław Miłosz），*The Witness of Poetry* (Cambridge: Harvard University Press, 1983), p. 94。

29. 塞柏德（W. G. Sebald），*On The Natural History of Destruction* (New York: Modern Library, 2003), p. 190。

1. 為寫實主義而戰

1.   關於這場競賽的討論，參見馬丁‧哈里森（Martin Harrison），*Transition: The London Art Scene in the Fifties* (London: Merrell, 2002), pp. 68–71；詹姆斯‧海曼（James Hyman），*The Battle for Realism: Figurative Art in Britain During the Cold War 1945–1960* (New Haven, CT: Yale University Press, 2001), pp. 159–60。Robert Burstow 廣泛地研究了這場比賽，參見 Robert Burstow, 'Cold War Politics', *Art History* 12: 4 (December 1989)；Robert Burstow, 'The Limits of Modernist Art as a "Weapon of the Cold War":

Reassessing the Unknown Patron of the Monument to the Unknown Political Prisoner', *Oxford Art Journal* 20: 1 (1997)。Burstow 參考了 Eva Cockcroft 深具影響力的文章：Eva Cockcroft, 'Abstract Expressionism, Weapon of the Cold War', *Artforum*, vol. 12, no. 12 (June 1974)。

2.　引言來自泰德美術館關於雷格・巴特勒（Reg Butler）的目錄條目：'Working Model for the Unknown Political Prisoner'。條目內容包括了對這場競賽和爭議的詳盡描述，可以在泰德網站上看到（tate.org. uk）。

3.　這場競賽的主導者是安東尼・克洛曼（Anthony Kloman），美國使館的文化專員，與他自己的部屬在 ICA 內部工作。資金是由約翰・黑・惠特尼（John Hay Whitney）提供，他後來成為美國駐英國大使，與 CIA 也有牽涉。

4.　引用於 Hyman, *Battle for Realism*, p. 159。同時參見麥克・克萊格（Michael Clegg），'Art and Humanism: An Act of Vandalism in the Cold War', *Versopolis*，參網站 versopolis.com。審判時，希爾瓦西認罪，不過依舊抗辯。法院院長注意到被告在獨裁統治下「受了許多苦」，最終裁定釋放。克萊格追蹤了希爾瓦西的後續發展：一九六七年他移民到加拿大，展開攝影師和壁畫家的生涯。

5.　從一九五二年威尼斯雙年展傳回來的報導中，伯格寫著：「一個展覽館逛過一個展覽館，留下的印象是：碎片化的圖像，大概是靠瞎掰創作出來的——基礎是對過去七十年傑作的模糊記憶。」唯一的例外是義大利社會寫實主義者的展場：「在成千上萬個禮貌迴避中直截了當的回答。」約翰・伯格，'The Biennnale', *New Statesman*, 2 July

1952。

6. 約翰・伯格，'Unknown Political Prisoner', *New Statesman*, 21 March 1953。

7. 同上

8. 同上

9. 這些引言來自《新政治家》的讀者投書欄，標題是〈藝術家與批評家〉（Artists and Critics）。討論延續了好幾期：28 March、4 April、11 April 以及 18 April，1953。

10. 參見 Frances Stonor Saunders，*The Cultural Cold War: The CIA and the World of Arts and Letters* (New York: New Press, 1999), pp. 247–53；Hyman, *Battle for Realism*, pp. 166–8。

11. 哈利・溫伯格的訪談，17 March 1995, 'National Life Story Collection: Artist's Lives', British Library Sound Archives（大英圖書館錄音檔案）。

12. 構圖強調了鷹架高聳的幾何形狀和工人相形之下顯得渺小的對比，以洛瑞式的輪廓素描而成。奇怪的是，它的視覺策略有部分類似伯格後來痛斥的雷格・巴特勒的縮小模型。不過這裡的對比是樂觀的：建築是同心協力的見證，而不是宛如惡兆的老大哥。

13. 來自未發表的訪問，由保羅・德蘭尼（Paul Delany）於一九七七年五月採訪約翰・伯格。文稿與作者分享。

14. 來自 Deborah Cherry 和 Juliet Steyn 未發表的訪問，原本是為《藝術月刊》（*Art Monthly*）在一九八二年進行的採訪。文稿保存在大英圖書館的約翰伯格檔案室，列在「Unpublished Theses & Interviews 1981–1988」的名下。

15. 當然我簡化了，不過這類的簡化強力支配了公眾的想像。再者，敵對論述的本質永遠是去簡化、去醜化敵人，因此創造出錯誤的二分法。藝術家和思想家之後要耗費多年努力讓自己擺脫這種二元對立。

16. 安東尼・布蘭特（Anthony Blunt），'The École de Paris and the Royal Academy', *New Statesman*, 20 January 1951。其他作家把布蘭特比做伯格，參見傑夫・戴爾（Geoff Dyer），*Ways of Telling* (London: Pluto, 1989), pp. 10–11；Christopher Green, 'Anthony Blunt's Picasso', *Burlington Magazine*, January 2005, pp. 32–3。

17. 布蘭特（Blunt），'The Ecole de Paris and the Royal Academy'。

18. 約翰・伯格，'Present Painting', *New Statesman*, 17 November 1951。

19. 同上。

20. 這些引言來自兩篇文章：約翰・伯格，〈致未來〉（For the Future），*New Statesman*, 19 January 1952；約翰・伯格，〈年輕世代〉（The Young Generation），*New Statesman*, 25 July 1953。

21. 約翰・伯格，〈致未來〉（For the Future）。

22. 約翰・伯格，'The Necessity of Uncertainty', *Marxist Quarterly* 3: 3 (July 1956)。

23. 伯格繼續寫著：「如果培根的畫作開始處理一絲絲我們這個時代真正的悲劇，它們不會有那麼多尖叫，它們不會那麼猜忌自己的驚恐，而且它們絕對不會催眠我們，因為我們，所有的良心都被激發了，會過度涉入而負擔不起那樣的餘裕。」約翰・伯格，〈法蘭西斯・培根〉（'Francis Bacon'），*New Statesman*, 5 January 1952。在其他文章他也闡述了類似觀點：「太多畫作以幻想為基礎，它們沒什麼力量歸因

於它們的負面效果。人們感覺它們的幻象不同只因為那是任性的古怪，不是因為什麼強大到無法抗拒的發現。」約翰‧伯格，'Various Exhibitions', *New Statesman*, 16 February 1952。

24. 伯格的獨立既是優勢也是障礙：讓他可以追求理論上的彈性，但是也意味著他定期發現自己陷入意識形態的交火之中，而且常常覺得被迫要支持黨的路線。伯格試圖在華盛頓與莫斯科之間開闢出中間立場，同時也能表達對後者審慎的同情，然而矛盾的幽靈總是會出現在他的每一條思考路徑上。

25. 海曼（Hyman）解釋：「伯格在一九五二年初提案，《向前看》（*Looking Forward*）差不多是呈現一個人的願景。展覽起初是跟修‧史克魯頓（Hugh Scrutton ，一九四七～一九五二年白教堂美術館總監）合作。不過隨著繼任者布萊恩‧羅伯森（Bryan Robertson）於一九五二年五月上任，這位年輕的批評家獲得越來越大的自主權。」Hyman, *Battle for Realism*, p. 116。

26. 雷蒙‧威廉斯（Raymond Williams），'Realism and the Contemporary Novel', *Universities and Left Review*, Summer 1958。

27. 參見 Hyman, *Battle for Realism*, pp. 113–19、175–8。

28. Neville Wallis, 'Cousins of Courbet', *Observer*, 5 October 1952。

29. 麥芳維‧派帕（Myfawny Piper），發表於《*Time and Tide*》的評論，25 October 1952。

30. 班乃迪克‧尼可森（Benedict Nicolson），'Looking Forward', *New Statesman*, 11 October 1952。

31. 大衛‧席維斯特（David Sylvester），'The Kitchen Sink', *Encounter*, December 1954。

32. 同上。

33. Richard MacDonald and Martin Stollery，'Interview with Dai Vaughan: Between a Word and Thing / You Encounter Only Yourself'（戴伊‧沃恩的訪問），*Journal of British Cinema and Television* 8: 3 (December 2011)。

34. 參見 Saunders，《*Cultural Cold War*》書中〈Yankee Doodles〉這一章。同時參見大衛‧考特（David Caute），*The Dancer Defects: The Struggle for Cultural Supremacy During the Cold War* (Oxford: Oxford University Press, 2005)。關於考特指涉的「史無前例在全球範圍進行的意識形態和文化的競賽」，這兩本書提供了廣泛而全面的編年史。一九五二年，文化自由代表大會（Congress for Cultural Freedom）在巴黎舉辦「二十世紀節慶」（*Festival of the Twentieth Century*）。也是在一九五二年，紐約現代藝術博物館（MoMA）開始在洛克斐勒兄弟基金會為期五年的資助下向國外推廣它的館藏。海曼（Hyman）也談及有一「動員」時期，始於一九五二年。

35. 阿佛列德‧巴爾二世（Alfred Barr Jr），〈現代藝術屬於共產主義嗎？〉（'Is Modern Art Communistic?'），*New York Times Magazine*, 14 December 1952。巴爾在文章開頭指出：「現代政治領袖，即使是鐵幕分隔下站在我們這一邊的，感受強烈而且鏗鏘有力的表達，反對現代藝術。」他引用杜魯門，他稱現代藝術「只是半調子的懶人美得冒泡」。還有艾森豪，他在聯合國大廈觀賞了一幅抽象壁畫之後評論：「要現代你不必是個瘋子。」一九四九年，共和黨參議員喬治‧唐德羅（George Dondero）在國會宣稱，所有的現代藝術都屬於共產主義，因此威脅了美國價值。這是巴爾想要扭轉的趨勢。

36. 約翰・伯格，'The Missing Example', *New Statesman*, 5 February 1955。

37. 伯格，'Artists and Critics', 4 April 1953。

38. 第一篇社論設定了連結：「三人已經死了，墨索里尼、希特勒和史達林，隨著他們終結的是一個時代的神話。最後留存的寓言就在昨天的東德和捷克暴露了真相，在那裡真正的工廠工人絲毫不含糊地與假想的無產階級解盟，藉由這項簡單的行動完成了上千高明論證做不到的事：拆毀馬克思－列寧主義者的信條。」出自 'After the Apocalypse', *Encounter* 1: 1 (October 1953)。

39. 巴爾的文章主打二十多幅圖像，分類為：在蘇聯和納粹德國「仇恨的和恐懼的」，以及在這兩個政權下「仰慕的和推崇的」。

40. 'After the Apocalypse', *Encounter* 1: 1 (October 1953)。

41. 伯格在數十年之後的訪談中談到了這個「同盟關係」：「我們三個人都關心如何打開相當制式的英國文化環境，朝向比較寬廣的歷史和政治問題與議題。肯把布萊希特引進英國，英國人之前不認識他。我們全部都深入參與和平運動。我們都必須非常頻繁的與我們的編輯爭執。我們都是親近的朋友。這就是同盟。」出自 Cherry and Steyn 受《*Art Monthly*》委託的未發表採訪。

42. 參見 Hyman, *Battle for Realism*, pp. 84–5。在寫給海曼的信中，畫家德里克・格里夫斯（Derrick Greaves）回憶，根據海曼的重述，「討論並非總是關於政治，那些夜晚讓我有機會見到許多領域的專家。」同時參見朱利安・史伯丁（Julian Spalding），〈The Forgotten Fifties〉，發表於《*The Forgotten Fifties*》（展覽目錄，31 March–13 May 1984, Graves Art Gallery, Sheffield），pp. 38–40。史伯丁指出，伯格的朋友起了「內部爭執」，好鬥的畫家彼得・德・法蘭西

亞（Peter de Francia）「希望比較有結構的聚會」，而喬治・富拉德（George Fullard）「扮演『小丑』擾亂一切」。伯格也跟作者在訪談中討論了俱樂部。

43. 「每個人都在。」多麗絲・萊辛在一則可信度不高然而透露出內情的軼事中回憶，「那地方滿滿是人，嗡嗡作響、身影跳動、空氣震盪。多麼好的主意啊，我們都這麼想，約翰・伯格是多麼聰明想出了這麼個主意。當然必需要有更多更多這樣的場合。」但是當伯格呼叫大家守秩序要發表演說時，客人開始往門口走。「『別又來了』人們說。『我們經歷過了，太頻繁了。』因此終結了一次勇敢的嘗試。不過如果不受政治打擾，我們每個人還是會在那裡。」多麗絲・萊辛，*Walking in the Shade: Volume Two of My Autobiography—1949–1962* (New York: HarperCollins, 1992), pp. 221–2。

44. 參見 Hyman, *Battle for Realism*, pp.229。《大學與左派評論》（*Universities and Left Review*，之後的《新左派評論》）的共同創辦人拉斐爾・薩謬爾（Raphael Samuel）記得他在牛津讀三年級時拜訪日內瓦俱樂部的興奮。《新左派評論》的使命有部分是效法俱樂部的。

45. Cherry and Steyn，受《*Art Monthly*》委託的未發表採訪。

46. 來自一份打字的文件，顯然是一本書的提案，保存在大英圖書館的約翰伯格檔案室，'1950s Typescripts + MS'。

47. 伯格，'Artists and Critics', 4 April 1953。

48. 約翰・伯格，'A Socialist Realist Painting at the Biennale', *Burlington Magazine*, October 1952。

49. 約翰・伯格，'Public Sculpture', *New Statesman*, 4 July 1953。

50. 雷蒙‧威廉斯貼切表達了這個區別：「在馬克思主義的文化思想中，傳統的概念徹底遭到忽視⋯⋯不只是因為傳統通常被診斷為超結構，而是因為『傳統』普遍被理解為社會結構中相對而言沒有活力、已經成為歷史的部分：傳統是倖存的過去。但是這個版本的傳統無力之處正是具有融合意識的傳統強大之處：事實上在這樣的意義下傳統被視為積極形塑的力量。」Raymond Williams, *Marxism and Literature* (Oxford: Oxford University Press, 1977), p.115。

51. 約翰‧伯格，'The Temptations of Talent', *New Statesman*, 25 October 1952。

52. 約翰‧伯格，'Direct Communication', *New Statesman*, 29 March 1952。

53. 伯格，'Public Sculpture'。

54. 約翰‧伯格，'Exit and Credo', *New Statesman*, 29 September 1956。

55. 這番評論是特別針對赫伯特‧李德而發的，出自伯格的文章：'Artists and Critics', 4 April 1953。

56. 約翰‧伯格，'The Siege of the Ivory Tower', *New Statesman*, 19 February 1955。

57. 參見約翰‧伯格，'The Child, the Mystic and the Landlady', *New Statesman*, 3 March 1956。

58. 約翰‧伯格，'The Painter and His Rent'，BBC 廣播節目，18 November 1959。

59. 約翰‧伯格，'The Unrecognised', *New Statesman*, 7 January 1956。

60. 約翰‧伯格，'Aunt and Arbiter', *New Statesman*, 15 January 1955。

61. 赫伯特‧李德，'Correspondence: "Aunt and Arbiter"', *New Statesman*, 22 January 1955。

62. 約翰・伯格，'Isolation and Freedom', *New Statesman*, 11 August 1954。

63. 關於這個理念詳細的討論，參見 DavidForgacs, 'National– Popular: Genealogy of a Concept'，收錄於 Simon During 編輯的《*The Cultural Studies Reader*》(London: Routledge, 1993)。

64. 《*Times Literary Supplement*》的確貢獻了兩篇值得注意的文章向葛蘭西致敬，一篇在一九四八年，另一篇在一九五二年，都是匿名發表。在一九五〇年代初期兩位知悉葛蘭西的關鍵人物是漢米許・韓德森（Hamish Henderson）和艾瑞克・霍布斯邦。參見大衛・福爾加奇（David Forgacs），'Gramsci and Marxism in Britain', *New Left Review* I/176 (July–August 1989)。福爾加奇寫道：「儘管在葛蘭西死後二十年，他的作品在英國不是完全無人聞問，在一九五七年首度以書本形式出現之前，他的影響微不足道。」同時參見傑夫・埃萊（Geoff Eley），'Reading Gramsci in English: Observations on the Reception of Antonio Gramsci in the English-speaking World 1957–82', *European History Quarterly* 14 (1984)。特別有意思的是，埃萊從一九五七年開始敘說他的歷史，伴隨著新左翼的崛起。

65. 約翰・伯格，'The New Nihilists', *Labour Monthly*, March 1957, pp. 123–7。

66. 伯格，'The Child, The Mystic and the Landlady'。

67. 引用於 Kate Crehan, *Gramsci, Culture and Anthropology* (Berkeley, CA: University of California Press, 2002), p. 159。關於這個問題更深入的討論，參見 Alastair Davidson，'Intellectuals'，收錄於 Gino Moliterno 編輯的《*Encyclopedia of Contemporary Italian Culture*》

(London: Routledge, 2000)。

68. 拉拉・普契（Lara Pucci）在評論雷納托・古圖索（Renato Guttuso）的作品時討論了這項創新倡議，Lara Pucci, '"Terra Italia": The Peasant Subject as Site of National and Socialist Identities in the Work of Renato Guttuso and Giuseppe De Santis', *Journal of the Warburg and Courtauld Institutes* 71 (2008), pp. 315–34。關於這些倡議我感謝普契提供了進一步的資訊。同時參見 Lucia Re, 'Realism and Italian Neorealism', *Calvino and the Age of Neorealism* (Palo Alto, CA: Stanford University Press，1990)。

69. 約翰・伯格，'Dear Enemy...', *Tribune*, 26 September 1952。這封信是諷刺的：「你們是在福利國家殺死藝術的人。你們是驕縱的工人只關心足球簽賭以及炸魚和薯條。你們是野蠻人對生活中高雅的事物漠不關心，使得大批畫家和藝術家在閣樓裡挨餓，在廣告公司腐化。至少，傳言是這麼說的。身為藝評家和畫家，我的養成教育已經讓我對你們感到絕望──你們這群惡棍。」這封信的自負語調並不成功。不過伯格在說出他所屬階層未明說的偏見──並且棄絕這些偏見──那份毫不尷尬的誠實至少部分程度上是值得讚揚。

70. 《繪畫人生》（*Drawn from Life*）於一九六一～二年在加拿大播出。可以在「英國電影協會」（BFI）觀看存檔的集數。多年後伯格會主持類似的實驗，對象是更為天真的觀眾，在《觀看的方式》節目中，他向一群學童展示格拉瓦喬《以馬忤斯的晚餐》（*Supper at Emmaus*）複製品。

71. 兩則引言都來自 'Notes on Broadcasting: Selling Millions the Idea of Culture (From Our Special Correspondent)', *The Times*，9 December

1961。文章作者引用了多麗絲・萊辛發表在《新政治家》的負面評論。萊辛在抨擊之後，顯然接受了「大批辱罵信件的洗禮」。《泰晤士報》敘述了這則故事，補充說：「這大體說明了伯格先生的地位，身為國家代表性人物，他理當獲得這樣的擁護。」

72. 伯格跟他許多同輩人有一點很重要的不同：儘管他的確對工人階層的文化懷抱強烈而感傷的同情，同時反感大眾娛樂「腐敗的小聰明」，他不會因此支持文化主義本身，他也不想看到民間傳統的回歸。伯格會拒斥 F・R・李維斯（F. R. Leavis）的信念；李維斯相信文化應該掌握在少數菁英的手裡。不過，如果是全然素樸的理解：文化不過是鄰里的風俗，伯格也會感到彆扭，雖然是在不同方面。伯格的人類學思路只走到這麼遠。他說，藝術是更大的社會力量的副產品，然而藝術是一種特別的副產品。藝術家既不是門外漢，也不是局外人；根據葛蘭西的說法，藝術家應該比較像是**代理人**。

73. John Berger, *Renato Guttuso* (Dresden: Verlag der Kunst, 1957)。

74. 在他最早亮相的電視節目中，與肯尼斯・克拉克同為來賓，伯格告訴克拉克古圖索的作品引發的大眾仰慕，敘述了農民複製他的畫掛在家裡、貼在獨輪手推車上的軼事。以他的話來說，古圖索的作品伯納德・貝倫森（Bernard Berenson）和西西里的農民都能欣賞。在某一場古圖索倫敦個展提供的文字資料中，伯格同樣說到了義大利鎮民在公共花藝布置上仿作了他的繪畫。需要去強調鄉土、大眾對作品的讚揚反映了伯格本身在評論上念茲在茲的想法。古圖索這位藝術家「深受立體主義和柯克西卡（Kokoschka，譯註：奧地利表現主義畫家）的影響，然而他也受到從來沒有聽過立體主義和柯克西卡的人們喜愛」。參見伯格，'Missing Example'。同時參見約翰・伯格和班

乃迪克・尼可森（Benedict Nicolson），'Guttuso: A Conversation', *New Statesman*, 19 March 1955。

75. 古圖索對農民的興趣很可能影響了伯格，引發他對農民的關注。這位義大利畫家談到「西西里的農民在我心中占據首要位置，因為我是他們的一員，無論我做什麼他們的面孔會來到我眼前，在義大利歷史上西西里農民是如此重要。」出自古圖索畫作的說明文字，*Occupazione delle terre incolte in Sicilia*，一九五〇年威尼斯雙年展。

76. 這是粗略翻譯自德文，Berger, *Renato Guttuso*, p. 7。

77. 卡爾維諾詳盡地闡釋：「『新寫實主義』不是一個流派……它是許多聲音集結起來，大部分聲音來自各個省分，多方面揭露了存在著不同的義大利，同時以及特別揭露了文學上最少探索到的各個義大利。缺少了這些多元、歧異的義大利（彼此互不認識，或者我們相信互不相識），並且缺少了這些形形色色的方言，以及文學語言發酵和模塑出來的具有各種當地色彩的義大利文，『新寫實主義』絕對不會存在。」伊塔羅・卡爾維諾，《蛛巢小徑》（*The Paths of the Spiders' Nests*, New York: Ecco Press, 2000 [1947]), p. 9

78. 引用於 Harrison, *Transition*, p. 12。

79. 或許「在地」的性質是指向經驗而不是種族，是伯格的信條能夠抵抗反動攻擊的方法，否則他很可能招致撻伐。就像「傳統」和「人民」，在地主義擁有政治上的延展性。強調在地有可能惡名昭彰地倒向民粹左翼，趨近社區精神和文化驕傲；也可能倒向民粹右翼，趨近仇外心理，端看使用在哪裡。近幾十年來，葛蘭西「國族大眾」的概念已經成為批評的對象，正是因為這些理由：它包含了趨近排他性的

潛在傾向。這樣的批判促成了兩項澄清。第一，伯格召喚在地主義永遠是在呼籲落地生根——深深埋入一個人環境裡的獨特細節——並且反對各種物化、種族主義或其他的，因為排他主義最常建立在這些基礎上。第二，伯格或葛蘭西的重點永遠是放在歷史上被國家計劃排除在外的地區如何整合。如同一位學者解釋的：「雖然義大利國家的形成是對立於想像中沒有文化的南方，葛蘭西主張，如果沒有把所有民眾的階級和團體整合進一個活性概念，讓他們認同自己是這個地方的人民，沒有任何建造國家的計畫會成功。因此這個概念承認歧異是國族－大眾的活性成分，抗拒種族純淨的想法（不意外的，因為葛蘭西本人是阿爾巴尼亞裔的薩丁島人）。」Steven Jones, *Antonio Gramsci* (London: Routledge, 2006), p. 38。

80. 出自〈Arts Programme〉，日期未知，保存在大英圖書館的約翰伯格檔案室，〈1950s Typescripts + MS〉。列舉的世界城市是伯格自一九五〇年代以來反世界主義書寫的固定修辭，例如：「當代藝術時尚在羅馬和在巴黎、東京、洛杉磯及倫敦是一樣的。」約翰‧伯格，'Italian Diary'，*New Statesman*, 2 August 1958。

81. 伯格繼續寫著：「形式主義藝術是壟斷資本主義摧毀了在地和各國文化之後的結果。因此抽象主義必然會成為『世界主義』藝術。不過美國主宰的世界主義藝術市場變得競爭越來越激烈。法國、義大利、日本、德國、西班牙、芬蘭、阿根廷和其他許多國家都以幾乎相同的商品互相競爭。所以任何一個國家都沒有足夠的銷售量來支撐國內大部分的藝術家。這是個反諷的處境，因為意味著成千上萬名畫家創作『官方』藝術，然而必須省吃儉用地過日子『彷彿他們實踐浪漫的反叛』。」出自保存在大英圖書館約翰伯格檔案室的文稿，歸檔於

〈1950s Typescripts and Misc〉。

82. 伯格，'The Unrecognised'。

83. 約翰‧伯格，'The Glut in Art', *New Statesman*, 7 August 1954。

84. 伯格，'Aunt and Arbiter'。伯格這裡引用的是批評家法蘭西斯‧華生（Francis Watson）一九三九年出版的書。

85. 「這些作品絕大多數不會比威尼斯雙年展的絕大多數當代作品濫情或缺少原創性。」他寫著，「格里菲斯先生也不會比那裡的主事者狹隘，那些人工作不力，卻百倍自以為了不起。」約翰‧伯格，'The Cosmopolitan and the Village Pump', *New Statesman*, 31 August 1954。

86. 伯格，'The Child, the Mystic, and the Landlady'。針對梵谷的問題，伯格的回應顯示了他的心態：「當時看起來可能很瘋狂，不過在看起來是清醒的之前，藝術會一直是奢侈交易或是嗜好，而少數藝術家（他們應該獲得更好待遇），會悲劇性地犧牲自己的性命奉獻給藝術。」

87. 約翰‧伯格，'The Impossible Student', *New Statesman*, 11 September 1954。

88. 在這方面的確擊中靶心，大衛‧席維斯特後來完全從貨幣價值的角度來評估伯格造成的「損害」：「他是非常強力的作家，而且是非常好的廣播主持人。」席維斯特說，「然而同時，像法蘭西斯‧培根這樣的畫家在這個國家賣不出任何一張畫。一九五〇年代培根的一幅畫在漢諾瓦畫廊（Hanover Gallery）的標準價格是三百或三百五十英鎊，而沒有人會購買。這是一位偉大的畫家，但是伯格太他媽地愚蠢所以看不出來。太過偏見、太過頑固、太過嚴苛。他也

太過單純和格式化。他不喜歡任何抽象藝術。真是個小丑！」引用於 Carl Freedman, 'About David Sylvester', *Frieze*, 9 September 1996。

89. 約翰·伯格，'Polish, German, Italian', *New Statesman*, 19 May 1956。

90. 喬治·歐威爾，《一九八四》（*1984*, London: Signet Classics, 1950），p. 267。這段引言早已獨立於小說廣泛流傳。

91. 約翰·伯格，'Fernand Léger and the Future', *New Statesman*, 18 December 1954。

92. 約翰·伯格，'Fernand Léger: A Modern Artist─I', *Marxism Today*, April 1963。

93. 同上。

94. 約翰·伯格，'L'Envoi for Léger', *New Statesman*, 27 August 1955。

95. 出自一九五五年「美術四重奏」（Beaux Arts Quartet）的展覽目錄，Heffer Gallery，劍橋。「應該要強調的是，他們自己從來就沒有任何意圖要組成團體，或是讓自己列名在任何特定派別之下……我們越深入研究這些年輕畫家，他們顯得越不一樣。」引用於 James Hyman, 'Derrick Greaves: Paintings and Drawings 1952–2002', James Hyman Gallery, London, 2003。

96. 哈里森和海曼都同意：「儘管約翰·伯格短暫支持了社會寫實主義，」哈里森寫道，「這個派別的主要代表人物約翰·布拉特比、傑克·史密斯、愛德華·米德迪奇和德里克·格里夫斯都沒有跟他一起信仰馬克思主義。一九五六年之後，除了布拉特比，其他人也對社會寫實主義失去了興趣。」Harrison, *Transition*, p. 14。

97. 派翠克·普羅克（Patrick Procktor）：「德里克·格里夫斯在『當

代青年』（Young Contemporaries）的會議上講過的話讓我發笑：
他向觀眾承認，『我是青少年時期的社會寫實主義者』。」引用於
Harrison, *Transition*, p. 72。

98. 約翰‧伯格，'Gods and Critics', *New Statesman*, 5 June 1959。

99. 約翰‧布拉特比，'Painting in the Fifties'，出自 *The Forgotten Fifties*,
p.46。

100. 導言的開頭：「在這場展覽中的十七位畫家中，沒有一個人為別人說
話，就像他不會為別人繪畫。原則上他們的個人主義跟他們崇敬的
齊克果宗教的個人主義同樣不妥協。對他們而言，跟約翰‧鄧恩說
的相反，每個人都是一座島嶼。」Alfred H. Barr, Jr, 'Introduction',
in *The New American Painting as Shown in Eight European Countries
1958–1959*, Museum of Modern Art, 1959。

101. 大衛‧席維斯特，'A New-Found Land'，出自 *Vision: 50 Years of
British Creativity* (London: Thames & Hudson, 1999), p. 21。

102. 「純粹就它們本身來說，這些被劃破、抓刮、顏料滴上去、暴力侵
犯的畫布不值得認真看待。令人困擾的是，好多聰明、有才氣的人
的確認真看待它們。」約翰‧伯格，'The Battle', *New Statesman*, 21
January 1956。

103. 同上。多年後伯格會重複這樣的分析，儘管異乎尋常的，語氣比較傷
感和同情：「一項藝術的自殺是個奇怪的想法。然而我不得不由此
開始，如果我要談論傑克森‧波拉克和他妻子——畫家李‧克拉斯
納（Lee Krasner）——的故事。」約翰‧伯格，'A Kind of Sharing'
(1989)，收錄於傑夫‧戴爾編輯的《約翰‧伯格選集》（*The Selected
Essays of John Berger*, New York: Pantheon, 2001），p. 527。

104. 約翰・伯格，'Robbed', *New Statesman*, 28 February 1959.。

105. 伯格，〈退場和信條〉（Exit and Credo）。

106. 同上。

107. 約 翰・ 伯 格，'Wanted-Critics', *Universities and Left Review* 1: 2 (Summer 1957)。

108. 同上。

2. 獻身的危機

1. 約翰・高丁，'A Lost Opportunity', *New Statesman*, 8 December 1956。才過了三年，高丁就出版了專著《*Cubism: A History and an Analysis 1907–1914*》(London: Faber & Faber, 1959)，是伯格書寫「立體主義」運動的重要參考。

2. 高丁，'A Lost Opportunity'。

3. 約翰・伯格，'Correspondence: Death of a Hero', *New Statesman*, 15 December 1956。

4. 菲利普・湯恩比，'Correspondence: Death of a Hero', *New Statesman*, 22 December 1956。

5. 「儘管幾乎所有社會主義者似乎都同意譴責蘇聯干預匈牙利，認為那是錯誤的，在道德上無法辯白。」一九五七年一月的《新政治家》有一篇文章寫著，「匈牙利最近的事件讓左翼社會主義者面對了極為艱難的判斷問題，也是真實的困境。這不只是因為仍然非常困難確定事實的真相，也因為就目前所知的事實，得不到簡單的解釋。」G. D. H. Cole, 'Reflections on Hungary', *New Statesman*, 12 January

1957。

6. 約翰・威雷特，'Correspondence: Death of a Hero', *New Statesman*, 5 January 1957。

7. 霍布斯邦寫道：「很難重建的不只是那個創傷年的心情，還有記憶，經歷一連串較小的危機，終於來到駭人的高潮，蘇聯軍隊重新征服匈牙利，之後經歷好幾個月命定和激烈的爭執，支支吾吾、死纏爛打，最終是筋疲力竭的挫敗⋯⋯即使是在實質上半個世紀之後，我的喉嚨都會緊縮，當我回想那幾乎無法忍受的緊張，我們就在那種情況下過了一個月又一個月；無止境的決定時刻，關於要說什麼和做什麼，而我們未來的生活似乎得仰賴於此；朋友現在緊緊黏在一起或是彼此怨懟宛如寇讎；那種踉蹌的感覺，不願意但是無可挽回的滑下碎石坡朝著致命的岩石表面⋯⋯或許最簡單的說法是，超過一年時間，英國共產黨員活在政治上等同於集體神經崩潰的邊緣。」艾瑞克・霍布斯邦，*Interesting Times: A Twentieth-Century Life* (New York: Pantheon, 2007), pp. 205–6。

8. 約翰・伯格，'Correspondence: Death of a Hero', *New Statesman*, 12 January 1957 。

9. 斯圖亞特・霍爾，'Life and Times of the First New Left', *New Left Review* II/61 (January–February 2010)。

10. 同上。

11. 阿諾・維斯克，*Chicken Soup With Barley* (London: Methuen Drama, 2011), pp. 71、74。

12. 約翰・伯格，*Here Is Where We Meet* (New York: Vintage, 2005), p. 86。

13. 珍妮・柏克，'Raising Hell and Telling Stories'，約翰・伯格訪問稿，*Art Monthly* 124 (1989)。

14. 引用於霍布斯邦，*Interesting Times*, p. 205。這段引言來自維斯克，*Chicken Soup with Barley*。

15. 約翰・伯格，《我們這個時代的畫家》後記。'Afterword' (1988) in *A Painter of Our Time* (New York: Vintage, 1996 [1958]), p. 198。

16. 同上。

17. 伯格，《我們這個時代的畫家》，p. 23。

18. 同上，p.36。

19. 安東尼・布蘭特也是佩里的仰慕者。在一九七〇年的一份展覽目錄中，布蘭特寫著：佩里「已經通過構成主義的嚴苛訓練，他知曉所有最先進學派必須提供的，但是他決定創造不應該只是吸引有限而且知性上勢利的一群人的藝術……不過最終他因挫折感而痛苦。」引用於 Lynda Morris, 'Realism: The Thirties Argument', *Art Monthly* 35 (April 1980), p.7。關於佩里的作品和生平深入的探討參見 Mathew Palmer, 'Peter Peri (1898–1967)—An Artist of Our Time?', *Eger Journal of English Studies* X (2010)；Paul Stirton, 'Frederick Antal and Peter Peri: Art, Scholarship and Social Purpose', *Visual Culture in Britain* 13: 2 (2012)。兩篇文章都借用了伯格的小說來討論佩里的傳記。

20. Eleanor Wachtel, 'An Interview with John Berger', *Brick:A Literary Journal* 53 (Winter 1996), p. 35。伯格繼續說：「在我寫一本小說關於一位虛構的畫家時，這次是說故事，實際上並不是什麼轉移。我想只是一種發展。」

21. 引用於戈登‧強斯頓（Gordon Johnston）, 'Writing and Publishing the Cold War: John Berger and Secker & Warburg', *Twentieth Century British History* 12: 4 (2001), pp. 432–60。強斯頓研究了「塞克與沃伯格出版社」的檔案，以此為基礎，詳盡敘述了這部小說的出版歷史。

22. 伯格，《我們這個時代的畫家》，p. 132。

23. 同上，p.165。

24. 這裡有個例子：「六月十八：……畫布來了，不過還沒有付錢。我想要畫作看起來是鮮活的、是不費力的，像是前門未乾的新漆。／六月二十：慾望，像葉子被吹走了。／六月二十一：從馬克思那裡借了二十英鎊。」同上，p.127。

25. 同上，p.134。

26. 傑曼‧布里（Germaine Bree）關於沙特的書寫正好適用於拉文：「沙特把情感和想像力都投入到抽象概念裡。對他來說這些抽象概念擁有具體和自主的擬人化形狀，並且相互之間發生衝突。它們宛若雨果筆下的人物，龐大力量的對決永遠是為了封印人類的命運。」傑曼‧布里，*Camus and Sartre: Crisis and Commitment* (New York: Delacorte, 1972), p. 109。

27. 伯格，《我們這個時代的畫家》，pp. 17–18。

28. 關於這種鏡像效果，伊塔羅‧卡爾維諾提供了非常迷人的分析：「哲學與文學是對陣交戰的敵手。哲學家的眼睛看穿這個世界的不透明，消除其中的血肉，把現存事物的多樣性簡化為一張蜘蛛網，呈現普遍概念之間的關係，同時固定規則。根據這些規則，棋盤上移動的有限棋子窮盡了可能數目無限的組合。然後作家上場，以國王、皇后、騎

士和城堡取代了抽象的棋子，全部都有名字、特定形狀，以及一系列屬性……因此在這個時候遊戲規則被顛覆了，揭露的事物次序跟哲學家的次序截然不同。或者，恰好相反，又是哲學家再度發現新的遊戲規則，他們衝回來演示作家的這番操作可以簡化為他們先前其中一項操作的規則，而且特定的城堡和主教只不過是偽裝的普遍概念。」伊塔羅・卡爾維諾，*The Uses of Literature: Essays* (New York: Harcourt Brace, 1982)，pp. 39–40。

29. 詹明信（Fredric Jameson），*Sartre: Origins of Style* (New York: Columbia University Press, 1984), p. 2。

30. 伯格，《我們這個時代的畫家》，p. 102。

31. 同上，p.146。

32. 有一份特別有用的摘要，與伯格的小說同一年出版，參見 George Steiner，'Marxism and the Literary Critic'，出自 *Language and Silence: Essays 1958–1966* (New York: Atheneum, 1967)。

33. 約翰・伯格，'Frederic Antal – A Personal Tribute', *Burlington Magazine* 96: 617 (August 1954)。

34. 約翰・伯格，'Courbet's Art and Politics', *New Statesman*, 30 May 1953。

35. 約翰・伯格，'Dusk and Dawn', *New Statesman*, 31 March 1956。

36. 安德魯・福吉，'In Times of Sickness' (review of *Permanent Red*), *Spectator*, 28 October 1960。

37. 恩斯特・費希爾（Ernst Fischer）巧妙地總結了這兩個詞彙：「藝術是必需的，為了讓人們能夠辨識和改變世界。不過藝術也是必需的，因為藝術與生俱來的神奇。」

38. 伯格，《我們這個時代的作家》，p.148。

39. 同上，p.142。

40. 同上，p.92。

41. 同上，p.85。

42. 同上，p.133。

43. 約翰・伯格，'Vincent, Their Vincent', *New Statesman*, 20 April 1957。

44. 朱利安・巴恩斯（Julian Barnes），'Selfie with Sunflowers', *London Review of Books*, 30 July 2015。

45. 伯格，《我們這個時代的畫家》，p.76。

46. 同上，p.17。

47. 同上，p.23。

48. 同上，p.24。

49. 約翰・伯格，'Peter Peri' (1968)，收錄於傑夫・戴爾編輯的《約翰・伯格選集》（*The Selected Essays of John Berger*, New York: Pantheon, 2001），p. 172。

50. 伯格，《我們這個時代的畫家》，p.100。

51. 「那些時刻——如果我講述得夠好——會加入我並不認識的人們活過的無數時刻。」約翰・伯格，'Mother' (1986)，收錄於《*Selected Essays*》，p. 493。

52. 雷蒙・威廉斯（Raymond Williams），'Realism and the Contemporary Novel', *Universities and Left Review*, Summer 1958。

53. 同上。

54. 約翰・伯格，'The Prague Student', *New Society*, 13 February 1969。

55. 史蒂芬・史賓德（Stephen Spender），'Mixing Politics with Paint', *Observer*, 9 November 1958。

56. 阿諾德・凱托（Arnold Kettle），'A Painter of Our Time', *Labour Monthly*, March 1959。

57. 保羅・伊格諾塔斯（Paul Ignotus），'Fiddler of Our Time', *Encounter*, February 1959。

58. 同上。

3. 藝術與革命

1. 培里・安德森（Perry Anderson）寫著：「進入五〇年代之後，兩個問題主宰了社會主義在英國的鬥爭：「富足」和「冷戰」。這兩項議題提供了我們這個時代歐洲社會主義運動最深刻的經驗。」培里・安德森，'The Left in the Fifties', *New Left Review* I/29 (January–February 1965)。好幾本歷史著作呼應了這項分析。落在光譜不同的位置上從自由派到左派，參見東尼・賈德（Tony Judt），《戰後歐洲六十年：進入旋風 1945~1953》（*Postwar: A History of Europe Since 1945*, New York: Penguin, 2005）；唐納・薩松（Donald Sassoon），《歐洲社會主義百年史》（*One Hundred Years of Socialism: The West European Left in the Twentieth Century*, New York: New Press, 1996）；傑夫・埃萊（Geoff Eley），*Forging Democracy: The History of the Left in Europe 1850–2000*（Oxford: Oxford University Press, 2002）；艾瑞克・霍布斯邦（Eric Hobsbawm），《極端的年代》（*The Age of Extremes: A History of the World, 1914–1991*, New York: Vintage, 1994）。

2. 金斯利・艾米斯（Kingsley Amis），*Socialism and the Intellectuals*

(London: Fabian Society, 1957)；安東尼・克羅斯蘭（Anthony Crosland），*The Future of Socialism* (London: Jonathan Cape, 1956)。

3. 約翰・伯格，'Exit and Credo?', *New Statesman*, 29 September 1956。

4. 約翰・伯格，'Staying Socialist', *New Statesman*, 31 October 1959。

5. 同上。

6. 約翰，伯格，'The Banale', *New Statesman*, 16 August 1958。

7. 約翰・伯格，'The White Cell', *New Statesman*, 22 November 1958。

8. 約翰・伯格，'Only Connect—II', *New Statesman* 27 February 1960。

9. 海因里西・沃夫林（Heinrich Wölfflin），《藝術史的原則》（*Principles of Art History*, Mineola, NY: Dover, 1950 [1915]），pp. 154, 11。

10. 這句引言是他最後一篇關於立體主義的知性散文的開篇引言。引用於傑夫・戴爾編輯的《約翰・伯格選集》（*The Selected Essays of John Berger*, New York: Pantheon, 2001），p. 71。

11. 約翰・伯格，'Masters and Decadents', *New Statesman*, 26 July 1952。

12. 約翰・伯格，'The Necessity of Uncertainty', *Marxist Quarterly* 3: 3 (July 1956)。

13. 同上。

14. 同上。

15. 同上。

16. 雷・華金森（Ray Watkinson），'Discussion: The Necessity of Uncertainty', *Marxist Quarterly* 3: 4 (October 1956)。

17. A. M. D., 'Discussion: The Necessity of Uncertainty',

Marxist Quarterly 3: 4 (October 1956)。這名作者只以姓名的字首署名。「主張一名藝術家在黨內擁有特殊位置，就是讓他在階級社會中的地位永垂不朽。事實上，請求這樣的特許狀本身就是階級觀點的症狀——偏袒和隔離這位藝術家和那位藝術家。」另一位作者化名波利比烏斯（Polybius，譯註：古希臘歷史學家）指出，「絕對不能允許不確定的概念墮落為任意或草率以及折衷的接受新風格。」

18. 我引用的是英譯：V.Ivasheva（伊凡謝瓦），'Revisionism of Marxism in Britain'，譯者 Dorli Meek, *The New Reasoner* 7 (Winter 1958)。伊凡謝瓦是莫斯科國立大學的英國文學教授。我感謝凱特琳娜‧克拉克（Katerina Clark）指點我這件事。

19. 同上。

20. 引用於 Alex Zverdling, *Orwell and the Left* (New Haven, CT: Yale University Press, 1974), p. 11。

21. 約翰‧伯格，'A Jerome of Photography', *Harpers*, December 2005。

22. 'John Berger's Reply', *Marxist Quarterly* 3: 4 (October 1956)。

23. 第一期的社論：「覺得資本主義社會的價值破產了、覺得養肥這個系統的社會不平等侮辱了個人潛能的那些人，得要面對一道問題，比先前擺在他們面前的任何問題都要錯綜複雜和困難……那問題就是如何改變當代社會，讓它比較民主和平等，還有如何防止它退化成極權主義。」Stuart Hall、Gabriel Pearson、Ralph Samuel、Charles Taylor, 'Editorial', *Universities and Left Review* 1: 1 (Spring 1957)。

24. 引用於約翰‧伯格，'The Star of Cubism', *New Statesman*, 1 March 1958。

25. 同上。這是伯格最愛的引言之一，在他的作品中反覆出現。

26. 同上。

27. 同上。

28. 布蘭登・泰勒（Brandon Taylor），'Demystifying Picasso', *Art Monthly*, no. 42（1 November 1980）。在這篇令人獲益良多的知性散文中，泰勒評論了伯格重新發行的關於畢卡索的專著，以及麥克斯・拉斐爾的著作《*Proudhon, Marx, Picasso*》的新譯本。

29. 約翰・伯格，'Controlling the Spin', *New Statesman*, 27 December 1958。

30. 同上。

31. 安德魯・福吉（Andrew Forge），'In Times of Sickness', *Spectator*, 28 October 1960。

32. 約翰・伯格，'A Dialectical Masterpiece', *New Statesman*, 21 February 1959。

33. 約翰・伯格，'Italian Diary', *New Statesman*, 2 August 1958。

34. 伯格，'Only Connect—II'。

35. 這張短信在《寇克的自由》校對稿中找到，與作者分享。這封信日期是一九六三年十二月二十三日，寫給「威爾森先生」，推測是安格斯・威爾森（Angus Wilson）

36. 關於巴斯塔克的生平和成就的概述，參見 Tom Overton, 'Life in the Margins', *Frieze*, 27 February 2017；Sonia Lambert, 'Anya Berger obituary', *Guardian*, 6 March 2018。

37. 詹明信提到克里斯多福・考威爾（Christopher Caudwell）和恩斯特・費希爾盤踞了一種**遺傳**的馬克思主義批評傳統：「於是實踐的批評具有相對上缺乏理論、實質上說教的性質，注定在夜校比在研

究生研討會更有用，如果我可以這麼說的話。」Fredric Jameson, *Marxism and Form* (Princeton, NJ: Princeton University Press, 1971), p. ix。

38. 大衛・考特（David Caute）描述這場關於卡夫卡的會議是布拉格之春的「踏腳石」。引用自 David Caute, *Politics and the Novel During the Cold War* (London: Transaction, 2010), p. 238。

39. 同上，p.236。

40. 約翰・伯格，'Problems of Socialist Art', *Labour Monthly*, March–April 1961。

41. 同上。

42. 同上。

43. 約翰・伯格，*Art and Revolution: Ernst Neizvestny and the Role of the Artist in the USSR* (New York: Pantheon, 1969), pp. 51–2。

44. 引用於 Ernst Fischer, *The Necessity of Art* (London: Verso, 2010), p. 131。

45. 莫里斯・梅洛－龐蒂（Maurice Merleau-Ponty），'Indirect Language and the Voices of Silence' (1952)，收於 Galen A. Johnson 編輯的 *The Merleau-Ponty Aesthetics Reader* (Evanston, IL: Northwestern University Press, 1993), p. 114。

46. 史丹利・米契爾（Stanley Mitchell），'Marxism and Art', *New Left Review* I/23 (January–February 1964)。

47. 伯格，'Staying Socialist'。

48. 我從大衛・布羅姆維奇以及他分析一七九〇年代華茲華斯的詩得到靈感。關於華茲華斯的思想中童年和革命之間的奇特省略，布羅姆

維奇寫著：「在他的看法裡這些不同的時刻從來不是相隔遙遠，而且我們慢慢明白了，關於革命華茲華斯無法這麼說的，他往往會同意用來說他的童年；同時關於童年他無法這麼說的，他會用來說革命。」David Bromwich, *Disowned by Memory: Wordsworth's Poetry of the 1790s* (Chicago: University of Chicago Press, 1998), p. 2。

49. Edwin Mullins, 'Politico as Critic', *Listener*, 4 November 1966。

50. 約翰‧伯格，'Picasso'(1954–55)，收錄於戴爾編輯的《*Selected Essays*》，p.31。

51. 這樣的比較顯然有爭議，能夠引發引發無止盡的藝術—歷史的論辯。奇特的是，詩人艾希伯里（John Ashbery）大致上同意伯格（參見 John Ashbery, 'The Art', *New York Magazine*, 12 May 1980）。同樣奇特的是，關於這項比較我找到的最有先見之明的駁斥來自一篇除此之外是讚美的書評，作者是艾倫‧瓦拉赫（Alan Wallach，當時是名研究生，後來成為知名教授）。瓦拉赫寫著，關於安傑利科修士，伯格的說法「的確沒錯……儘管應該指出的是，即使在伯格闡釋的例子中，安傑利科修士從來沒有在他的畫作中完全理解文藝復興的發現。再說，《有藤椅的靜物》……並不像伯格所相信的那麼脫離創作者的氣質。這幅拼貼瀰漫著對表象的質疑，同時藤椅不是真實的藤椅，而是一塊油布上面印著藤編的圖案，而且有人提出來……用來做為拼貼外框的繩子是雙關語，影射用於古董藝術上雕刻的麻花圖案。整件作品的戲謔性以顯眼的位於藤椅油布頂端的一個字「JOU」（譯註：報紙的法文「journal」前三個字母，同時是雙關語，影射了遊戲的法文「jeu」和「jouer」）總結。」據此，瓦拉赫精確地指出了關於立體主義伯格究竟忽略了什麼，以及他後來關於後現代主義厭惡而退避

的是什麼：那就是俏皮的雙關語和戲謔性。儘管有疑慮，瓦勒赫稱讚這本書「迄今關於畢卡索最有力的專著」。Alan Wallach, 'A Critical Re-evaluation of Pablo Picasso's Art', *Columbia Daily Spectator*, 10 May 1967。

52. 約翰·伯格，*The Success and Failure of Picasso* (New York: Pantheon, 1989), p. 70。

53. 同上。

54. 同上。

55. 克拉克拓展了這個想法：「社會主義占據了真實的領地，在那裡，現代性可以描述也可以反對，但是在當時這樣的占領已經被視為（整體來說是正確的）妥協——與它聲稱痛恨的東西共謀。這不是用來當作藉口，寬宥絕大多數現代主義占據**不**真實領地，是多麼細薄和尖屬。本來可以有（也應該有）另一種想像，裡頭有比較多世界上真實的事物。然而我要說的是，現代主義的無重量和極端是有原因的，而主要原因其中之一是反感，來自勞工階級運動的中庸克制，來自它完善了一種極端主義的修辭，結果培養了越多的噴火龍，同時越是趨於標準化，就讓運動在議會民主的道路上陷得越深。」T. J. Clark, *Farewell to an Idea* (New Haven, CT: Yale University Press, 2001), p. 9。

56. 布蘭登·泰勒（Brandon Taylor），'Demystifying Picasso', *Art Monthly*, 1980。我感謝泰勒的論文闡明了拉斐爾和伯格的連結。

57. 伯格，*Success and Failure of Picasso*, p. 56。

58. 約翰·伯格，'Painting a Landscape' (1966)，收錄於戴爾編輯的《*Selected Essays*》，p. 213。

59. 德·法蘭西亞繼續說明：「主要的立體派畫家幾乎不怎麼談論自己的

理念或目標。與之後一九二〇年代氾濫的宣言和聲明相比，立體主義缺少了意圖的宣告。布拉克、萊熱和畢卡索的緘默是因為確確實實不確定自己作品的終極意涵。」Peter de Francia, *Fernand Léger* (New Haven, CT: Yale University Press, 1983), p. 7。

60. Jean Grondin, 'Reification from Lukács to Habermas', 收錄於 Tom Rockmore 編輯的《*Lukács Today: Essays in Marxist Philosophy*》(Dordrecht: D. Reidel, 1988), p. 88。

61. 喬治・盧卡奇，《歷史和階級意識》，*History and Class Consciousness: Studies in Marxist Dialectics*，譯者：Rodney Livingstone (Cambridge, MA: MIT Press, 1968 [1923]), p. 180。

62. 同上，p.181。

63. 約翰・伯格，'The Historical Function of the Museum' (1966)，收錄於 Dyer 編輯的《*Selected Essays*》p. 95。注意，標題奇特地呼應了盧卡奇和他的論文〈The Changing Function of Historical Materialism〉。伯格的太太那時候正在翻譯盧卡奇的作品。

64. 伯格，*Success and Failure of Picasso*, p. 67。

65. 同上。

66. 引用於伯格，'The Sight of Man' (1970)，收錄於 戴爾編輯的《*Selected Essays*》，p. 228。

67. 麥可・波倫，《改變你的心智：用啟靈藥物新科學探索意識運作、治療上癮及憂鬱、面對死亡與看見超脫》。Michael Pollan, *How to Change Your Mind: What the New Science of Psychedelics Teaches Us about Consciousness, Dying, Addiction, Depression, and Transcendence* (New York: Penguin, 2018), pp. 131, 134。波倫引用洪堡德

（Humboldt）：「一切事物都是*互動和互惠*的……我本人與自然合而為一。」

68. 盧卡奇，*History and Class Consciousness*, p. 204。

69. 約翰・伯格，〈立體主義的時刻〉。'The Moment of Cubism', *New Left Review* I/42（March–April 1967）。

70. 約翰・伯格，'Field' (1971)，收錄於戴爾編輯的《*Selected Essays*》，p. 354。

71. 同上。

72. 伯格，'Moment of Cubism'。

73. 同上。

74. 約翰・伯格，*A Painter of Our Time* (New York: Vintage, 1996 [1958])，p. 102。

75. 回顧起來，我們可以看到從一九六〇年代晚期之後重新檢驗馬克思主義是沿著兩條基本軸線移動。第一條是重新思索文化和權力認同之間的關係。第二條是重新思索過去與現在的關係。就是在這裡伯格與盧卡奇如此顯著的分道揚鑣。跟黑格爾一樣，盧卡奇傾向於把歷史看成是一連串各自獨立的時期。

76. 約翰・伯格，'Walter Benjamin' (1970)，收錄於戴爾編輯的《*Selected Essays*》，p. 190。

77. 史丹利・米契爾（Stanley Mitchell），'Introduction to Benjamin and Brecht', *New Left Review* I/77（January–February 1973）。

78. 約翰・伯格，'Past Seen from a Possible Future' (1970)，收錄於戴爾編輯的《*Selected Essays*》, pp. 239–40。

79. 伊芙・可索夫斯基・賽菊寇，*Touching Feeling: Affect, Pedagogy,*

Performativity (Durham, NC: Duke University Press, 2003), p. 124。

80. 伯格，'Moment of Cubism'。

81. 約翰・伯格，'Lost Prophets', *New Society*, 6 March 1975。

82. 約翰・伯格，'Between Two Colmars' (1973)，收錄於戴爾編輯的《*Selected Essays*》，p. 325。

83. 伯格，'Moment of Cubism'。

84. 同上

4. 分裂的忠誠

1. 這段史實根據的是伯格、摩爾和譚納的採訪，以及其他文章。最近的歷史，參見 Gavin Francis, 'John Berger's *A Fortunate Man*: A Masterpiece of Witness', *Guardian*, 7 February 2015。

2. 約翰・伯格，'Words and Images', *Typographica* 11 (June 1965)。

3. 引用於 Paul Ferris, *Sir Huge: The Life of Huw Wheldon* (London: Michael Joseph, 1990), p. 214。

4. 休・威爾頓（Huw Wheldon），*Monitor: An Anthology* (London: Macdonald, 1962), p. 9。

5. 休・威爾頓，'Television and the Arts', *Listener*, 18 February 1965。改寫自 BBC 'Lunch-time Lectures', third series。

6. 同上。

7. 針對他們的關係和對立，深入的探究參見 Jonathan Conlin, '"An Irresponsible Flow of Images": Berger, Clark, and the Art of

Television, 1958–1988', 收錄於 Ralf Hertel 和 David Malcolm 編輯的 *On John Berger: Telling Stories* (Leiden: Brill, 2016), pp. 269–92。

8. 約翰‧伯格, *Ways of Seeing* (London: Penguin/BBC, 1972), p. 26。

9. 拉札洛‧莫霍利－納吉, *Painting Photography Film* (London: Lund Humphries, 1969 [1925]), p. 45。

10. 引用於約翰‧伯格, 'Cameras and Lies', *New Statesman*, 24 July 1954。

11. 同上。

12. 同上。

13. 約翰‧伯格, 'Painting—or Photography?', *Observer*, 24 February 1963。

14. 同上。

15. 引用於 Harold Evans, *Pictures on a Page: Photojournalism and Picture Editing* (Belmont, CA: Wadsworth, 1978), p. 255。

16. 引用於 Rick Poynor, *Typographica* (New York: Princeton Architectural Press), p. 80。

17. 伯格, 'Words and Images'。

18. 同上。

19. 圖像和文本，伯格寫著，「呈現了蛻變這個主題（風景變化成肉體、男性變女性，以及反過來）的兩種變體（各自牽涉到不同的訓練和媒介）。這樣的蛻變本身呈現出被看見的過程中不可或缺的變體。至少在一個層面上，作品的題材是**景象**。」同上。

20. 同上。

21. 約翰‧伯格和尚‧摩爾, *A Fortunate Man* (New York: Pantheon, 1967), pp. 12–13。

22. 同上，pp.14–15。

23. 同上，p.19。

24. 同上，p.78

25. 約翰・伯格，'Uses of Photography' (1978)，收錄於戴爾編輯的《*The Selected Essays of John Berger*》(New York: Pantheon, 2001), p. 293。

26. 伯格和摩爾，*A Fortunate Man*, p. 64。

27. 同上，p.57。

28. 同上。

29. Clive Scott，*The Spoken Image: Photography and Language* (London: Reaktion, 1999), p. 259。強調的部分是原文。

30. 伯格和摩爾，*A Fortunate Man*, p. 113。

31. 同上，p.133。

32. Michael Sale, 'Review of *A Fortunate Man*'，*Journal of Medical Ethics* 4: 3 (September 1978)。

33. 弗朗茲・法農（Frantz Fanon），'Letter to the Resident Minister' (1956), 出自 Fanon, *Towards the African Revolution: Political Essays* (New York: Grove, 1964), p. 53。

34. 伯格和摩爾，*A Fortunate Man*, p. 166。

35. 同上，p.167

36. 同上。

37. Tom Maschler, 'A Valuable Life', *Guardian*, 28 April 1967。

38. 菲利普・湯恩比（Philip Toynbee），'Review of *A Fortunate Man*', *Observer*, 30 April 1967 。

39. 來自 BBC 廣播節目《幸運者》（*A Fortunate Man*），與書的發行同

時。保存在「英國電影協會」（BFI）的檔案裡。

40. 參見 Phil Rosen, 'Document and Documentary: On the Persistence of Historical Concepts', *Change Mummified: Cinema, History, Theory* (Minneapolis: Minnesota University Press, 2001), pp. 225–64；Brian Winston, 'The Tradition of the Victim in Griersonian Documentary'，收錄於 Alan Rosenthal 編輯的《*New Challenges for Documentary*》(Berkeley, CA: University of California Press, 1988), pp. 269–87。

41. Bill Nichols, *Representing Reality: Issues and Concepts in Documentary* (Bloomington, IN: Indiana University Press, 1991)。

42. 約翰‧伯格，'Look at Britain!', *Sight and Sound* 21: 1 (1957)。

43. Roland Barthes, *Camera Lucida: Reflections on Photography* (New York: Hill & Wang, 1981), p. 3。

44. 這裡應該要注意的是，艾斯凱爾一直到最後都珍惜伯格的友誼。就在他過世前幾年，他向共同的朋友荷蘭畫家弗瑞索‧田‧侯特（Friso Ten Holt）描述伯格是「我認識的最親愛和最善心的人」，並且坦承「沒有他和安雅（Anya，譯註：即伯格的妻子安娜，安雅是安娜的俄語親密叫法）的愛和他給我的認可，我無法存活」。出自大英圖書館保存的通信。

45. 希斯發表這番評論是二〇〇五年倫敦褒揚伯格的盛會的一部分。此後出現在無數文章中。

46. Gene Feder, '*A Fortunate Man*: Still the Most Important Book about General Practice Ever Written', *British Journal of General Practice* 55: 512 (March 2005)。

47. George A. Silver, MD, 'Story of a Country Doctor', *Nation*, 4 September 1967。

48. 巴特，《明室》（*Camera Lucida*），p. 4。

49. 愛德華多・加萊亞諾（Eduardo Galeano），*Open Veins of Latin America* (New York: Monthly Review Press, 1997 [1971]), p. 1。

50. 詹明信（Fredric Jameson），*Marxism and Form* (Princeton, NJ: Princeton University Press, 1971), p. xviii。

51. 伯格，'Words and Images'。

52. 伯格和摩爾，*A Fortunate Man*, p. 110。

53. 約翰・伯格，*The Success and Failure of Picasso* (New York: Pantheon, 1989), p. 206。

54. 約翰・伯格，'Directions in Hell', *New Left Review* I/87–88 (September–December 1974)。

55. 約翰・伯格和尚・摩爾，*A Seventh Man* (New York: Verso, 2010 [1975]), p. 11。

56. 蘇珊・桑塔格（SusanSontag），《論攝影》（*On Photography*, NewYork:Picador, 2001[1977]），p.17。

57. 同上，p.2。

58. 伯格，'Uses of Photography'。

59. 同上。

60. 約翰・伯格，'Ev'ry Time We Say Goodbye' (1990)，收錄於戴爾編輯《*Selected Essays*》，p. 482。

61. Cesare Zavattini, 'Some Ideas on the Cinema', *Sight and Sound* 23: 2 (October–December 1953)。

62. 引用於 Jacques Aumont, *Montage Eisenstein* (Bloomington, IN: Indiana University Press, 1987), p. 146。

63. 約翰・伯格，'Alexander Herzen'，出自 *The Look of Things:Essays* (New York: Viking, 1971), p. 85。

64. 關於新左派內部許多傾向的分析，參見 Dennis Dworkin, *Cultural Marxism in Postwar Britain: History, the New Left, and the Origins of Cultural Studies* (Durham, NC: Duke University Press, 1997)，其中的篇章：'Socialism at Full Stretch' 以及 'Between Structuralism and Humanism'。

65. 安東尼・巴奈特（Anthony Barnett），'Raymond Williams and Marxism: A Rejoinder to Terry Eagleton', *New Left Review* I/99 (September–October 1976)。關於英國馬克思主義者圈內大辯論（巴奈特的文章即屬之）的討論，參見 Martin Jay, *Songs of Experience: Modern American and European Variations on a Universal Theme* (Berkeley, CA: University of California Press, 2005), pp. 199–215。

66. Fredric Jameson, 'Third-World Literature in the Era of Multi-national Capitalism', *Social Text* 15 (Autumn 1986)。

67. 引用於 Noah Isenberg, 'Fatih Akin's Cinema of Intersections', *Film Quarterly* 64: 4 (Summer 2011)。

68. 通信保存在大英圖書館的約翰伯格檔案室。

69. 約翰・伯格和尚・摩爾，《另一種影像敘事》（*Another Way of Telling*，New York: Vintage, 1995)。

70. 同上，p.133。

71. 同上。

72. 約翰‧伯格，《班托的素描簿》（*Bento's Sketchboo*, London: Verso, 2011），p. 5。

5. 致敬現代主義

1. 約翰‧伯格，*G.* (New York: Vintage, 1991 [1972]), p. 289。

2. 關於當晚的詳細重建，以及為重建進行的檔案研究的梗概，參見湯姆‧歐佛頓（Tom Overton），'"As If It Were The Only One": The Story of John Berger's Booker Prize for *G.*'，收錄於 Ralf Hertel 和 David Malcolm 編輯的《*On John Berger: Telling Stories*》(Leiden: Brill, 2016), pp. 189–211。

3. 約翰‧伯格，'Speech on Accepting the Booker Prize for Fiction' (1972)，收錄於戴爾編輯的《*The Selected Essays of John Berger*》(New York: Pantheon, 2001), pp. 253–5。

4. 同上，p.253

5. 言辭的交鋒引用自歐佛頓（Overton），'"As If It Were The Only One"', p. 193。儘管歐佛頓提到的是麥克斯‧格布勒，很可能這裡說的劇作家實際上是恩斯特‧格布勒（Ernest Gebler）。

6. 伯格，'Speech on Accepting the Booker Prize', pp. 254–5。

7. 伯格，*G.*，p. 127。

8. 約翰‧伯格，'Writing a Love Scene', *New Society*, 28 November 1968。

9. 伯格，*G.*，p. 115。

10. 參見 Allison Pease，*Modernism, Mass Culture, and the Aesthetics of Obscenity*

(Cambridge: Cambridge University Press, 2000)。

11.　引用於 Theo Richmond, 'Berger's Bet on Freedom', *Guardian*, 4 October 1971。

12.　David Caute，'What We Might Be and What We Are', *Times Literary Supplement*, 9 June 1972。

13.　約翰・伯格，'The First and Last Recipe: *Ulysses*' (1991), Dyer, ed., *Selected Essays*, p. 467。

14.　同上，p.469。

15.　艾力克斯・丹切夫（Alex Danchev），*Cézanne: A Life* (New York: Pantheon, 2012), p. 340。

16.　伯格，*G.*，p. 129。

17.　同上，p.133

18.　約翰・伯格，'The Ideal State of Art', *New Statesman*，8 October 1955。文章繼續：「而且因為批評家總是在處理其他人實際的努力，他看得非常清楚自己作品中的矛盾。如果他有這麼多想像力和能量，為什麼他不保留給自己真正的創作？或者，如果他必須寫評論，為甚麼他不滿足於只是當個專門的老師和詮釋者？擁有這樣的洞察力，為什麼試圖把二等的提升到第一流，或是攻擊虛假的目標？他們反正會垮台，最後一根稻草來自他們的接縫。如果他尋求改善人的處境，為什麼他書寫藝術而不是書寫上帝或政治？」這些雖然是修辭性的反詰，直達伯格經驗的核心。

19.　約翰・伯格，'The Changing View of Man in the Portrait' (1967), Dyer, ed., *Selected Essays*, p. 101。

20.　伯格，*G.*，p. 137。

21. 考特（Caute），'What We Might Be and What We Are'。戴爾關於《G.》的章節也拿伯格跟羅勃－格里葉（Robbe-Grillet）和傅敖斯（John Fowles）相比。參見 Geoff Dyer，*Ways of Telling* (London: Pluto, 1986), pp. 80–94。

22. 約翰‧伯格，*Here Is Where We Meet* (New York: Vintage, 2005), p. 161。

23. 如何結束一篇小說的問題是跟在比較根本的問題後面，關於敘事、秩序和混沌。結尾的意識，在《G.》寫作期間法蘭克‧科莫德（Frank Kermode）推廣的用語，其根本是人們需要在生活中找到的一種意識。由於活著，我們全都發現自己處於「最中間」，不過我們依舊知道自己的生命是有限的──結尾會來臨。對於這項公理，存在主義式的不諧音帶來了「可觀的想像力投資在連貫的模式上，藉由提供結尾，這樣的模式讓令人滿意的和音成為可能，開頭、中間和結尾協調一致。」參見 Frank Kermode, *The Sense of an Ending* (Oxford: Oxford University Press, 1966), p. 17。問題在於一部小說越不跟故事綁在一起──顯然就越沒有形式，而且「忠實於生活」；它的野心就越全面──就會有越多的壓力放在形式的限制上，因為只有在那些限制上才能感覺到其中的設計。伯格曾說：「一段音樂開始的時刻提供了線索，讓我們得以了解一切藝術的本質。」不過同樣的話也適用於音樂結束的時候。結尾可以暫時擱置，不過也只能拖延這麼久。以科莫德的話來說，結尾的意象絕對不可能**永遠作假**。對伯格來說，至少在《G.》一書中，解答是：有效地同時命名和展演這個悖論。這部小說結束在突如其來和自覺的中斷：「布幕任意和突然地降下來，掩蓋了表演。」這是現代主義特殊的「機器神」：突然暴露了創作手

法。

24. 伯格，*Selected Essays*, p. 254。

25. 薩爾曼‧魯西迪（Salman Rushdie），《午夜之子》（*Midnight's Children*，London: Jonathan Cape, 1981），p. 109，

26. 引用於 Joshua Rothman, 'Lunch with Ian Fleming', *New Yorker*, 9 November 2012。

27. 伯格，《*G.*》，p.29。

28. 同上，p.15。

29. 同上，p.139。

30. 這些新聞標題分別來自 *Daily Mail*、*Daily Express*、*Guardian*、*Sunday Telegraph*、*Evening Standard*。

31. 引用於 Richard West, 'Berger and the Blacks', *New Statesman*, 1 December 1972。

32. 同上。

33. 讀者投書，*New Statesman*, 22 December 1972。

34. Caroline Tisdall, 'Partial, Passionate, Politic', *Guardian*, 23 November 1972。

35. 同上。

36. 引用於 Ross King, *The Judgment of Paris: The Revolutionary Decade That Gave the World Impressionism* (London: Pimilco, 2007), p. 224。

37. 按照出現的順序 :the *Irish Times*, 10 June 1972； the *Eastern Daily Press*, 21 July 1972; *New Society*, 6 July 1972; the *Spectator*, 10 June 1972。

38. Francis Hope, 'Arguing with History', *Observer Review*, 11 June

1972。

39. 羅傑・史克魯頓（Roger Scruton），'Love, Madness and Other Anxieties', *Encounter*, January 1973。

40. Duncan Fallowell, 'Berger on the G-string', September 1972。（不知發表在何處，收藏於大英圖書館的約翰伯格檔案室。）

41. 尤尼絲・李普頓（Eunice Lipton），'Book Review: John Berger's *Ways of Seeing*', *The Fox* 2 (1975)。

42. Karl Miller, 'The Cyclopean Eye of the European Phallus', *New York Review of Books*, 30 November 1972。

43. 我會留待他人來處理伯格的情人們和婚外情。這麼說就夠了，那是他人生的一部分。從我偶然發現的不同來源私人通信中，顯然他終於明白，儘管為時已晚，而且當然情況各異，他有時候表現得很差勁，或者至少是令人懊悔的。他有一次說到因為沒有回報別人給他的信任，他感覺到了「應當的羞愧」。

44. 信件收藏於「Film Correspondence: 1974–1979」，John Berger Archive，British Library。

45. 參見伊恩・克雷伯（Ian Craib），'Sociological Literature and Literary Sociology: Some Notes on John Berger's *G.*', *Sociological Review*, 22: 3(August 1974)。克雷伯把伯格和馬庫色（Marcuse）放在一起，結果結論只是伯格的「立場」沒法用同樣方式確定。

46. 伯格，*G.*，p. 15。

47. 同上，p.24。

48. 同上，p.40。一旦讀者有所準備，引文就會層層堆疊上去：「他看見牆上的畫，斷言她沒有陰莖和睪丸……神話般的人物體現了他所

渴望的另一種選擇，不同於他所厭惡和反感的一切⋯⋯她跟他在一起，神祕而且光著身子，是他自己的德行獲得回報。」在這方面特別有趣的是，小說跟佛洛伊德所說的「悠游大海的感覺」之間的關係。海洋的意象一再出現，不是作者野心的指標，而是表徵了精神分析中的慾望。在《文明及其不滿》（*Civilization and Its Discontents*）的開頭，佛洛伊德斷定，無限的意識，與宇宙合而為一，這種大多數宗教經驗的核心感覺可能事實上是一種懷舊，重新經驗嬰兒早期子宮的生活。我們不難把這個指導原則疊加在盧卡奇的《小說理論》（*Theory of the Novel*）之上，還有那已逝時代的敘事和對自然漸漸的疏離。在《G.》一書中，疊加是關於性和整體：「她不再包含在任何輪廓之內，她是連續的表面。」；「她的身體沒有邊界。」；「她會習得這個世界的價值：她會容納，只要是她和我關心的，她身外的一切，包括我。她會包圍著我。」伯格，《G.》，pp.107、117、162。

49. 參見彼得・富勒，*Berger: A Revaluation of Ways of Seeing* (London: Writers & Readers, 1981); Peter Fuller, *Seeing Through Berger* (London: Claridge, 1988)。

50. *Seeing Through Berger*, p. 94。

51. 我引用來源是一段十分吸引人即使讓人不安的 YouTube 影片：〈雅各・伯格的七分鐘〉（Les 7 minutes de Jacob Berger）。雅各在影片中公開談論「創傷」的意義。二〇一三年的對話是一系列節目的一部分，主持單位是佛洛伊德事業學校（L'École de la Cause Freudienne），這是巴黎在地的精神分析組織。雅各討論了二〇〇〇年代初期他拍攝影片《慈愛的父親》（*Aime Ton Père / A*

Loving Father）背後的個人動力。電影由傑哈‧德巴狄厄（Gérard Depardieu）和他真實生活中的兒子紀堯姆（Guillaume）共同主演，是一部「幾乎太過貼近而令人不安的劇情片，關於名聲和家庭功能的失調」（DVD 上頭的簡介）。劇中的兒子「活在」他「疏於溝通」的父親（「著名小說家」）「陰影下」，決定綁架他，在他騎摩托車前往瑞典領取諾貝爾獎的路上。

52. 潘蜜拉‧麥卡勒姆（Pamela McCallum）的結論：「伯格的小說跟突出物質所指（signified）的批派性後現代主義的關係 遠遠超過玩弄能指（signifiers）頌揚無所指的超文本後現代主義。」Pamela McCallum, 'Postmodernist Aesthetics and the Historical Novel: John Berger's *G.*', *Minnesota Review* 28 (Spring 1987), p. 72。

53. David E. James, 'Cubism as Revolutionary Realism: John Berger and *G.*', *Minnesota Review* 21 (Fall 1983), p. 107。

54. Dyer, *Ways of Telling*, p. 83。

55. Andrzej Gasiorek, *Post-War British Fiction: Realism and After* (London: St Martin's, 1995), pp. 79–80。

56. 莫里斯‧梅洛－龐蒂（Maurice Merleau-Ponty），*Sense and Nonsense* (Evanston: North-western University Press, 1964 [1948]), p. 52。

57. 約翰‧伯格，《觀看的方式》（*Ways of Seeing*，London: BBC/Penguin, 1972）。這段文本事實上是印在書的封面。

58. 伯格，*G.*，p. 300。

59. 同上，p.148。

60. 約翰‧伯格，《班托的素描簿》（*Bento's Sketchbook*, London: Verso, 2011），p. 14。這句話在整本書反覆出現。

61. 約翰・伯格寫給伊娃・菲格斯的信，日期：一九七二年六月二十七日，保存在大英圖書館。我感謝湯姆・歐佛頓讓我注意到這封信。

6. 友誼的產物

1. 約翰・伯格，《我們這個時代的畫家》（*A Painter of Our Time*, New York: Vintage, 1996 [1958]），p. 132。

2. 約翰・伯格，'Speech on Accepting the Booker Prize for Fiction' (1972)，收錄於傑夫・戴爾編輯的《約翰伯格選集》（*The Selected Essays of John Berger*, New York: Pantheon, 2001），p. 253。

3. 申請書的部分掃描貼在某位 TNI 檔案管理員的部落格上：'Tutto è possible: John Berger è Isabel', 21 October 2010，網址：zambrone. blogspot.nl.

4. 潘妮洛普・吉莉雅特（Penelope Gilliatt），'Passion', *New Yorker*, 31 March 1975。

5. Richard Appignanesi, 'The Screenwriter as Collaborator: An Interview with John Berger', *Cinéaste* 10: 3 (Summer 1980)。

6. 賽巴斯欽・斯密（Sebastian Smee），*The Art of Rivalry: Four Friendships, Betrayals, and Breakthroughs in Modern Art* (New York: Random House, 2017), p. xvi。（中譯本：《藝敵藝友：現代藝術史上四對大師間的愛恨情仇》，大塊）

7. 引用於 Appignanesi, 'The Screenwriter as Collaborator'。

8. 東尼・庫許納（Tony Kushner），'With a Little Help from My Friends', *New York Times*, 21 November 1993。這篇文章改寫後用於《*Angels* *in America*》的「後記」。

9. 約翰‧伯格，'Jean Mohr: A Sketch for a Portrait'，出自 Jean Mohr and John Berger, *At the Edge of the World* (London: Reaktion, 1999), p. 14。

10. 約翰‧伯格，'Look at Britain!', *Sight and Sound* 21: 1 (1957)。

11. 拉烏爾‧范內格姆（Raoul Vaneigem），*Traité de savoir-vivre à l'usage des jeunes générations* (Paris: Gallimard, 1967)。英譯出自一九八三年 Rebel Press（London）印行的版本，p. 11，譯者 Donald Nicholson-Smith。

12. 喬治‧梅利（George Melly），'Layers of Meaning', *Observer*, 28 January 1973。他的比喻（整潔的床上）是同樣一套修辭，指涉了伯格－譚納夥伴關係的生產力震央中，性－合作－政治的映射和意識形態的聯姻。

13. 信件寫於一九七三年，後來另行發表於《電影傳單》（*Ciné-Tracts*）第一冊，伴隨史蒂芬‧希斯（Stephen Heath）和杜尚‧馬卡維耶夫的知性散文。參見約翰‧伯格，'On "Middle of the Earth"', *Ciné-Tracts* 1: 1 (Spring 1977)。部分的信件也片段出現在約翰‧伯格，'One Night in Strasbourg' (1974)，出自 *The White Bird: Writings by John Berger* (London: Hogarth, 1988), pp. 41。

14. 約翰‧伯格，'Between Two Colmars' (1973)，收錄於戴爾編輯的《*Selected Essays*》，p. 325。

15. 同上。

16. 引用自收藏於大英圖書館約翰伯格檔案中的筆記。伯格之前評論了《離開二十世紀》（*Leaving the 20th Century: The Incomplete*

Work of the Situationist International, London: Free Fall Publications, 1974）。

17. 約翰·伯格，*The Success and Failure of Picasso* (New York: Penguin, 1965), p. 128。

18. 文森·坎比（Vincent Canby），'Retour d'Afrique', *New York Times*，17 September 1973。

19. Bernard Weiner, 'The Long Way Home', *Jump Cut* 4 (November–December 1974)。

20. 羅伯·史坦（Robert Stam），〈艾倫·譚納顛覆的魅力〉（'The Subversive Charm of Alain Tanner'），*Jump Cut* 15 (July 1977)。

21. 同上。

22. Linda Greene, John Hess and Robin Lakes, 'Subversive Charm Indeed!', *Jump Cut* 15 (July 1977)。

23. 同上。

24. 同上。

25. 引用自 Judy Klemesrud，'Alain Tanner: "Art Is to Break with the Past"', *New York Times*, 24 October 1976。

26. 我引用了關於《約拿》的檔案，收藏在大英圖書館的約翰伯格檔案室。

27. 陶德·季特林（Todd Gitlin），'Reviews: *Jonah Who Will Be 25 in the Year 2000*', *Film Quarterly*, Spring 1977。

28. 引用自 Frédéric Bas, 'The Subtle Subversion of Alain Tanner', Swiss Films Director's Sheet。丹尼（Daney）為解放報（*Libération*）評論了《無人地帶》（*No Man's Land*），30 August 1985。

7. 超越意識型態

1. 約翰・伯格，'Five Ways of Looking at a Tree'（〈五種觀看樹的方式〉），*New Statesman*, 23 May 1959。

2. 莫里斯・梅洛－龐蒂，*The Phenomenology of Perception* (London: Routledge, 1995 [1945]), p. 430。

3. 約翰・伯格，'This Century', *New Statesman*, 11 July 1959。

4. 約翰・伯格，'Past Seen from a Possible Future' (1970)，收錄於戴爾編輯的 *The Selected Essays of John Berger* (New York: Pantheon, 2001), p. 241。

5. 馬丁・傑（Martin Jay），'*Ways of Seeing* at Forty', *Journal of Visual Culture* 11: 2 (August 2012)。這是出自紀念這一系列節目四十週年的特刊。

6. 格里塞爾達・波洛克（Griselda Pollock），'Muscular Defences', *Journal of Visual Culture* 11: 2 (August 2012)。

7. 蘿拉・莫薇（Laura Mulvey），'Visual Pleasure and Narrative Cinema', *Screen* 16: 3 (October 1975)。

8. 亞當・里夫金（Adam Rifkin）回憶：「當書在節目播出後出版，立刻成為納入教學大綱的閱讀資料，充實了馬克思－黑格爾這個主題營養不良的閱讀清單──我們一直在努力改善以適合工藝專科學院。Adam Rifkin, 'Is Berger Burning Still?' *Journal of Visual Culture* 11: 2 (August 2012)。

9. 珍・蓋恩斯（Jane Gaines），'Ways of Seeing Everything', *Politics/Letters* 8 (May 2017)。

10. 約翰・伯格，〈藝術創作〉（The *Work* of Art, 1978），Dyer, ed.,

Selected Essays, p. 431。

11. 來自一九七五年一月二十七日的一封信，收藏在大英圖書館的約翰伯格檔案室。

12. 引用自 Julian Barnes, 'Always There', *London Review of Books* 27: 24 (15 December 2005)。

13. 伯格，'The *Work* of Art'，p. 434。

14. 關於這個比較廣泛的萎縮的討論，參見 Bruno Latour, 'Why Has Critique Run Out of Steam? From Matters of Fact to Matters of Concern', *Critical Inquiry* 30: 2 (Winter 2004)。至於更延伸的分析，參見 Rita Felski, *The Limits of Critique* (Chicago, IL: University of Chicago Press, 2015)。

15. 約翰·伯格，〈世界的生成〉（'The Production of the World', 1983），收錄於 Dyer, ed., *Selected Essays*, p. 459。

16. 同上，p.460

17. 同上。

18. 約翰·伯格，'Vincent', in *The Shape of a Pocket* (New York: Vintage, 2001), p. 88。

19. 約翰·伯格，"On Visibility" (1977)，收錄於 *The Sense of Sight* (New York: Vintage, 1985), p. 219。

20. 約翰·伯格，'Leopardi' (1983)，in Dyer, ed., *Selected Essays*, p. 457。

21. 同上。

22. 這是伯格改寫自己較早的標準：「幾年以前，思索藝術的歷史面孔時，我寫說我評判一件作品是根據它是否幫助人們在現代世界索取他們的社會權利。我堅持這點。」約翰·伯格，'The White Bird'

(1985)，收錄於戴爾編輯的《Selected Essays》，p. 364。一九五九年的引言確切的文字是：「這件作品幫助或鼓勵人們知道並且索取他們的社會權利嗎？」約翰‧伯格，'This Century', *New Statesman*, 11 July 1959。

23. 伯格，'White Bird', p. 364。

24. Lewis Jones, 'Portrait of the Artist as a Wild Old Man', *Daily Telegraph*, 23 July 2001。

25. 來自安東尼‧巴奈特（Anthony Barnett）對伯格的介紹，場合是一九八二年九月十四日倫敦當代藝術學會（the Institute for Contemporary Arts）舉行的活動。'John Berger and Anthony Barnett, in conversation'，保存在大英圖書館的聲音檔案館（British Library Sound Archives）。

26. Adam Hochschild, 'Broad Jumper in the Alps' (1981)，出自 *Finding the Trapdoor: Essays, Portraits, Travels* (Syracuse, NY: Syracuse University Press, 1997), pp. 55–6。這份略傳最初發表在《*Mother Jones*》。

27. 'John Berger Talking to Richard Cork', *Third Ear*, BBC Radio 3, 4 February 1992.

28. John Berger, 'Millet and the Peasant' (1976)，收錄於戴爾編輯的《*Selected Essays*》，p. 299。

29. 同上。

30. 'John Berger Talking to Richard Cork', BBC Radio 3。

31. 引用自 Gerald Marzorati, 'Living and Writing the Peasant Life', *New York Times*, 29 November 1987。

32. Simone Weil, *The Need for Roots*，譯者 Arthur Willis (London: Routledge, 2002), p. 87。

33. Paul Brennan 的採訪。文稿保存在大英圖書館的約翰伯格檔案室。採訪是在一九七〇年代末期進行的。

34. 溫德爾‧貝里（Wendell Berry），*The Unsettling of America: Culture and Agriculture* (San Francisco, CA: Sierra Club, 1997), p. 87。

35. 約翰‧伯格，*A Painter of Our Time* (New York: Vintage, 1996 [1958]), p. 55。

36. 約翰‧伯格，'The Biennale', *New Statesman*, 5 July 1952。

37. 伯格繼續說：「或許在某種程度上這也適用於所有藝術，但是因為繪畫或雕塑的語言比音樂的語言特殊性強，又遠遠比不上文學語言的解釋性，問題就比較嚴重。當然，莎士比亞的戲劇可以在東京上演。但是一名劇作家目標鎖定國際戲劇節的觀眾寫不出李爾王來。還沒有哪位自我尊重的藝術家會刻意為全世界複製的目的來畫畫。」來自大英圖書館約翰伯格檔案室收藏的文稿，'Undated–Unbound Published Articles'。

38. 出自一本書的提案草稿，保存於大英圖書館的約翰伯格檔案室，〈1950s Typescripts + MS〉。

39. 伯格，《我們這個時代的畫家》，p. 139。

40. 伊塔羅‧卡爾維諾，《看不見的城市》（*Invisible Cities*, New York: Harcourt, 1974），p.128。

41. 約翰‧伯格，'A Story for Aesop' (1986)，收錄於戴爾編輯的《*Selected Essays*》，p. 507。

42. 約翰‧伯格，'Courbet and the Jura' (1978)，收錄於戴爾編輯的

《*Selected Essays*》，p. 335。

43. 伯格，'Story for Aesop', p. 503。

44. 理查‧羅逖（Richard Rorty），*Achieving Our Country: Leftist Thought in Twentieth-Century America* (Cambridge, MA: Harvard University Press, 1998), p. 94。

45. 同上。

46. 約翰‧伯格，'Romaine Lorquet' (1974)，收錄於戴爾編輯的《*Selected Essays*》，p. 351。

47. 約翰‧伯格，'Manhattan' (1975)，出自 *The White Bird: Writings* (London: Hogarth, 1988), pp. 61–7。

48. 參見約翰‧伯格，《國王》（*King: A Street Story*, New York: Vintage, 2000）；約翰‧伯格，《紫丁香與旗幟》（*Lilac and Flag: An Old Wives' Tale of a City*, New York: Vintage, 1990)。

49. Paul Brennan 的採訪。

50. 尼可斯‧帕帕斯特爵迪，《現代性就是流放：約翰伯格書寫中的陌生人》；Nikos Papastergiadis, *Modernity as Exile: The Stranger in John Berger's Writing* (Manchester: Manchester University Press, 1993), p. 176。

51. 約翰‧伯格，*G.* (New York: Vintage, 1991 [1972]), p. 72。

52. 與安東尼‧巴奈特（Anthony Barnett）的通信，日期是一九七六年三月十六日。收藏在大英圖書館的約翰伯格檔案室。

53. 來自一九八一年十二月二十日的信，約翰伯格檔案室，大英圖書館。

54. 引用自 Hochschild, 'Broad Jumper in the Alps', pp. 52–3。

55. 貝里（Berry），*Unsettling of America*, p. 87。

56. 約翰‧伯格，'Historical Afterword', *Pig Earth*(New York: Pantheon, 1979), p. 204。

57. 大衛‧羅索（David Lowenthal），《往昔是異邦》（*The Past Is a Foreign Country*, Cambridge: Cambridge University Press, 1985）。

58. 約翰‧伯格，《以及我們的臉孔，我的心，倏忽如照片》（*And Our Faces, My Heart, Brief as Photos*, New York: Vintage, 1984）, p. 34。

59. 同上，p.29。

60. 班‧拉特利夫（Ben Ratliff），'The Song of John Berger', *NYR Daily*, 12 January 2017。

61. 約翰‧伯格，'Christ of the Peasants' (1985)，收錄於收錄於戴爾編輯的《*Selected Essays*》，p. 534。

62. 伯格，*And Our Faces*, p. 79。

63. 同上。

64. 引用自 Hochschild, 'Broad Jumper in the Alps', p. 56。

65. 'Face to Face: John Berger', *Late Show with Jeremy Isaacs*, BBC, 2 October 1995。

66. 約翰‧伯格，'Ev'ry Time We Say Goodbye' (1990)，收錄於戴爾編輯的《*Selected Essays*》，p. 474。

67. 約翰‧伯格，*And Our Faces*, p. 34。

68. 安德烈‧巴贊（André Bazin），'Ontology of the Photographic Image'，出自 *What is Cinema?*，英文版譯者 Timothy Barnard (Montreal: Caboose, 2009), p. 8。

69. 傑夫‧戴爾（Geoff Dyer），*The Ongoing Moment* (New York: Pantheon, 2005)。

70. 奧塔維歐・帕茲（Octavio Paz），'In Search of the Present'，諾貝爾文學獎領獎演說，8 December 1990。

71. 同上。

72. 同上。

73. 伯格，*And Our Faces*, p. 65。

74. 同上，p. 56–7。

75. 同上，p.55。

76. 約翰・伯格，'That Which Is Held' (1982)，收錄於 Dyer, ed., *Selected Essays*，p. 488。

77. 約翰・伯格，《我們在此相遇》（*Here Is Where We Meet*, NewYork: Pantheon, 2005），p. 132。

78. 約翰・伯格，'A Professional Secret' (1987)，收錄於戴爾編輯的《*Selected Essays*》，p. 540。

79. 約翰・伯格，'Steps Towards a Small Theory of the Visible (for Yves)'，出自 *The Shape of a Pocket*, p. 16。

80. 約翰・伯格，'Vincent'，出自 *The Shape of a Pocket*, p. 92。

81. 作家大衛・李維－史特勞斯（David Levi-Strauss）在一九九〇年代尾聲問了類似問題：「如果沒有約翰・伯格的榜樣，我們每一個人會在哪裡？我的意思是，我們每個關心藝術和政治之間衝突關係的人，還有渴求那種既親民又深刻、有體驗又博學的基進評論的人。」David Levi-Strauss, 'Correspondents', *Nation*, 3 February 1997。

82. 梅洛－龐蒂（Maurice Merleau-Ponty），'What is Phenomenology?' (1956)，收錄於 Leonard Lawlor 和 Ted Toadvine 編輯的 *The Merleau-*

Ponty Reader (Evanston, IL: Northwestern University Press, 2007)，p. 67。

83. 約翰‧伯格，*Ways of Seeing*(London:Penguin/BBC,1972)，p.110。

84. 同上，p.111。

85. 同上，p.112

8. 山谷的樣貌

1. 西蒙娜‧韋伊（Simone Weil），*The Need for Roots*，英譯者：Arthur Willis (London: Routledge, 2002 [1949])，p. 43。

2. 就在不久前，伯格把話講得很清楚：「在我看來……最近二十五年我們一直活在新的黑暗時代的開端……在啟明時代，儘管沒有一件事是確定的，有一種……如何進入未來的方向感……而那條道路是政治行動的指引……在黑暗時代沒有這樣的道路。只有各種小徑。」參見 Colin MacCabe，'A Song for Politics: A Discussion with John Berger'，*Critical Quarterly* 56: 1 (April 2014)。

3. 約翰‧伯格，*Pig Earth* (New York: Pantheon, 1979)，p. 75。

4. 塔哈‧穆罕默德‧阿里（Taha Muhammed Ali），'Fellah'，收錄於 *So What: New and Selected Poems 1971–2005*，英文版譯者 Peter Cole (Port Townsend, WA: Copper Canyon, 2006), p. 143。

5. 與安東尼‧巴奈特（Anthony Barnett）的通信，日期是一九七六年三月十六日。保存於大英圖書館的約翰‧伯格檔案室。

6. 同上。

7. 約翰‧伯格，'Stories Walk Like Men'，*New Society* 37:724(1976)。

8.　華特・班雅明，〈說故事的人〉；'The Storyteller: Reflections on the Works of Nikolai Leskov', *Illuminations*, 英譯者 Harry Zohn (New York: Schocken, 1968), p. 86。

9.　約翰・伯格，*Once in Europa* (New York: Vintage, 1992), p. 149。

10.　伯格，*Pig Earth*, p. 21。

11.　班雅明，《啟迪》（*Illuminations*），p. 87.

12.　斐迪南・滕尼斯，《共同體和公民社會》（Ferdinand Tönnies, *Community and Civil Society*, Cambridge: Cambridge University Press, 2001 [1887]）。關於馬克斯・韋伯在海德堡的圈子，概述參見米歇爾・羅伊（Michael Löwy）極有幫助的篇章 'The Anti-Capitalism of Intellectuals in Germany'，出自 Michael Löwy, *Georg Lukács: From Romanticism to Bolshevism* (London: New Left Books, 1979), pp. 22–66。羅伊的作品特別有幫助的地方在於揭示了這一章討論的許多匯流點。

13.　參見 Harris, 'General Introduction'，出自 Tönnies, *Community and Civil Society*, pp. ix–xxx。

14.　引用自 Pankaj Mishra, '*The Need for Roots* Brought Home the Modern Era's Disconnection with the Past and the Loss of Community', *Guardian*, 13 August 2013。

15.　塔哈・穆罕默德・阿里（Taha Muhammad Ali），'Meeting at an Airport', *So What*，英譯者：Peter Cole，p. 123。

16.　約翰・伯格，'The Soul and the Operator' (1990)，收錄於戴爾編輯的《*The Selected Essays of John Berger*》(New York: Pantheon, 2001)，p. 574。

17. 伽里瑪（Gallimard） 第一版的書名和小標是：「扎根：人類責任宣言的序幕」（*L'enracinement: Prélude à une déclaration des devoirs envers l'être humain*）。這本書是納入卡繆總監的「希望選集」（Collection Espoir）發行的。

18. 伯格，《豬大地》（*Pig Earth*），p. 13。這則註釋在後來的版本中移除了。

19. 同上，pp. 2, 40。

20. 同上，p. 2。

21. 同上，p. 153。

22. 參見 Bill Baford 主編的 *Granta* 8，'Dirty Realism: New Writing from America' (Autumn 1983)。

23. 阿萊霍・卡彭提爾（Alejo Carpentier），'On the Marvelous Real in America' (1949)，收錄於 Lois Parkinson Zamora 和 Wendy B. Faris 編輯的 *Magical Realism: Theory, History, Community* (Durham, NC: Duke University Press, 1995), pp. 75–88。

24. 伯格，《豬大地》，p. 65。

25. 夏戈爾寫著：「對我而言生活分隔成兩部分 —— 生與死 —— 而且對我來說，什麼不是內在真理，死亡不是。不過或許 —— 比較具體一點 —— 或者，如果你偏向這麼說，比較真實，我們必須使用『愛』這個字眼，因為有一種真實顏色，不只在藝術裡，而且在生活之中。」引用自 Benjamin Harshav, *Marc Chagall and His Times: A Documentary Narrative* (Palo Alto, CA: Stanford University Press, 2004), p. 561。

26. 傑夫・戴爾（Geoff Dyer），'Ways of Witnessing'（約翰・伯格訪問

稿），*Marxism Today*, December 1984。

27. 伯格，《豬大地》，p. 124。

28. 伯格，《歐羅巴往事》（*Once in Europa*），p. 92。

29. 約翰・伯格，《故事》，見於約翰・伯格和尚・摩爾，《另一種影像敘事》（*Another Way of Telling*, New York: Vintage, 1995），p.286。

30. 給 Gianni Celati 的信，日期是一九九五年二月十七日。

31. 伯格，《婚禮之途》（*To The Wedding*, New York: Vintage, 1996）。

32. 約翰・伯格，'Mother'(1986)，收錄於戴爾編輯的《*Selected Essays*》，p.497。

33. 約翰・伯格，《紫丁香與旗幟》（*Lilac and Flag: An Old Wives' Tale of a City*, New York: Vintage, 1990）。

34. 貝爾・胡克斯（bell hooks），*All About Love: New Visions* (New York: Perennial, 2001)，p. xv。

35. 同上，pp. x–xi。

36. 艾里希・佛洛姆（Erich Fromm），《愛的藝術》（*The Art of Loving*, New York: Harper Perennial, 2006 [1956]）。

37. 伯格提及這段引述是在關於傑利科（Géricault）的知性散文裡：約翰・伯格，'A Man with Tousled Hair'，見於 *The Shape of a Pocket* (New York: Vintage, 2001), p. 175。

38. 關於法蘭西斯・培根和尼采的討論，參見 Maggie Nelson, *The Art of Cruelty: A Reckoning* (New York: W.W. Norton, 2011), pp. 3–14。

39. 約翰・伯格，'Ten Dispatches About Place' (June 2005)，收錄於 *Hold Everything Dear: Dispatches on Survival and Resistance* (New York: Vintage, 2007), pp. 119, 127。

40. 戴爾（Dyer），'Ways of Witnessing'。

41. 韋伊（Weil），《根之必要》（*Need for Roots*），p. 232。

42. 伯格，'Ten Dispatches About Place', p. 127。

43. 約翰‧伯格，〈關於死者經濟的十二則論斷〉；'Twelve Theses on The Economy of the Dead' (1994)，見於《留住一切親愛的》（*Hold Everything Dear*），pp. 3–5。

44. 約翰‧伯格，'Leopardi'，收錄於 Dyer, ed., *Selected Essays*, p. 456。

45. 同上。

46. 伯格，《歐羅巴往事》，p. 144。

47. 薩爾曼‧魯西迪（Salman Rushdie），'Fog and the Foghorn', *Guardian*, 6 February 1987。

48. 安潔拉‧卡特（Angela Carter），'John Berger and the Passing of Village Life', *Washington Post*, 29 March 1987。

49. 同上。

50. 約翰‧伯格，'Historical Afterword'，見於《豬大地》，pp. 212–13。

51. 伯格，'The Soul and the Operator'，收錄於戴爾編輯的《*The Selected Essays of John Berger*》，p. 573。

52. 同上。

53. 伯格，《歐羅巴往事》，p. 141。

54. 同上，p.107。

55. 同上，p.133。

56. 同上。

57. 伯格和內拉‧別爾斯基，*A Question of Geography* (London: Faber, 1987)。

58. 約翰‧伯格，'Jewish and Other Painting', *New Statesman*, 12 December 1953。

59. 同上。

60. 伯格，'Historical Afterword', p. 201。

61. 約翰‧伯格，'Let Us Think About Fear' (April 2003)，見於《留住一切親愛的》，p. 59。

62. 約翰‧伯格，'The First Fireball', *Guardian*, 28 June 2002。

63. 約翰‧伯格，'Two Books and Two Notions of the Sacred', *Guardian*, 25 February 1989。

64. 伯格，'The Soul and the Operator', p. 575。

65. 約翰‧伯格，'The Chorus in Our Heads or Pier Paolo Pasolini' (June 2006)，見於《留住一切親愛的》，p. 89。

66. 同上。

67. 同上。

68. 「問題是整個概念虛假得很。」山姆‧利斯（Sam Leith）評論伯格的小說《*A to X*》，「令人作嘔的多愁善感（全部是面目模糊的壓迫者和高貴的農民）；陶醉於自己的裝模作樣。」Sam Leith, 'Review: *A to X* by John Berger', *Daily Telegraph*, 15 August 2008。

69. 華特‧班雅明，〈說故事的人〉（'The Storyteller'），見於《啟迪》（*Illuminations*），p. 86。作者稍微修飾了譯文。

70. 約翰‧伯格，'RevolutionaryUndoing'(1969)，收錄於戴爾編輯的《*Selected Essays*》，p. 230。

71. 約翰‧伯格，'A Master of Pitilessness?' (May 2004)，見於《留住一切親愛的》，p. 94。

72. 傑夫・戴爾，*Ways of Telling* (London: Pluto, 1986), p. 134。

中文參考書目

｜《觀看的視界》（*The Sense of Sight*），作者：約翰・伯格，譯者：吳莉君，麥田

｜《另類的出口》（*The Shape of a Pocket*），作者：約翰・伯格，譯者：何佩樺，麥田

｜《觀看的方式》（*Ways of Seeing*），作者：約翰・伯格，譯者：吳莉君，麥田

｜《攝影的異義》（*Understanding a Photograph*），作者：約翰・伯格，譯者：吳莉君、張世倫、劉惠媛，麥田

｜《留住一切親愛的》（*Hold Everything Dear*），作者：約翰・伯格，譯者：吳莉君，麥田

｜《另一種影像敘事》（*Another Way of Telling*），作者：約翰・伯格、尚・摩爾，譯者：張世倫，麥田

｜《班托的素描簿》（*Bento's Sketchbook*），作者：約翰・伯格，譯者：吳莉君，麥田

｜《我們在此相遇》（*Here Is Where We Meet*），作者：約翰・伯格，譯者：吳莉君，麥田

｜《影像的閱讀》（*About Looking*），作者：約翰・伯格，譯者：劉惠媛，麥田

｜《婚禮之途》（*To the Wedding*），作者：約翰. 伯格，譯者：吳莉君，麥田

凝視約翰‧伯格：我們這個時代的作家 / 約書亞‧史柏林(Joshua Sperling)撰寫；林鶯翻譯. -- 一版. -- 臺北市 : 時報文化出版企業股份有限公司, 2021.01 | 384面；14.8×21公分. --（People；452）| 譯自：A writer of our time : the life and work of John Berger. | ISBN 978-957-13-8488-7（平裝）| 1.伯格(Berger, John) 2.作家 3.傳記 4.英國 | 784.18 | 109019433

ISBN 978-957-13-8488-7
Printed in Taiwan.

PEOPLE 452

凝視約翰‧伯格：我們這個時代的作家
A Writer of Our Time: The Life and Work of John Berger

作者：約書亞‧史柏林（Joshua Sperling）| 譯者：林鶯 | 主編：湯宗勳 | 特約編輯：劉敍一 | 美術設計：陳恩安 | 企劃：王聖惠 | 董事長：趙政岷 | 出版者：時報文化出版企業股份有限公司／108019台北市和平西路三段240號1-7樓 | 發行專線：02-2306-6842 | 讀者服務專線：0800-231-705；02-2304-7103 | 讀者服務傳真：02-2304-6858 | 郵撥：19344724 時報文化出版公司 | 信箱：10899台北華江橋郵局第99信箱 | 時報悅讀網：www.readingtimes.com.tw | 法律顧問：理律法律事務所／陳長文律師、李念祖律師 | 印刷：勁達印刷有限公司 | 初版一刷：2021年1月15日 | 定價：新台幣520元 | 版權所有　翻印必究（缺頁或破損的書，請寄回更換）